APEC
区域粮食安全新动向及对策研究

◎ 何英彬　主编

中国农业科学技术出版社

图书在版编目（CIP）数据

APEC 区域粮食安全新动向及对策研究／何英彬主编．—北京：中国农业科学技术出版社，2014. 12

ISBN 978－7－5116－1907－5

Ⅰ．①A… Ⅱ．①何… Ⅲ．①粮食问题－经济合作－研究－亚太地区 Ⅳ．①F316. 11

中国版本图书馆 CIP 数据核字（2014）第 271194 号

责任编辑 闫庆健 李冠桥
责任校对 贾晓红

出 版 者 中国农业科学技术出版社
北京市中关村南大街 12 号 邮编：100081
电 话 (010)82106632(编辑室) (010)82109702(发行部)
(010)82109703(读者服务部)
传 真 (010)82106625
网 址 http://www.castp.cn
经 销 者 各地新华书店
印 刷 者 北京科信印刷有限公司
开 本 787mm×1 092mm 1/16
印 张 8.75 彩插 4 面
字 数 258 千字
版 次 2014 年 12 月第 1 版 2014 年 12 月第 1 次印刷
定 价 50.00 元

《APEC 区域粮食安全新动向及对策研究》编委会

主　编　何英彬

编著者　（按姓氏笔画排序）

王　昊　王淑漪　王　雷　孔庆波　白　净

刘卫东　刘盈盈　安兴奎　许新国　芦晓飞

李志斌　李润林　李翔宇　何英彬　张　陈

张明伟　周　俊　郭　斌　凌　键　韩亚恒

程瑞峰　焦伟华　谢军飞　蔡为民

前　　言

近年，全球出现粮食危机迹象。粮价飞涨，小麦、玉米、稻米和其他基础粮食的价格飙升两倍甚至三倍，导致局部地方出现了粮食骚乱，粮食生产能力及粮食安全问题成为人们关注焦点中的焦点。联合国粮食及农业组织（Food and Agriculture Organization，FAO）总干事称：由于粮食价格的上涨，截至2008年初，全球受饥饿困扰的人数从8.5亿人增至9.25亿人；另一项FAO价格指数显示，全球粮食价格2006年上涨12%，2007上涨24%，2008年前8个月涨幅超过了50%，到2008年年底受影响的世界人口超过10亿人。粮食供应国如印度、越南、俄罗斯、乌克兰、哈萨克斯坦、阿根廷、柬埔寨相应采取了限制出口的政策，试图优先保证本国消费者的供给；粮食进口国如海地、埃及、摩洛哥、也门、沙特阿拉伯、约旦、布基纳法索、喀麦隆、印度尼西亚、科特迪瓦、毛里塔尼亚、莫桑比克、塞内加尔的粮食供应，变得非常紧张。2012年，世界多个国家遭遇旱灾，导致部分农作物减产。根据美国农业部的数据，美国也遭遇了自1956年以来最严重的一次旱灾，其粮食储备急剧下降。美国是世界粮食出口大国，其大豆、玉米等农产品的供给状况已进一步推高了国际农产品价格。自欧债危机以来，全球经济中心移向了印度太平洋地区，该地区国家对能源的需求也不断增加，市场向成熟化过渡的速度在加快，因此，亚洲太平洋经济合作组织（亚太经济合作组织，Asia-Pacific Economic Cooperation，APEC）在全球经济活动中扮演着越来越重要的角色，在保障该地区及世界粮食安全过程中的作用越来越突出。

自2010年在日本召开第一届粮食安全部长级会议并发布《新潟宣言》以来，APEC各成员都将粮食安全列为国家级战略议题，格外重视粮食生产、流通、储存及贸易。《新潟宣言》围绕粮食安全议题设置了62个项目，高官会及各工作组几乎都将粮食安全议题列为优先讨论项目及资助领域。而日本在新潟会议中极力宣传推荐其APEC粮食安全信息平台APIP（Asia Pacific Food Security Information Platform），力图掌握各成员体粮食库存与储备信息，极力主导APIP与G20农产品信息共享系统AMIP进行融合，引导粮食安全合作。APEC秘书处政策支持组（Policy Study Unit，PSU）创建专门的研究团队，针对APEC各成员的粮食安全政策进行研究。2012年在俄罗斯喀山召开了第二届APEC粮食安全部长级会议，会议形成《喀山宣言》；在承接第一届新潟会议宣言的基础上又加入了体现俄罗斯设想和特色的内容；此外，在俄罗斯喀山会议前围绕粮食安全议题，提出APEC6个未来工作设想，意在对APEC粮食安全领域施加影响力。随着美国实施重返亚太战略，由其主导的粮食安全之友伙伴关系论坛（PPFS）在2010年召开了第一次会议，旨在围绕粮食安全议题贯彻其国内农业政策，主导亚太区域粮食安全合作；虽然粮食安全之友伙伴关系论坛一度遭到质疑，但在美国强力推动下，于2012年在喀山粮食安全部长级会议期间的农业周活动中召开了第二次会议。可以预见，在未来的APEC活动中，美国还将继续以PPFS为主导的粮食安全合作中采取系一列行动。

中国刚刚成功举办了第三届APEC粮食安全部长级会议（北京，2014年9月19日）并发布了《北京宣言》，制定了响应行动计划，这对于中国加强在APEC农业领域的重要地位，进一步开展有关粮食安全的合作非常有益，同时，此次部长级会议的召开，可以巩固中国在APEC区域粮食安全议题的话语权。

APEC各成员尤其是具有影响力的大成员都在有战略、有步骤地围绕粮食安全议题，开展APEC论坛内的“有利自己”的外交活动，力图主导粮食安全行动。在此背景下，加强 APEC 区域各成员体有关粮食生产能力及粮食安全问题的追踪，与农业部门联合开展紧密的 APEC 粮食安全新动向对策研究，全面梳理 APEC 框架下，尤其是自《新潟宣言》以来的部长级会议、高管会及各工作组、论坛会议和活动的内容，分析其他成员的粮食安全政策状况，不仅有利于保障中国自身粮食安全，对于掌握 APEC 成员在粮食生产技术及产量方面的情况、制定粮食进出口政策、完善耕地及粮食保护机制、更好地引导农民种粮、建立 APEC 区域粮食流通体制，也将大有裨益。因此，编著者在参与多年 APEC 相关合作的基础上，撰写了这本书，以期为中国决策部门及相关研究单位提供技术支持与政策参考。

本书共分七章，第一章阐述 APEC 区域粮食安全问题的重要性；第二章介绍 APEC 组织结构及涉及粮食安全的工作组及论坛，第三、第四、第五章分别阐述相关工作组及论坛的结构，涉及粮食安全的具体工作、所取得的进展、面临的问题及未来计划；第六章就 APEC 各成员粮食安全情况及相关政策进行分析；第七章就我国在 APEC 框架下相应的粮食安全政策进行剖析。最后附件列出了 3 届粮食安全部长级会议的中英文宣言。

全书由何英彬总体设计、统稿、定稿。在完成著作的过程中，农业部国际合作司王鹰司长、屈四喜巡视员、国际处罗鸣处长、王维琴调研员、赵立军副处长、于浩淼、范艾颖，国家粮食局政策法规司韩继志副司长，外交部国际司史玮副处长，财政部行政政法司黄敏捷副处长、中国农业科学院唐华俊副院长、中国农业科学院国际合作局张陆彪局长、冯东昕副局长、国家处金轲处长、王聪及中国农业科学院农业资源与区划研究所王道龙所长、徐明岗副所长，科研处杨鹏处长、张继宗副处长、王丽霞、郑江、姜昊、区域发展与布局团队罗其友主任、姜文来副主任给予编著团队大力支持，在此致以诚挚的谢意。还要特别感谢中国农业科学院农业资源与区划研究所陈佑启研究员，将我领进 APEC 农业合作的大门，登上国际谈判、交流舞台，有机会见识广阔的世界。在这里向多年来指导我的恩师陈佑启研究员表示衷心敬意和感谢。

本书在内容、系统性等方面不能尽如人意，难免有疏漏之处；书中不足和差错在所难免，恳请同仁和广大读者批评指正。

何英彬

2014 年秋于北京

目　　录

图表目录

第一章　背景介绍

第一节　亚太经济合作组织（APEC）区域粮食安全状况

随着世界人口的迅速膨胀，城市化引起的人口与消费结构的变化，以及新能源诸如乙醇、生物柴油等需求的增加，全球粮食需求总量正在成倍增长。

APEC 区域在全球农业生产中发挥了重要作用，许多 APEC 成员体是全球重要的粮食生产经济体，生产的谷物、果蔬和肉类等农产品产量占全球总产量的 1/2 以上（图 1－1）；同时，许多 APEC 成员体也是全球重要的粮食出口经济体（图 1－2）。然而，近年来由于农业用途的土地和水等自然资源的减少以及极端天气的频繁出现，极大地限制了许多成员体提高粮食生产的能力，因此，一些成员体面临着严峻的粮食生产挑战。自 1992 年以来 APEC 区域农业用地面积减少了约 4%，主要禾本科粮食作物（玉米除外）的收获面积下降了约 15%（粮农组织统计数据库，2012），水稻和小麦单产增长率一直放缓，这加重了对粮食安全的担忧。另外，天气原因引起的农产品产量下降是近年来国际粮价大幅度上涨的一个最直接原因。这种粮价较大的波动性可能对成员体的粮食生产特别不利，因为它可以抑制成员体对农业生产的投资，使得成员体粮食政策的制定更加复杂化，增加了粮食安全的不确定性。APEC 区域粮食安全议题成为焦点。

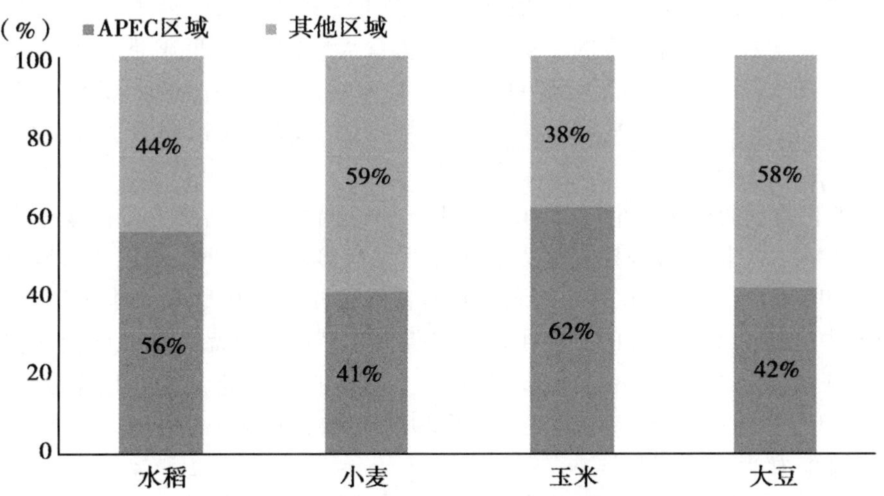

图 1－1　2012 年 APEC 区域主要成员体四种粮食作物总产量占世界总产量的百分比

（来源：FAOSTAT 和 APEC PSU 计算）

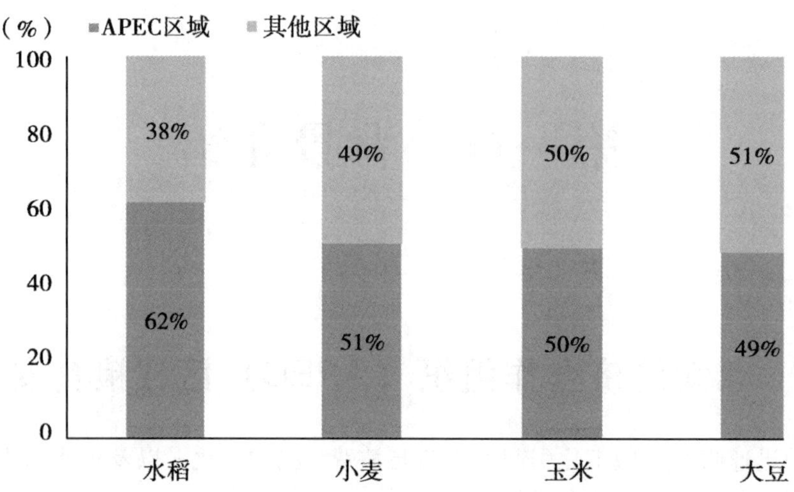

图 1-2　2012 年 APEC 区域主要成员体四种农产品出口量占世界总出口量的百分比
（来源：FAOSTAT 和 APEC PSU 计算）

一、APEC 区域农作物生产结构

APEC 区域成员体的主要粮食作物包括小麦，玉米，水稻，大豆等。中国、美国、加拿大、澳大利亚、俄罗斯是小麦的主要生产成员体。2012 年，这些成员体小麦总产量为 27 697.3万吨，占世界小麦总产量的 41.3%，其中中国的小麦产量最高，2012 年中国小麦产量到 12 058.2万吨。美国、中国、加拿大、菲律宾、印度尼西亚、墨西哥是玉米的主要生产成员体，2012 年总产量为 54 251.8万吨，占世界玉米总产量的 62.2%，其中美国 2012 年玉米产量为 27 383.2万吨，占世界玉米总产量的 31.4%。水稻的主要生产成员体有中国、美国、越南、泰国、印度尼西亚、菲律宾、日本、韩国，2012 年总产量为 39 984.2万吨，占世界总产量的 55.6%，其中中国的产量最高，2012 年总产量为 20 428.5万吨，占世界水稻总产量的 28.4%。中国、美国、俄罗斯、加拿大、印度尼西亚是大豆的主要生产成员体，2012 年总产量为 10 238.3万吨，占世界大豆总产量的 42.3%，其中美国的大豆产量最高，2012 年总产量为为 8 205.5万吨，占世界大豆总产量的 33.9%（根据联合国粮农组织数据库，FAOSTAT，2012 年数据计算）。

APEC 区域小麦和大豆的产量占全球的 40% 以上，但这两种农产品的生产都集中在几个 APEC 成员体，例如美国、加拿大、中国、俄罗斯和澳大利亚。所以许多其他 APEC 成员体都是小麦和大豆的净进口成员体。泰国、印度尼西亚、菲律宾、文莱、韩国、马来西亚、秘鲁和日本，国内市场至少有 90% 的进口小麦。虽然中国是小麦和大豆的主要生产国，但其生产的农产品主要在国内消费，所以不是这些农产品的主要出口成员体。事实上，中国已成为世界上主要的大豆进口国（根据联合国粮农组织数据库，FAOSTAT，2012 年数据和 APEC 政策支持小组 2012 年数据计算）。另外，小麦净进口成员体包括新西兰，智利，文莱，秘鲁，韩国和日本。

与小麦和大豆相比，APEC 区域内玉米往往在粮食和动物饲料等行业中起着相对较大的作用。一些成员体如美国、墨西哥、韩国、日本、智利、秘鲁、马来西亚、加拿大和中国玉米占谷物消费总量的 35% 以上。虽然美国玉米出口量只占其玉米产量的 15% 左右，但美国主导了全球的玉米贸易。日本是当今世界最大的玉米进口国，美国每年提供其进口量的 90% 以上；韩国、中国和墨西哥也是主要的玉米进口国，在中国和韩国，玉米主要用作饲料，在墨西哥玉米是重要的主食，占谷物总消费量的 60%。虽然玉米是墨西哥农业中最重要的农作物，2012 年其玉米总产量位居世界第八，但墨西哥也增加了其进口量以满足需求。泰国、越南、印度尼西亚是稻米的主产区，水稻是其主食。近年来，这些成员体的经济增长力强劲，而水稻产量增长率放缓，粮食安全也面临挑战。

二、APEC区域粮食供给、需求状况及趋势

APEC区域集中了中国、美国、加拿大、澳大利亚、泰国、越南、日本、韩国等世界主要粮食产出国或粮食进口国，生产了约占世界52.1%的粮食，且各成员体之间的粮食贸易量占全球的43.7%，为全球的粮食安全提供了重要保障，为全球粮食贸易提供了重要平台（余强毅等，2010）。

近年来，APEC发展中成员体强劲的经济增长及居民收入的提高，使得成员体的人口结构、消费水平和消费模式都在发生变化，粮食需求不断增加。与之前对比，发展中成员体在食品消费中肉类和奶类的消费不断增加，果蔬所占比重不断降低，预加工食品和加工食品消费量不断提升。同时，发展中成员体畜牧业得到快速发展，用于生产动物饲料的玉米、大豆的需求量始终呈上升趋势。随着国际油价不断上涨，成员体在鼓励新生物能源开发方面出台很多优惠政策。此外，工业化粮食需求量也在增长，目前主要用玉米、甘蔗生产乙醇；用大豆，油菜籽，棕榈籽等油脂作物生产生物柴油。

近年来，APEC成员体的农产品紧张需求趋势，反映了农业结构紧缩的市场特征。这种供需矛盾也使得农产品市场更容易受到供给和需求问题的冲击。2007—2008年以及2011年国际粮价暴涨，反映了这一问题。因为需求快速增长，而生产更多粮食的能力却被日益减少自然资源和更多的极端天气所限制，所以，许多APEC成员体农产品产量增长放缓，削弱了其紧跟需求增长的能力。自2000年以来，APEC发展中成员体强劲的经济增长增加了对粮食的需求，这种需求增长超出了其扩大粮食生产的能力，成员体粮食进口量大幅增加反映了这一点。

三、APEC区域粮食安全面临的挑战

近年来，全球农产品市场越来越不稳定，2008—2010年间全球粮食价格经历了两次暴涨。2012年受天气因素影响，美国、欧盟、俄罗斯、乌克兰和哈萨克斯坦等国家和地区的粮食产量大幅下降，限制了粮食出口量，直接导致了粮价再次暴涨。短期内高频率和大幅度的国际粮价波动性（图1－3）表明：

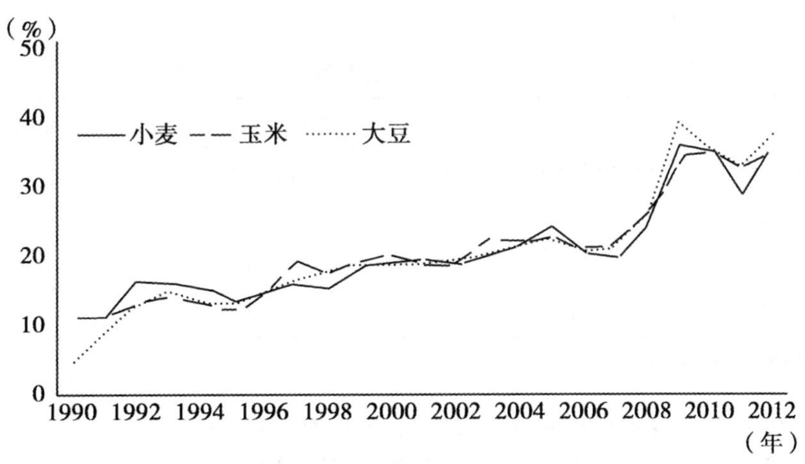

图1－3 几种农产品的物价波动水平

（资料来源：经合组织和粮农组织，2012年）

影响粮价波动的不确定性因素正在增加，农产品市场稳定性正面临严峻挑战；同时，全球人口的增加，各国经济的快速发展，粮食的市场需求量也在一直快速增长。这增加了全球粮食供给的压力，使得近期农产品市场从紧。一些主食谷物包括玉米、小麦、大米的国际价格上涨，在世界众多的成员体中转化成

了粮食的高通货膨胀，并在一些成员体中演化成了一个更广泛的粮食危机。粮食价格上涨的一个直接结果是使处在饥饿和贫困中的人口数量显著提高，这严重威胁了这些地区的粮食安全。一系列因素的综合作用使得现在全球粮食系统很容易受到粮价波动的影响。粮食价格高频率和大幅度波动，对于农产品的市场稳定性构成严重威胁，同时也严重威胁着 APEC 各成员体的粮食安全。

APEC 区域粮食生产面临着严峻的挑战。在 APEC 一些地区，资源和天气等自然因素成为限制农业生产诱因；土地分配不合理，主要粮食作物种植面积大幅减少，增加了高价值经济作物如能源作物的种植面积，可以从逐年增加的生物能源产量（图 1－4）反映出来。种种因素使得粮食产量不断降低。20 世纪 90 年代前，农业产量的增加，多是通过扩大土地面积来实现；而现在许多 APEC 成员体开垦新的农业用地受到限制，快速的城镇化也使得耕地资源不断减少，试图通过扩大农业土地面积增加粮食产量已不具备可行性。除了土地资源减少，更加频繁地出现极端天气，也使得粮食产量严重降低。另外，APEC 区域主要粮食作物如小麦、水稻的产量增长放缓（表 1－1），也使得粮食生产面临严峻挑战。

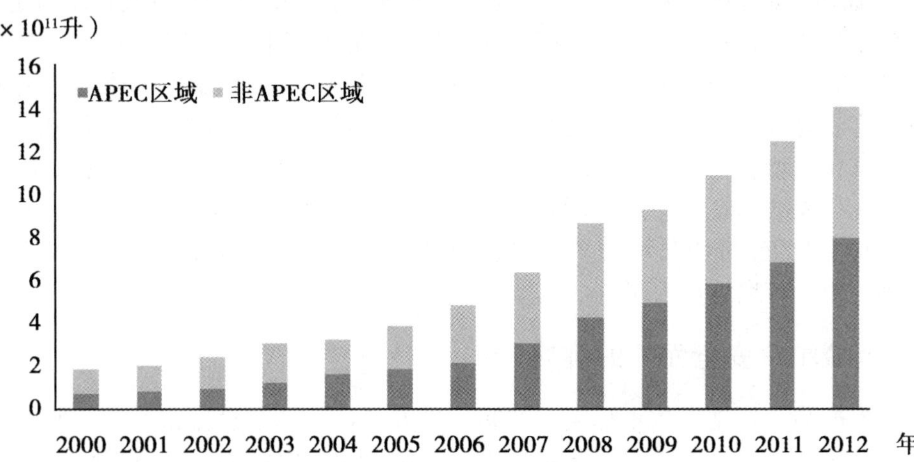

图 1－4　2000—2012 年生物能源产量

（来源：美国 EIA 和 APEC PSU）

表 1－1　在 APEC 区域 3 种粮食作物生产量平均年增长率

（%）	小麦		水稻		玉米	
	1962—1991 年	1992—2010 年	1962—1991 年	1992—2010 年	1962—1991 年	1992—2010 年
产量	2.5	－1	3.3	1	2.4	2.7
面积	－0.1	－2	0.8	0.2	0.6	1
收获量	2.6	1	2.5	0.7	1.8	1.7

（数据来源：FAOSTAT 和 PSU）

APEC 粮食安全中存在农业贸易壁垒的挑战。由于开放贸易有助于减轻农产品价格波动以及提高农业竞争力，因此，一些 APEC 成员体倡议，应避免实施贸易壁垒来平抑粮食价格上涨。在 2001 年 11 月开始的世贸组织多哈发展议程（Doha Development Agenda，DDA）中，农业贸易自由化已被证明是本轮 WTO 多边贸易谈判中有较多争议的话题之一。谈判涉及三个主要农产品贸易领域：提高市场准入、减少国内支持和消除出口补贴。虽然谈判进程缓慢，但在三个改革领域已经取得了一些实质性进展。非关税贸易壁垒不仅包括更传统的壁垒如进口配额，也包括交易监管措施，如技术性贸易壁垒（Technical Barriers to Trade，TBT）和《实施卫生与植物卫生措施协议》（Agreement on the Application of Sanitary and Phytosanitary Measures，SPS）。在《2012 年世界贸易报告》中，世贸组织发现：与其他措施相比使用技术性贸易壁垒和《实施卫生与植物卫生措施协议》的成员体的数量有所增加；技术性贸易壁垒和《实施卫生与植物卫生措施协议》的各种措施对农产品交易会产生负面影响，因为这要求成员体具备必要的科学和技术专业知识，因此也面临更高的成本。

APEC 粮食安全中粮食损失与浪费的挑战。由联合国粮食和农业组织（FAO）委托进行的一项研究估计：全球范围内供人类消费的粮食有 1/3 被损失或浪费掉，合计约每年 13 亿吨（Gustavsson et al.，2011）。英国政府委托进行的一项研究表明：倘若全球损失或浪费的粮食减少 1/2，那么现有生产量即使减少 25%，仍能满足 2050 年预计的粮食需求（Foresight，2011）。最近一项研究估计：世界上生产的粮食总量的 24% 在供应链中损失，而该损失所消耗的自然资源（包括淡水、耕地、肥料）约占总消耗的 1/4。鉴于 APEC 区域有一些世界上最大粮食作物生产国，APEC 成员体在解决粮食损失问题方面就显得至关重要。为了在现有生产水平上增加粮食供应，减少整个粮食供应链的损失非常必要。粮食供应链的损失包括：生产损失，收获后损失，消费损失。授世界粮农组织委托，瑞典食品与生物技术研究所（Swedish Institute for Food and Biotechnology，SIK）对粮食供应链的不同阶段粮食损失或浪费所占的份额进行了分析，估计了从初级生产损失到消费损失。在初级生产阶段的粮食损失中，块根和块茎所占比例最大，而这些产品在随后的收获后阶段损失也最严重。在消费阶段的粮食损失最严重的是谷物。发达成员体和发展中成员体粮食损失，是发生在供应链的不同阶段。通常情况下，低收入成员体的粮食损失主要发生在供应链的起始阶段，从初级生产到收获后期，而高中等收入成员体则在供应链的销售和消费阶段。虽然衡量粮食损失和浪费存在很多困难，但可以确定的是这种损失非常巨大，减少这种损失是实现全球粮食安全的当务之急。

APEC 粮食安全中农业投资的挑战。为提高农业生产力以及减少粮食损失，完善的农业基础设施以及先进的农业技术非常必要，这就需要强有力的农业投资作为支撑。农业投资的力度与增产、减贫以及粮食安全呈正相关。提高农业生产力可以提高粮食供应量，从而有助于保持较低的消费价格，降低粮食供应对价格冲击的脆弱性，提高粮食安全水平。农业投资通常需要大量的资本支出，并需要多年持续投入才能实现最终目标。鉴于固有的投资风险，这样的项目往往是公共部门承担。但是，除公共投资，农业投资多元化，例如，国内私人投资、政府开发援助以及外国直接投资。FAO 报告称：在过去的 30 多年里，大多数发展中经济体在农业部门的投资一直处在一个较低的水平，造成了许多主食作物的生产力低下和生产停滞。如果让目前的生产增长率下降的趋势继续下去，那么农业部门在资源日益缺乏的情况下满足需求的能力就会大大减弱。有证据表明，过去的几十年里发展中经济体对农业的投资，尤其是在农业的公共开支投资不足，这严重阻碍了农业生产力的提高，农业领域急需投资。

第二节　APEC 区域粮食安全的重要性与紧迫性

1974 年 11 月，FAO 在罗马首届世界粮食首脑会议上，第一次提出“粮食安全”概念。1983 年 4 月，FAO 总干事爱德华·萨乌马提出了粮食安全的新概念。1996 年 11 月，第二届世界粮食首脑会议对粮食安全概念表述为：让所有的人在任何时候都获得充足的粮食，过上健康、富有朝气的生活。这种解释是指“所有人在任何时候都能获得足够、安全和富有营养的食品。要做到粮食可供、可获、可加工和流通稳定等方面都没有风险”。这一概念得到 FAO、世界粮食理事会、联合国经济和社会理事会等国际组织和国际社会的广泛赞同和支持。它包括三个含义：一是保障粮食供给的数量与质量，即不仅要供应足够的粮食，还要保证所供应的粮食安全、卫生，满足人们生存和健康的基本需要；二是保障粮食供应的稳定性与长期性，即保障粮食供应在任何时候都充足、卫生，满足人们的长期需要；三是保障居民的购买力，不仅能够买得到而且买得起其生存和健康所需的基本食品。归纳起来，粮食安全的主要内容包括：粮食储备安全合理、粮食生产按照市场需求稳定发展、进出口粮食适量、贫困人口温饱问题得以良好解决，让所有的人在任何时候都能享受充足的粮食。

粮食安全始终关系到各个成员体经济发展、社会稳定、社会安全的全局性重大战略问题。随着成员体人口的增长及经济的发展，粮食需求呈刚性增长，然而随着耕地减少，水资源短缺、气候变化等自然资源以及天气因素对粮食生产的制约日益严重，粮食安全面临严峻的挑战。因此，粮食安全问题是 APEC 各成员体关注的焦点，对粮食安全问题探讨研究，显得十分重要。

APEC 区域粮食安全的重要性主要体现在以下几个方面。

首先，APEC 区域的粮食安全是 APEC 成员体国家经济安全的重要保障。俗话说：国以民为本，民以食为天，粮食始终是关系国计民生的、最基本的、具有战略性质的物资，是国民经济发展的重要物质基础。粮食作为一种特殊的有着硬性需求的商品，必须保证其在生产、运输、加工和销售等各个环节的稳定供应，确保人人可以享受充足的粮食，否则势必会影响社会安定，对经济发展造成破坏。保障充裕的粮食供给，有利于防范经济风险，维护成员体的经济安全；有利于稳定成员体粮食价格，抑制通货膨胀，促进经济持续稳定发展；有利于保障居民特别是中低收入阶层的切身利益，促进社会和谐稳定。因此，从国家安全战略及国民经济发展全局角度看，粮食应始终被视为特殊商品和战略物资，如果过度依赖国际市场，无异于将自己的饭碗放在他人手上，在战略上极易受制于人，在关系国家生存发展的国际竞争中处于被动。

其次，粮食安全是 APEC 成员体政治安全的命脉。作为生活必需品，粮食不可避免地会渗入政治因素。任何一国政府都对本国粮食安全负有不可推卸的责任，因此，粮食安全问题是一个十分重要的政治问题。农业是国民经济的基础，农业兴则百业兴，农业衰则百业衰，农业废则全国乱。在中国古代，几乎所有的农民起义都与粮食危机有关。时至今日，粮食安全问题依然左右着许多国家的政治命运。粮食危机已经在一些国家地区引发了政治和社会问题，若不及时解决，有可能进一步危及世界和平与安全。APEC 区域有世界上最大的粮食生产和出口成员体，成员体政府高度重视粮食安全，不断加强地区国际农产品贸易与合作，以确保成员体粮食安全。

再次，粮食安全是 APEC 区域社会稳定的前提条件。粮食作为成员体经济发展、社会稳定和地区自立的基础，是地区和谐稳定的重要前提条件。在经济全球化的新形势下，世界各国的联系不断加深，切实做好粮食工作，保持粮食供应长期稳定，对成员体自身及地区和平稳定都有重要意义。粮食关乎国计民生，正所谓“手中有粮心不慌”，任何一个成员体都应高度重视自己的粮食生产。随着城市化、工业化和现代化步伐的加快，农业在国际和地区经济总量中的比列不断降低，但农业作为基础性的重要地位一直都没有改变。近期的国际粮价的波动性不断加强，各成员体都在寻求合作，以期减少或消除造成这种波动性的因素，进而促进成员体和国际社会的和平稳定。

APEC 区域粮食安全具有紧迫性，主要有以下几个方面。

目前全球约有 41 亿人口生活在 APEC 区域，预计到 2050 年会超过 50 亿。人口快速增长，会直接加重粮食供应的压力。巨大的人口基数会促进人口的快速增长，进而增加粮食的刚性需求。另外，随着发展中成员体以及新兴发达成员体经济的快速发展，居民收入的提高，城市化的快速推进，人们的食品需求，以及饮食消费结构也在发生着变化。人们的膳食结构已经从单一的粮食、块茎和块根逐步转向畜产品（肉、蛋、奶）、植物油，水果和蔬菜等多元的膳食结构。而生产肉类蔬菜相对于粮食，明显要耗费更多的自然资源，这给粮食生产带来了压力。以上两方面，即经济的快速发展加之人口的快速增加，对粮食生产供应构成了双重的压力。

除人口因素外，工业因素也在严重影响着粮食供给状况。随着 APEC 区域经济的发展，APEC 区域工业粮食消费需求、畜牧业粮食消费需求和生物质能源粮食消费需求都在不断增长，这些因素都加剧了粮食供应与需求的矛盾。与以往相比，粮食用途的拓宽如使用玉米进行工业乙醇生产、使用玉米、大豆和小麦进行动物饲料加工进行畜牧生产、对粮食进行多种多样的食品深加工等多种方式对粮食加工，增加了粮食需求。

天气以及自然资源因素也在严重影响着 APEC 区域的粮食供给状况。近年来，随着全球气候变暖，极端天气的频繁出现，APEC 区域的自然灾害同样呈增加趋势，2012 年 APEC 区域大范围的干燥天气，使得 APEC 主要粮食生产成员体都遭受了重大损失，这也导致了国际粮价的又一次暴涨。农业是高度依赖自然资源的产业，但耕地资源和水资源随着经济的发展都在不断减少，与此同时全球气候变暖、自然灾害频繁发生，都严重影响着粮食的生产。虽然随着农业科技的进步，APEC 区域粮食单产和粮食播种面积都有所增加，并增加了粮食供应量，但是粮食的产量增长率，明显低于消费需求增长率，这是近年来 APEC 区域粮食供需矛盾加剧的重要原因之一。所以 APEC 区域粮食安全面临紧迫性。

APEC 区域粮食安全还面临着诸多挑战：许多粮食作物（包括小麦和水稻）的产量增速在逐年下降；基础设施和技术的缺乏导致大量的粮食损失；非关税措施正越来越多地阻碍农产品贸易的发展。这些问题的存在都将严重威胁 APEC 区域的粮食安全战略的实施。APEC 区域粮食安全问题则显得尤为紧迫。

参考文献

[1] 余强毅 . APEC 区域粮食综合生产能力与粮食安全研究 . 中国农业科学院，2010.

[2] Gustavsson，J.，Cederberg，C.，Sonesson，U.，van Otterdijk，R.，Meybeck，A. Global Food Losses and Food Waste，Rome：FAO，2011.

[3] Foresight. The Future of Food and Farming：Challenges and choices for global sustainability. Final Project Report，The Government Office for Science，London，2011.

第二章　APEC 内涉及粮食安全的机构

第一节　APEC 由来与组织结构

一、APEC 的由来

亚太经济合作组织诞生于 20 世纪 80 年代末，随着冷战结束，国际形势日趋缓和，经济全球化、贸易投资自由化和区域集团化的趋势渐成潮流；同时，亚洲区域在世界经济中所占比例也明显上升。在此背景下，1989 年 1 月，澳大利亚总理霍克提议召开亚太地区部长级会议，讨论加强相互间经济合作问题。APEC 会议自 1989 年 11 月成立以来，已经发展成为亚洲太平洋地区最重要的经济合作官方论坛，也是亚太地区最高级别的政府间经济合作机制。APEC 现由 21 个成员组成，包括了环太平洋沿岸的主要国家和地区：澳大利亚、文莱、加拿大、智利、中国、印度尼西亚、日本、韩国、马来西亚、墨西哥、新西兰、巴布亚新几内亚、秘鲁、菲律宾、俄罗斯、新加坡、泰国、美国、越南等。1991 年 11 月，中国经与 APEC 方面反复磋商，在“一个中国” 和“区别主权国家和地区经济” 的原则基础上，中国同 APEC 高官会主席签署了谅解备忘录，中国作为主权国家身份，中国台北和中国香港以地区经济体名义正式加入亚太经济合作组织。1997 年温哥华领导人会议宣布 APEC 进入 10 年巩固期，暂不接纳新成员。此外，APEC 还有 3 个观察员组织，分别为东盟秘书处、太平洋经济合作理事会和太平洋岛国论坛。APEC 主要讨论与全球及区域经济有关的议题，如促进全球多边贸易体制、实施亚太地区贸易投资自由化和便利化、推动金融稳定和改革、开展经济技术合作和能力建设等。

近年来，APEC 开始介入一些与经济相关的其他议题，如粮食安全、人类安全（包括反恐、卫生和能源）、反腐败、备灾和文化合作等。APEC 是亚太地区促进经济成长、合作、贸易、投资的论坛，其成立宗旨和目标为“为该地区人民的共同利益保持经济的增长与发展，促进成员体间经济的相互依存，加强开放的对边贸易体制，减少区域贸易和投资壁垒”。APEC 体制属“论坛” 性质，其日常运作以“共决议” 及“自愿性” 为基础，经由各成员间相互尊重及开放性的政策对话，达成寻求区域内共享经济繁荣之目标。其运作方式是通过非约束性的承诺与成员的自愿，强调开放对话及平等尊重各成员意见。APEC 采取自主自愿、协商一致的合作原则，所作决定必须经各成员一致同意认可，其具有开放性、灵活性和非强制性的特点。在 1993 年西雅图领导人非正式会议宣言中提出 APEC 的“大家庭精神”，即为本地区人民创造稳定和繁荣的未来，建立亚太经济的大家庭，在这个大家庭中要深化开放和伙伴精神，为世界经济做出贡献并支持开放的国际贸易体制。

APEC 共有 4 个层次的运作机制：领导人非正式会议、部长级会议、高官会和工作组及秘书处。APEC 每年 11 月定期举行领导人非正式会议，讨论由“部长级会议” 及“企业咨询委员会” 所提供的战略建议，随后通过“领导人宣言” 公布达成的共识。领导人非正式会议下设的各种机构不定期举办各种专门会议，形成了高官会议——部长级会议——非正式首脑会议的决策方式。在发展与工作重点问题上，发达成员体和发展中成员体明显分歧，发展中成员体渴望将经济技术合作作为亚太经济合作组织活动的一个中心议题，发达成员体依然把力量集中在贸易投资自由化方面。随着粮食危机的出现，粮食安全议题逐渐被列为 APEC 讨论重点议题。

二、APEC 组织结构

1. 领导人非正式会议

领导人非正式会议是 APEC 最高级别的会议。1993 年 11 月 20 日，首届 APEC 领导人非正式会议在美国西雅图举行，是由美国前总统克林顿倡导并首次召开。之后每年举行一次。自 1997 年开始，会议期间会召开 APEC 工商领导人峰会。

2. 部长级会议

APEC 部长级会议又称为“双部长”会议，即外交部长（中国台北与中国香港除外）和经济部长双部长会议；不定期还有专业部长会议。自 1989 年起，双部长会议每年在领导人会议前的 9 月至 11 月间举行一次。APEC 部长级会议的主要任务为决定 APEC 活动的大政方针，并讨论区域内的重要经贸问题。部长会议下设有高官会，为 APEC 运作的核心机制。

3. 高官会及相关会议

自 1989 年第一届高官会举行以来，每年举行 3 ~4 次会议。出席该会议的代表，皆为各成员体主管部长的次长级或司长级官员，主要任务在执行领导人和部长级会议的决议，建立工作程序及检查协调 APEC 各级论坛的工作，并为下次领导人和部长级会议做准备。

4. 委员会和工作组

高官会下设 4 个委员会（Committees），即：贸易和投资委员会（Committee on Trade and Investment，CTI），经济委员会（Economic Commission，EC），经济技术合作高官指导委员会（SCE）和预算管理委员会（Budget and Management Committee，BMC）、11 个工作小组（Working groups）、2 个次级委员会（Sub-committees）及 8 个特别任务小组（Task groups）。CTI 负责贸易和投资自由化方面高官会交办的工作；EC 负责研究本地区经济发展趋势和问题，并协助结构改革工作；SCE 负责指导和协调经济技术合作；BMC 负责预算和行政和管理等方面的工作。工作组主要从事专业活动和具体事项讨论。

5. 秘书处

APEC 秘书处于 1993 年 1 月在新加坡成立，其日常运行机构亦设在新加坡。秘书处是 APEC 日常运行的主要执行机构，为 APEC 各层次的活动提供支持和服务。秘书处负责人为执行主任，由 APEC 当年的东道主指派。

第二节　APEC 内涉及粮食安全的机构

粮食安全已经成为 APEC 重要的合作领域，鉴于粮食安全问题跨领域的性质，亚太经济合作组织内有多种委员会和分论坛，涵盖了粮食安全的许多方面，几个工作组的工作内容与议题直接和粮食安全问题相关，包括 APEC 工商理事会（APEC Business Advisory Council，ABAC）、农业技术合作工作组（Agriculture Technical Cooperation Working Group，ATCWG）、粮食安全政策伙伴关系论坛（Policy Partnership on Food Security，PPFS）、食品安全合作论坛（Food Safety Cooperation Form，FSCF）、农业生物技术高级别政策对话论坛（High Level Policy Dialogue on Agricultural Biotechnology，HLPDAB）及其他机构。

1. APEC 工商理事会

（1）ABAC 工作章程及内容。APEC 工商咨询理事会是 APEC 的常设机构，其前身是 1993 年首次 APEC 领导人非正式会议提议成立的太平洋工商论坛。1995 年 11 月，在日本大阪举行的第三次 APEC 领导人非正式会议上，与会成员决定设立一个代表工商界的常设机构，以接替形式相对松散的论坛，APEC 工商咨询理事会由此成立。APEC 工商咨询理事会的主要任务是对 APEC 贸易投资自由化、经济技术合作以及创造有利的工商环境提出设想和建议，并向 APEC 领导人非正式会议和部长级会议提交咨询报告。自成立以来，工商咨询理事会的很多建议和意见都为 APEC 成员所采纳。

APEC 工商咨询理事会秘书处设在菲律宾马尼拉。理事会主席采取轮换制原则，即由当年 APEC 领导人非正式会议的东道主代表担任主席。每个 APEC 成员派出 3 名具有代表性的工商界人士参加理事会。APEC 工商咨询理事会每年举行 4 次例会。此外，工商咨询理事会还在每年 APEC 领导人非正式会议期间与各成员领导人举行一次对话会。对话会上，APEC 成员领导人分组同工商咨询理事会代表进行对话，就各方高度关注的问题交换意见。APEC 工商理事会是由各成员体选派大、中、小型企业代表组成，直接将民间部门的意见提交 APEC 各成员体的领导人参考。

（2）APEC 粮食系统。1998 年，APEC 工商理事会（ABAC）呼吁 APEC 领导人建立 APEC 粮食系统（APEC Food System，AFS），作为解决食品领域安全问题的综合性系统。由于食物问题引起的健康水平下降对于食品安全有长期负面的影响，是否符合食品安全标准日益成为市场准入的一个越来越重要的因素，因此，加强食品安全合作对于 APEC 区域粮食安全至关重要。1999 年，亚太经济合作组织财长们提出建设粮食系统的首要目标是"将有效地链接食品生产、加工和消费，以满足人们的粮食需求，作为实现可持续、公平发展与亚太地区稳定的重要组成部分。"同年，领导人通过了 APEC 工商理事会提出地建立 APEC 粮食系统的报告。APEC 粮食系统的主要工作内容：加强农村基础设施建设；交流食品生产和加工的先进技术；促进食物及其制成品的贸易。亚太经济合作组织工商咨询理事会承认在 APEC 区域粮食问题的历史敏感性，通过加强有关粮食安全的区域合作，逐步加深与其他部门的经济依存关系。该区域面临的挑战包括：粮食数量和价格的变动，耕地面积和质量的下降（尤其是迅速工业化的成员），以及在农业研究、农村基础设施和粮食分配体系投资不足。亚太经济合作组织工商咨询理事会认为 APEC 通过相互合作在该区域建立一个更加强大、相互依存的粮食体系，是唯一能解决上述问题的方法。更重要的是：亚太经济合作组织工商咨询理事会认为粮食体系的建立与发展是实现 APEC 远景目标的必要步骤，会对该地区经济、环境和社会带来很高的回报。

更广泛的农村基础设施的发展已被亚太经济合作组织工商咨询理事会视为建立更加有效、有力的区域粮食体系不可或缺一部分，物质和人力资源方面的投资非常重要。实物资本需求包括电力以及各种形式的运输和通信基础设施，需要提高以下方面的效率：农民农业投入供给；农产品储存、加工及到最终市场；农民和生产者获取不断变化的市场信息。随着越来越多的城镇化人口消费大量、更高质量、加工过的粮食，农民也需求更多的农场外服务，因而，需要更加广泛、高效、完善的分配系统。供应投入、信贷、运输、包装、加工、市场服务都可用于提高农业生产力。由于这些服务可以由私营部门提供，从而增加了对农村地区非农工作的劳动力需求，这只有在健全的宏观经济政策和国内监管环境下才能实现。此外，日益复杂的粮食生产、加工和营销需要越来越多受过良好教育的农户，实证研究表明，基础教育投资从两方面给农户带来了丰厚的回报：首先，对于留在农场的人，受到的教育越好，他们的决定就越接近于最佳水平；其次，对于选择寻求非农工作的人，他们能够找到一份适应更快、更容易、且赚取更多收入的工作。农村基本卫生保健投资收益也有较高的回报，至少对女性的回报是和男性一样高。有了更好的基础设施、更良好的教育和更健康的人口，农村地区吸引工业和服务业活动的范围就会扩大，增加了中心农户不需要长距离迁移到大城市而获得非农就业机会。

亚太经济合作组织工商咨询理事会强调的第二个领域，是采用新的农业和粮食技术。从历史上看，农业生产率增长速度甚至比制造业快；而且，新的技术能够提高粮食质量，确保其安全性，减少由于农业引起地环境破坏；随着人民收入的增加以及自然环境压力的加大，这些技术就越来越重要。然而，这些新技术不是均匀分布在亚太经济合作组织地区，而是集中在几个富裕的、具有较强创新能力的成员体中，原因有两个方面：其一，比较贫穷的成员体在公共农业研究中的花费占农业附加值的比例要低得多，因此，投入到进口和推广国外开发的先进技术费用比例也较少；其二，在私营企业依赖的健全物权法制定并有效执行方面较为薄弱，不愿意在新技术的研发和转让方面投资。这表明，在以下领域的区域合作将大有作为：①更加高效、符合环境要求的农业和粮食技术的信息传播；②推广制定和强制执行以立法的方式保护知识产权、环境以及关心粮食安全的消费者，以此来吸引更多有关技术转让的私人投资；③在私营企业获取农业技术方面争取政府的投资。

由于国际粮食贸易和投资的阻碍，与其他商品生产部门相比，许多 APEC 成员体的粮食部门，国际市场一体化程度较低，这就造成在许多地方农民卖的农产品价格要比实际价格低，而消费者能购买的粮食价格却要比实际价格高一些；在有价格补贴的情况下，纳税人也就相应增加了负担。在粮食贸易以及农业和粮食加工方面外国直接投资地限制严重制约了 APEC 区域农业和农村的发展，尤其是在发展中成员体。具体来说，贫穷的成员体往往会阻碍粮食生产和出口，而富裕成员体通过贸易税或其他各种形式的非关税贸易壁垒以及跨国资金流动阻止粮食进口竞争，富裕成员体内部的政策（例如生产者价格支持政策）经常对国际粮食价格上涨有抵消作用，但却在减少粮食数量和增加国际粮食贸易的波动性方面加强干扰。亚太经济合作组织工商咨询理事会认识到，粮食市场政府干预的出现，部分是出于对粮食安全和农民对农村环境贡献的考虑。然而，亚太经济合作组织工商咨询理事会也意识到这些政策的局限、其他成员体政策目标可以一种更加有效的方式实现。具体而言，亚太经济合作组织工商咨询理事会要求 APEC 成员体相互合作以达到以下目标：一是促进贸易便利化，通过协调海关手续以及监管信息交流减低农产品贸易成本；二是提供技术援助，以更好地评估动植物卫生检疫程序中过分限制粮食贸易的环节；三是粮食安全信息共享，协商制定统一的、互相认可的、以消费者利益为基础的粮食安全标准。与 APEC 贸易改革承诺保持一致，APEC 粮食系统鼓励：①逐步削减关税；②逐步淘汰与世界贸易组织（World Trade Organization，WTO）不一致的非关税贸易壁垒；③最终消除出口补贴；④成员体内部农业支持计划透明化并保持与世界贸易组织一致。

2. 农业技术合作工作组

农业在大多数亚太经济合作组织成员体中起到了举足轻重的作用，粮食保障和安全问题对于亚太经济合作组织成员体至关重要。农业技术合作工作组的目的是加强该地区的经济增长和社会福利，促进 APEC 成员间农业技术合作。主要任务是提高各成员体农业及其相关行业的发展能力，促进区域经济增长。主要目标是提高农业及其相关产业的能力，交流农业、生物技术、动物和生物遗传资源管理等领域的信息和经验。

3. 粮食安全政策伙伴关系论坛

2009 年，亚太经济合作组织工商咨询理事会颁布粮食安全的战略框架，呼吁建立一个持续的机制，在一个较高的水平下确保必要政策的实施，实现综合性的粮食系统技术合作。该机制将包括私营和研究部门的直接投入和参与，以及公共部门的正式化，即“粮食对话”的制度。2010 年，以粮食安全为主的亚太经济合作组织部长会议宣布，与利益相关者进行协商，是争取实现粮食安全目标持续进步的关键；并指示高官们努力以更加实质性的方式将 ABAC 融入亚太经济合作组织粮食安全问题。2011 年，亚太经济合作组织高级官员通过了建立策略伙伴关系粮食安全的建议。

4. 食品安全合作论坛

粮食安全合作论坛是食品安全监管部门的一个论坛，其旨在改善粮食安全、促进信息共享、加强能力建设。APEC 成员体一致同意共同打造完善的食品安全体系，加快与国际标准相一致的食品标准的建立，以改善公众健康，促进贸易的发展，建立强大的、世界贸易组织的卫生和植物检疫措施和技术性贸易壁垒协议相一致的区域食品安全体系。

5. 农业生物技术高级别政策对话论坛

农业生物技术给农业部门带来了革命性的变化，它刺激经济增长，提高农业生产率，减少了世界饥饿和营养不良的人口，降低了农业生产对环境的影响。粮食安全取决于粮食生产相对于消费有剩余，可承受价格的粮食供应取决于自然资源（环境）满足可持续生产率及有足够的以农场为主的农业劳动力。这就急需现代科学技术的可持续发展来满足粮食生产的需求。APEC 农业生物技术高级别政策对话响应了 APEC 部长和领导人强调对 APEC 成员体安全引进生物技术产品的重要性的提议，也为获得这些产品的公众认可，奠定了基础。生物技术在解决粮食安全问题方面有着多方面的作用：提高粮食产量，加快新作物品种的繁育，节约劳动力，提高营养和安全，加快粮食贸易；可以降低对外部的负面影响（例如杀虫剂污染），减轻环境压力（干旱或洪涝），降低生物压力（害虫、疾病）；并且可以改良食品性状（耐热耐旱、耐洪涝、耐盐等），减少农业的水损失等。

6. 涉粮食安全的其他机构

海洋与渔业工作组（Ocean and Fishery Working Group，OFWG）、市场准入小组（Market Access Group，MAG）、贸易和投资委员会（Committee on Trade and Investment，CTI，其重点在减少农产品贸易的关税壁垒上）、经济委员会（Economic Committee，EC，通过《经济委员会营商便利度（EoDB）行动计划》，成员体可以积极解决这些影响私营部门对农业部门投资的业务条件，包括知识产权保护和获得信贷业务）。

第三节　APEC 粮食安全议题发展阶段

粮食安全及相关农业议题一直受到 APEC 的关注，并且持续在该领域进行研究，至今已取得一定成果。自 1998 年粮食安全议题提出以来，APEC 粮食安全议题的讨论经历了 3 个不同的发展阶段（图 2-1）。

1. 初期阶段——粮食安全议题的提出及发展

粮食安全议题的提出阶段（1998—2000 年）。1998 年 2 月，墨西哥 APEC 企业咨询委员会 ABAC 第一次会议中成立了粮食任务小组（Food Task Force，FTF）；同年 5 月，ABAC 第二次会议正式成立了开放食品论坛（Open Food Forum）并推选新西兰 ABAC 代表 Mr. Philip Burdon 及中国台北 ABAC 代表高志尚先生担任负责实际推动工作的共同主席；9 月，中国台北举办的 ABAC 第三次会议上，召开了首次任务小组会议，ABAC 将开放食品论坛（Open Food Forum）改名为 APEC 粮食体系，由 Mr. Philip Burdon 和高志尚先生担任该任务小组共同主席。1998 年 11 月，APEC 吉隆坡领导人会议中，ABAC 呼吁 APEC 成员体领导人建立 APEC 粮食体系。此项建议受到领导人的赞同，并指示部长们对此议案进行研究。该议案主要目的是通过各成员体的合作，建立一个健全的区域粮食系统，这个系统将有效地联系粮食生

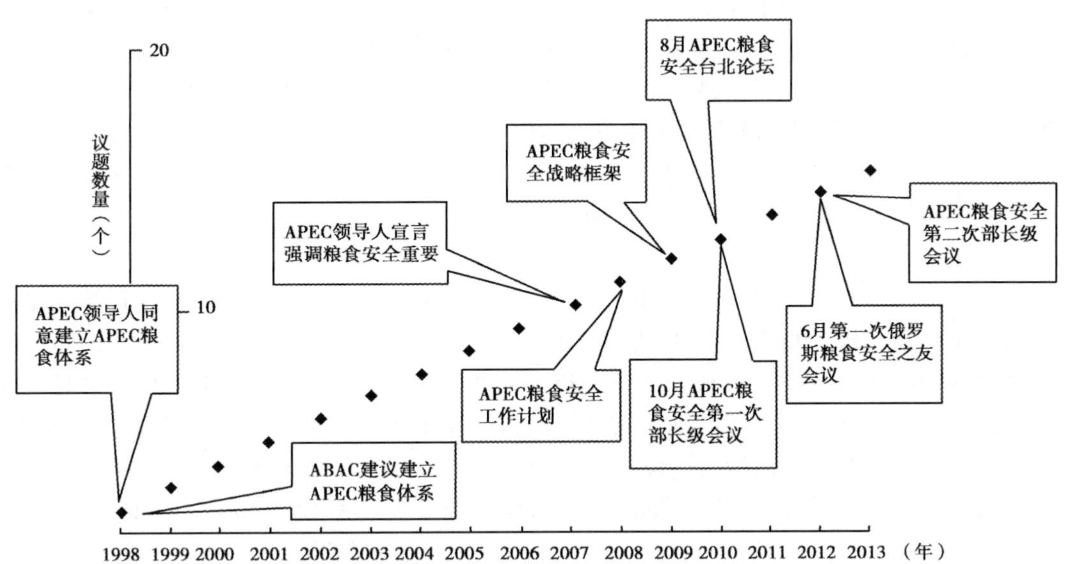

图 2－1　APEC 粮食安全议题讨论历程

产、加工与消费，利用地区资源来满足人们的粮食需求，为经济发展和繁荣做出贡献。由于该地区面临一系列挑战，诸如粮食数量和价格的变动、耕地面积和质量的下降（尤其是迅速工业化的成员体）以及在农业研究、农村基础设施和粮食分配体系的投资不足等，这些问题的产生也促使 APEC 粮食体系的提出。APEC 粮食系统主要是在农村基础设施建设、新技术转移和推广、粮食国际贸易与投资的推广等方面开展合作，从而提升粮食加工效率与增加粮食贸易对成员体的利益。其主要重点在于增加粮食贸易的经济利益。

1999 年，由于千禧年回合的世界贸易组织谈判即将展开，农业是谈判的重点之一，因此，粮食系统便成为 1999 年 APEC 诸多议题中备受瞩目的焦点之一。新西兰在担任 1999 年 APEC 会议东道主期间，积极推动有关 APEC 粮食系统的倡议及实施。1999 年 2 月，APEC 第一次高官会中，成立了“APEC 粮食体系议案和专案小组”，由中国台北及新西兰担任共同主席，并决定于 1999 年 8 月举行的第三次高官会晤提交研究报告及建议的初稿。1999 年 5 月初，APEC 第二次高官会晤，专案小组第一次工作会议讨论初稿内容并进行修正；1999 年 5 月底，ABAC 第二次会议，提出 1999 年 APEC 粮食体系议案，并预定于 9 月份领导人会议时向领导人汇报。1999 年 9 月在新西兰的奥克兰举行的领导人会议中，新的 APEC 粮食体系建议案被提交。新建议案中共同合作行动的领域增加为 4 项：农村地区基础建设；粮食安全、粮食体系技术及动植物建议等议题；粮食安全；贸易及投资自由化。APEC 领导人同意建立 APEC 粮食体系；同年《领导人宣言》和《部长声明》均写入了有关内容。其中《宣言》还指示部长在实施有关建议时考虑工商界意见，每年检查在实现 APEC 粮食系统方面取得的进展。2000 年，新西兰提出了落实上述领导人指示的框架建议，提出通过制订工作计划，将任务分解到各工作组中协助执行领导人关于粮食系统的指示。有关建议已在 2000 年年底文莱部长级会议上通过。

2. 调整阶段——粮食安全议题的快速发展

2005 年，中国提出了 APEC 粮食安全倡议（APEC Food Safety Initiative，APEC. FSI），旨在推动食品安全系统的标准、服务，以及运作体系的建立，透过政府行政体系、企业完善自我规范与社会监督，以确保食品消费的安全。并希望在此后的 5 年内成立 APEC 粮食安全体系，以促进粮食贸易便捷化。其重点是从食品原料、制造、运输及保存等方面来加强食品安全。

2006 年，为回应领导人和部长宣言有关防止恶意污染食品的指示，美国于 2006 年第一次高官会晤期间首次提出了食品防御倡议（Food Defense Initiative，FDI）。食品防御倡议主要内容为一系列有关讨论风险评估与发展 APEC 最佳范例的研讨会。随后提出的 9 项食品防御原则获得 2007 年领导人会议的认同。此外，在同年《第 18 届 APEC 年度部长级会议联合申明》中，部长们在与农业生物技术高级政策对话论坛的代表交流中了解了农业生物技术在改善农业生产力、促进粮食安全及保证环境资源的价值。部长们赞同第五届农业生物技术高级政策对话会议的成果，且对政策对话所提议、值得继续关注的议题达成共识。

2007 年，《APEC 领导人宣言》强调了粮食安全的重要性，领导人一致同意通过具体的措施加强食品和消费品的安全标准，采用科学、基于风险分析的手段，消除不必要的贸易障碍。领导人对“当务之急是在该领域的额外能力建设”达成共识。为进一步加强食品安全，2007 年 4 月，食品安全合作论坛第一次会议在澳大利亚名为猎人谷的地方召开，其目的在于改善食品安全信息共享、加强能力建设并在 APEC 内认识、重点发展和协调能力建设。来自 16 个成员体的 60 余名代表参加了此次论坛，制定了该区域能力建设战略路线，并受到 APEC 标准与合格评定分委会（APEC Sub-Committee for Standards and Conformance，SCSC）的支持。2008 年 2 月，标准与合格评定分委会批准了《2008—2011 年 APEC 成员体加强食品安全标准的实施计划》。2011 年 5 月修订和通过了《APEC 食品安全合作论坛优先能力建设的领域》包括：食品安全监管体系、食品检查和认证系统、技术能力和人力资源能力（国际认可的标准和程序）、信息共享和沟通网络。

2008 年，第十五届 APEC 财长会议在秘鲁特鲁希略召开，也第一次把粮食问题作为会议的重要部分提及，全球粮食价格高涨的问题成为 21 个成员体共同的话题。他们一致认可亚太经济合作组织成员体通过保持其市场开放、贸易投资自由化的承诺，可以在此次全球应对的危机中发挥更加重要的作用。部长们特别强调了对农业技术充足的投资水平以及有助于提高农业生产力的经济技术合作的重要性。为此，亚太经济合作组织高级官员开始着手审查在粮食和农业领域的活动，这也致使了《亚太经济合作组织（APEC）食品安全工作计划》的诞生。亚太经济合作组织领导人支持团结协作、制定一个全面的策略来解决粮食安全问题。

2009 年，APEC 企业咨询委员会发表了《APEC 食品安全战略框架》，旨在通过 APEC 粮食体系的有效实施来实现该区域的粮食安全。

3. 深入发展阶段——粮食安全议题的深化

深入发展阶段是 2010 至今。2010 年 8 月 18 ~ 20 日在中国台北举办了“APEC 粮食安全论坛”，此次论坛汇集了来自粮食安全相关的政府官员、国有和私营企业的专业人员、成员体的学者讨论了粮食安全相关的问题，包括投资、环境问题和贸易便利化。2010 年 9 月 19 日市场准入小组在日本仙台召开了一次关于“非关税措施和非关税壁垒影响亚太经济合作组织地区粮食和农业产品贸易”的研讨会。此次研讨会的议题是食品安全问题，企业、学术界和监管部门就透明度、食品标签以及在亚太经济合作组织内粮食贸易中非关税壁垒的非必要性和非意图性进行了讨论。2010 年 10 月首届 APEC 粮食安全部长级会议于日本新潟大学召开，粮食安全议题发展进程加快，大会通过的《新潟宣言》指出：应该加大农业投资并提高粮食的供给能力，以应对自然灾害和粮价高涨等导致的粮食危机，为使会议达成的共识能够得到落实，各国汇总了各自推行的《行动计划》，宣言还表示将继续为消除饥饿和贫困而努力。在同年的 APEC 年会上，在人类安全的议题下也将粮食安全放在首位，强调了其重要性。

2011 年 2 月 5 日 PPFS 管理委员会第一次会议在俄罗斯莫斯科举行；同年 5 月亚太经济合作组织食品安全合作论坛在美国的蒙大拿州召开，来自 18 个成员体的代表参加了此次论坛，会议期间，成员们重申了他们的承诺——团结协作加强粮食安全体系，促进安全的食品供应以及食品标准与国际标准相协调的进程，正如世界贸易组织的 SPS/TBT 协议中的建议，保持统一，此次承诺旨在改善公共卫生，促进亚太经济合作组织地区贸易自由化。APEC 食品安全事件管理研讨会 2011 年 5 月也在美国的蒙大拿州召开，来自 18 个 APEC 成员体的政府、企业、学术组织和其他组织的约 100 名代表出席了研讨会，会议的主要议题是建立一个 APEC FSCF 食品安全事件网络。2011 年，在广州第一次食品安全合作论坛会议时，来自泰国的代表提出了食品安全四项建议；2011 年 11 月 23 日，“APEC 农业技术转移大会暨第四届中国农业新技术新成果交易对接大会”也把粮食安全作为焦点，其宗旨是：落实 APEC 领导人会议和粮食安全部长会议动计划，加强农业技术转移，确保 APEC 粮食安全。

2012 年，举办了粮食安全战略合作伙伴（PPFS）第一次会议。同年 5 月 30 ~ 31 日，第二届 APEC 粮食安全部长级会议在俄罗斯喀山召开并通过了《喀山宣言》。随后，9 月 2 日至 9 日，亚太经济合作组织峰会周在俄罗斯符拉迪沃斯托克市举行，本次峰会周的主题为“发展的挑战”，21 个成员体的领导人、政府和工商界代表共商国际特别是亚太地区的经济发展大事。自 2008 年国际金融危机爆发以来，全球经济复苏步履维艰，作为世界最大经济体的美国，虽然总体呈现缓慢增长趋势，但仍不能摆脱经济复苏疲软的现象，同时欧债危机久拖未决，在这种稳增长、促复苏的大背景下，亚太区域成为探寻全球经济复苏方略的突破口。数据显示，2012 年 APEC 区域总人口占全球的 42%，在世界 GDP 和世界贸易总量中的所占比例分别约为 50% 和 46%，APEC 已经成为亚太区域影响最大的经济合作论坛。作为 2012 年 APEC 会议的主席国，俄罗斯提出了四大议题：确保粮食供应安全、贸易与投资自由化、建立可信赖的供给链条、为创新性增长更紧密的合作，并且特别强调粮食安全，并将其列为 2012 年峰会优先关注的主要议题之一。俄罗斯推动粮食安全的四大重点包括：粮食市场规范化减少价格波动；产业创新；食品安全与食品品质改革；弱势群体的粮食供给。对于建立可靠供应链，俄罗斯提出两项新倡议，即加强 APEC 供应链多元化及供应链透明度。这些议题也是所有成员体共同关注和着力推进的目标。中国前国家主席胡锦涛应邀出席了领导人非正式会议及亚太经济合作组织工商领导人峰会、领导人与亚太经济合作组织工商咨询理事会代表对话等活动，在 APEC 工商领导人峰会上围绕“加强基础设施建设、实现可持续增长”的主题发表演讲，表明了四点期待：①推进贸易和投资自由化，实现经济一体化建设；②扩大粮食生产减少流通损耗，共同维护世界粮食安全；③落实供应链连接行动计划，提升供应链专业化水平；④积极落实创新增长方面共识，促进亚太经济实现创新增长。这些议题的设置反映了亚太成员体对粮食安全问题的重视。这些会议的召开将对保障亚太地区粮食安全、促进地区农业合作产生积极作用。但是，APEC 粮食安全合作也存在一些问题：由于成员体众多，发展水平差异明显，利益诉求各不相同，需要平衡各方利益并非易事，在很多问题上 APEC 成员体之间存在意见、分歧甚至矛盾。也正因为如此，中国代表认为：在协商过程中，发达成员体应更多地照顾到发展中成员体的利益，讨论中要体现共同但有区别的责任，APEC 应提高所有成员体的发展水平，并给所有成员体的发展创造平等的机会。不言而喻，未来 APEC 成员体的合作还会存在很多问题，但是应该求同存异，实现互利共赢。

2013 年 4 月，第八届食品安全合作论坛会议以及研讨会于印度尼西亚泗水召开。根据 APEC 项目“统一食品安全标准和监管体系建设”，一系列研讨会计划于 2012—2015 年召开；“中小企业食品安全标准培训”研讨会和“食品安全应急网络”研讨会于 2013 年召开。2013 年 5 月 29 日，APEC 粮食安全政策伙伴关系会议在俄罗斯喀山举行，会议指出 APEC 区域不断增长的人口和许多障碍挑战（特别是贸易壁垒障碍）都加重了粮食供应负担，处理这个复杂挑战的方法是利用政府和企业的专长，目前的任务是设立一个组内计划以提供可靠的粮食供应。会议期间各 APEC 成员体都对粮食浪费原因及解决措施、保护和提高粮食安全所做的工作、区域经济一体化和区域粮食市场以及其他没有关注的有关粮食安全的细节进行了积极的讨论，会议结束后主席对会议内容进行了总结，印度尼西亚代表认为未来的工作重心最好集中在减少收获后损失及产量的可持续增长、自然灾害的防范和应变能力的提高、信息共享、食品质量和安全及粮食浪费上。此次会议增强了政府、私营部门和其他利益相关者的重要合作伙伴关系，促进了粮食安全的持续发展。

2014 年 1 月 21 日，中国正式接替印度尼西亚，成为 2014 年亚太经济合作组织东道主。2014 年全年，中国主办包括领导人非正式会议、部长级会议、高官会等各项会议及相关活动。

1998 年，APEC 领导人同意建立 APEC 粮食体系，并且 ABAC 建议建立 APEC 粮食体系。在 2007 年，APEC 领导人在宣言中强调粮食安全的重要性，并在随后的一年中，公布 APEC 粮食安全工作计划，随之在 2009 年提出了 APEC 粮食安全战略框架。在 2010 年 8 月，APEC 在中国台北市举行粮食安全论坛；10 月，召开粮食安全第一次部长级会议。2012 年 6 月，在俄罗斯举行粮食安全之友会议，并且在同年召开粮食安全第二次部长级会议。

第三章　ATCWG 有关粮食安全的活动

第一节　农业技术合作工作组（ATCWG）的由来

APEC 农业技术合作工作组（Agricultural Technical Cooperation Working Group，ATCWG）成立于1996 年，原名“农业技术合作专家小组（Agricultural Technical Cooperation Experts’ Group，ATCEG)”。2000 年，ATCWG 扩大并整合其范畴更名为“农业技术合作工作小组”。宗旨是借由强化农业合作与能力建设，以改善各经济体之经济发展与社会福祉。APEC 农业技术合作工作组的主要任务是，提高各成员农业及其相关行业的发展能力，促进区域经济增长。农业经济技术合作是 APEC 经济技术合作重要的领域之一。在 APEC 一部分成员体中，农业在其经济体系和产业结构中占主导地位，因此 APEC 高官会批准成立农业技术合作工作组（Agricultural Technical Cooperation Working Group，ATCWG）及渔业小组等涉及农业方面的专业小组，旨在促进亚太地区农业的平衡发展和资源的有效利用，加深农业领域的合作。

ATCWG 是 APEC 农业领域合作具体运作的机构，牵头人分别由 ATCWG 参与成员体承担，各领域牵头成员体每年将在 ATCWG 年会上报告所承当工作的进展情况。我国参与 APEC 农业领域合作主要是以农业技术合作小组为平台，在此基础上开展一系列的交流、合作活动。我国在 ATCWG 农业领域合作中起着重要作用，这充分显示出我国在 APEC 农业领域合作中的地位。我国在 APEC 领域内的一系列举措为将来我国在 APEC 农业领域合作中主导地位的形成奠定了良好的基础。

第二节　ATCWG 工作目标与组织章程

1. 工作目标

APEC 农业技术合作工作组的工作目标是按照领导人非正式宣言内容、部长级会议的内容及高官会指示，充分发挥 ATCWG 平台效应，加强各成员体农业技术的交流、转移和推广，以便保障 APEC 区域粮食安全。农业技术合作工作组是通过促进 APEC 成员间农业技术合作，加强农业对于该地区的经济增长和社会福利的贡献。农业对大多数 APEC 成员体做出了大量的经济贡献，食品安全和粮食安全对于该地区更是至关重要的问题。其次，该组织目标是提高农业及相关产业的能力，并且分享在农业、生物技术、动物遗传资源管理领域中的信息和经验。首要的项目活动是优化各成员能力，从而增加农产品贸易。通过降低企业交易成本，提高市场营销能力，提高农业相关条款在自由贸易协定的实施，农业技术合作工作组的这项工作有助于达成 APEC 贸易便利化议题。近年来，亚太经济合作组织领导人要求农业技术合作工作组负责：加强食品安全标准；应对粮食安全的挑战，促进下一代可持续生物燃料的开发；提高农业的调整和减缓气候变化影响的能力；加强农业技术合作工作组的战略规划的技术合作。以上领域的能力建设方案是农业技术合作工作组（ATCWG）现在的核心活动。

2. 组织章程（Terms of Reference）

该小组的活动必须与大阪行动议程的第二部分（2001 年更新）中指定的经济与技术合作的原则和基本要素以及亚太经济合作组织领导人、部长和高级官员的后续方向相一致。基本原则有：①基于相互尊重、平等相待、互利共赢和互相帮助、有建设性、真正的伙伴关系和建立共识的原则；②发展有利的环境，以保障市场机制的有效运作，并融入企业、私营部门和其他相关机构有可能出现的合作进程；③在所有相关的活动中结合环境因素，并考虑政策共识，联合行动和政策对话的基本要素，尊重各 APEC 成员体政策的自主权。此外，农业技术合作需要：a. 充分重视农业部门在该地区的多元化；b. 关注在该区域农业部门发生的迅速变化；c. 避免其他 APEC 的活动、国际机构和地区论坛开展的活动的重复，并增加其价值。

3. 活动范围

工作组把今后的工作集中于农业和粮食生产、加工、销售和分销链方面的经济技术层面合作的对话和行动计划，特别是重视农业技术合作的机会，工作组的工作将协调和补充其他 APEC 工作组的工作内容。农业技术合作将集中但不限于在以下几个方面：①推广活动和区域合作，加强在亚太地区粮食安全；②保护与利用植物和动物遗传资源；③农业生物技术研究、开发与推广；④农产品的生产、加工、销售、分销和消费；⑤健康和植物健康（SPS），综合虫害管理（IPM），生物安全，生物多样性和外来入侵物种（AIS）的控制；⑥农村金融体系的合作发展；⑦可持续农业和相关环境问题，包括气候变化适应和缓解；⑧农业的投资和贸易便利化。依据其目标，上述所提领域的活动将每年都被修订，适当情况下，该组织将与商界及有关国际和地区组织保持联络，以确保其工作的相关性，实用性和针对性，并避免重复性。

4. 组织章程

工作组由来自大学、公共和私营部门的官员和专家组成，工作组将在成本最小化与成员参与最大化的前提下，每年至少安排一次会议；每次 ATCWG 年会需要有超过 2/3 成员体即 14 个成员体参会，如数量不够，任何会议成果需要致函未出席成员体，征得意见。ATCWG 年会由牵头人组织召开，每两年轮换一次牵头人，将由内部一致认同任命牵头人，承担牵头人任务的具体人员由轮值成员体决定，一般情况下一个成员体最多不连任两届。工作组将建立专门的有严格规定的职责范围和持续时限的工作小组。工作组每三年（或有新问题出现时）修订其组织章程。此外，农业技术合作工作组作为在 SCE 的论坛，其审查的建议，将每四年根据 SCE 通过的独立考核表进行独立评估，工作组根据 SCE 要求提交年度报告。每年工作计划及未来五年工作计划需要由牵头人在每次 ATCWG 年会向各成员体汇报。

第三节　ATCWG 在保障粮食安全中取得的进展

APEC 区域是粮食贸易最活跃的地区之一，该区聚集了很多全球重要的粮食输出和粮食进口经济体，粮食生产和流通对于全球粮价的起伏有很大的影响。在 2007 年 APEC 领导人非正式会议上，粮食安全与气候变化被一同列为 APEC 成员体近期合作的优先领域。2008 年 5 月，在秘鲁举行了 APEC 贸易部长会议，与会的 APEC 贸易部长针对目前粮食价格高涨引发的亚太地区更多的经济和社会问题，发表了《APEC 贸易部长关于 WTO 多哈发展议程的单独声明》和《APEC 贸易部长主席声明》。声明指出，当前食品价格飞涨，全球农业贸易应大幅改善流通性，减少市场机制扭曲。就粮食价格飞涨大致有两种不同的解释：一是由于石油价格的上涨而导致的粮食生产成本上涨，而种植区恶劣的天气（如世界第二大小麦出口国澳大利亚遭遇大规模的旱灾）和粮食生产比较效益的低下而造成重要产粮国耕地流失，致使耕地数量不足，粮食减产，而同时世界人口还在不断的呈刚性增长，供不应求，导致粮价上涨（刘燕华等，2006；胡冰川等，2009）；二是生物燃料需求旺盛导致粮价飞涨（Braun，2008；张毅和肖志娟，2012）。今后，低粮价时代已近终结，世界将再次迎来高粮价时代，而未来几年的形势将极为严峻。如何维护粮食市场的正常运转，并有效调控粮价，将成为世界各国以及 APEC 成员体长期面对的课题。

一、ATCWG 年会有关粮食安全的议题

1. ATCWG 第九次年会有关情况

亚太经济合作组织农业技术合作工作组第九次会议于 2005 年 6 月 14～17 日在韩国大田市举行。澳大利亚、文莱、加拿大、智利、中国、印度尼西亚、日本、韩国、新西兰、马来西亚、中国台北、泰国、美国、越南 15 个成员体代表及 APEC 秘书处人员与会。秘书处汇报了有关在 2005 年与 ATCWG 相关的重要工作包括粮食安全议题，包括卡塔赫纳草案对农产品交易的影响、禽流感、侵略性的外来物种、APEC 基金积累计划的建立、ABAC 推荐信的修订、合作与交流的粮食安全网站的发展。APEC 秘书处指出 APEC 粮食安全合作应该由 SCSC 承办、SOM Ⅱ 批准。有 7 个优先领域（植物和动物基因资源的保护和利用，农业生物技术的研究、发展和扩大，农产品的生产、加工、销售、分配和消费，动植物检疫和病虫害治理，农业金融体系的协作发展，农业技术转移和训练，可持续农业和相关农业问题）的发展和自我评估要紧紧围绕粮食安全议题。在会议期间，澳大利亚指出行动计划应包括所有有关粮食安全的倡议；澳大利亚报告了有关粮食安全的研究成果。会议还修订了 ATCWG 的有关章程和未来发展计划及具体目标，这些行动对于 APEC 粮食安全行动计划有着潜在影响。同时，会议还指出 ATCWG 应提高对企业的关注，ATCWG 支持由马来西亚和澳大利亚在营销建设的方案以及自由贸易协定的实施管理包括农产品交易。ATCWG 还支持 APEC 经济体的电子证书（E-CERT），电子证书是基于农产品进口的电子健康证明，促进农产品交易减少交易成本。

2. ATCWG 第十次年会有关情况

亚太经济合作组织农业技术合作工作组第十次会议于 2006 年 6 月 13～15 日在越南召开。会议报告了关于工作组七个优先领域，各成员体在会上报告所承当工作的进展情况。自 2001 年以来，中国一直承担着“可持续农业与相关环境问题”这一优先领域的合作牵头人，我国代表团就可持续农业与相关环境问题的情况提出报告；与会中国代表团主动提出中国愿意担任下任牵头人的申请。经过积极磋商，会议通过由中国代表团提出的请韩国牵头人延长一年任期，第十次工作组会再讨论并决定下任牵头人；中国推动在河内召开的 APEC 高官会上讨论农业科技合作工作组牵头人问题，并提出了 4 点建议，即地区平衡优先原则，成员体平衡优先原则，下任牵头人任期仍为 3 年，以及韩国和越南共同办好第十次工作组会议。

3. ATCWG 第十一次年会有关情况

亚太经济合作组织农业技术合作工作组第十一次会议于 2007 年 5 月 28～31 日在澳大利亚布里斯班市举行。澳大利亚、文莱、加拿大、智利、中国、印度尼西亚、日本、韩国、马来西亚、巴布亚新几内亚、秘鲁、中国台北、泰国、美国、越南 15 个成员及 APEC 秘书处派员与会。会议讨论了以下几个内容：①确定新的优先领域——会议确定农业结构调整、可持续土地管理和提高收获后农产品出口竞争力 3 个领域为农业技术合作工作组今后几年新的优先合作领域，这 3 个方面与粮食安全议题紧密相关，这

3 项内容被列为优先领域对于保障 APEC 粮食安全起到了重要的作用；②中国作为“可持续农业与相关环境问题”领域的牵头人，为这一领域的发展做了大量的工作，尤其农业环境问题是各方关注的焦点，也是粮食生产率提高的基本保障；③资助项目的评审，会议推荐的项目与粮食安全密切相关。

4. ATCWG 第十二次年会有关情况

亚太经济合作组织农业技术合作工作组第十二次会议于 2008 年 6 月 10 ~ 13 日在印度尼西亚巴厘岛举行。澳大利亚、文莱、加拿大、智利、中国、印度尼西亚、巴布亚新几内亚、韩国、马来西亚、中国台北、泰国、美国、越南 13 个成员、APEC 秘书处人员及独立的 APEC 工作组评估员与会。会议听取了 APEC 秘书处项目主管 Art 先生所作的 APEC 2007 年发展情况报告，报告内容包括 APEC 领导人与部长近期关于 ATCWG 工作评述的简要回顾（粮食安全与气候变化、加强多边贸易、结构改革、人类安全与恐怖主义、区域经济一体化）、2008 年 APEC 领导人非正式会议可能讨论的议题及关于 APEC 粮食系统的评论。会议讨论 ATCWG 的工作规程，牵头人加拿大提出了 5 个新的工作组优先领域（提高农业生产力、环境可持续性、生物技术、技术合作、结构调整），用以取代原来的 7 个优先领域。为延续和扩大我在 ATCWG 中的影响，中国代表团成员提出保留“可持续环境发展问题”作为优先领域，并将“粮食安全”议题纳入到这一优先领域。会议评审了有关成员体提交的 21 个项目建议书，中国代表团也提交了题目为“APEC 成员体农业土地利用及其影响讨论会”（Workshop on Agricultural Land Use and its Effects among APEC Member Economies）会议项目建议书，此项目获得了大多数成员的积极支持，对于保障 APEC 粮食安全具有重要意义。

5. ATCWG 第十三次年会有关情况

亚太经济合作组织农业技术合作工作组第十三次会议于 2009 年 6 月 22 ~ 25 日在苏州举行。来自澳大利亚、文莱、加拿大、智利、中国、印度尼西亚、日本、韩国、新西兰、巴布亚新几内亚、中国台北、泰国、美国、越南 14 个成员代表及 APEC 秘书处人员与会。会议听取了 APEC 秘书处项目主管 Art 先生所作的 APEC2008 年工作报告。报告内容包括 ATCWG 与农业生物技术高层对话论坛（HLPDAB）合并构想、APEC 项目提交及项目预算调整事宜及有关 APEC 粮食系统及粮食安全设计到的问题；参会代表非常重视粮食系统及粮食安全的议题，围绕粮食安全展开了热烈的讨论。新西兰、文莱、国际粮食政策研究机构纷纷对商品价格与粮食价格随之浮动的议题进行了主旨讨论与发言，并建议将粮食安全报告提交 APEC 财政部长会。会议确定环境可持续性（包括信息交流、动植物基因资源技术支持和能力建设、气候变化适应与缓解、可持续土地管理、粮食安全、减贫及农村发展）、农业生产力与多样性（包括信息交流、农业生产技术支持和能力建设、收割后损失、农业金融、有机农业、非类固醇非药物非激素类添加剂、市场营销、粮食价值链开发与合作）、生物技术（包括科学的生物产品测评、技术合作、信息交流、能力建设）、管理合作（包括信息交流、成员体内及国际的涉农食品安全标准的技术支持及能力建设、动植物健康检疫、动植物卫生及其他相关领域）、结构调整（信息交流、加强应对如贸易自由化与农产品成本上涨等经济事件适应能力）五个领域为 ATCWG 的优先领域。会议评审了有关成员体提交的 8 个项目建议书，中国代表团提交了题目为“APEC 成员体粮食生产能力与粮食安全研讨会”（Workshop on Food Productivity and its Security of APEC Member Economies）会议项目建议书。

6. ATCWG 第十四次年会有关情况

亚太经济合作组织农业技术合作工作组第十四次年会于 2010 年 6 月 17 ~ 18 日在北京举行。来自澳大利亚、文莱、加拿大、智利、中国、印度尼西亚、日本、韩国、马来西亚、俄罗斯、巴布亚新几内亚、菲律宾、新加坡、中国台北、泰国、美国和越南 17 个成员体代表及 APEC 秘书处人员与会。会议内容如下：①会议听取了 APEC 秘书处有关 APEC2009 年工作报告，尤其是有关粮食安全合作的情况汇报；②会议同意工作组应该制定常年粮食安全工作计划以便 ATCWG 有关长期粮食安全规划更好执行的建议得以执行；③会议讨论了建立 ATCWG 网站的可能性，成员体一致同意建立 APEC 农业技术合作与交流网站，这将使得 APEC 各个成员体互相交流农业技术方面的知识具有较好的平台，以确保优良的农业技术有效地应用到 APEC 全区域；④日本代表介绍了 APEC 第一届粮食安全部长级会议的筹备情况，寻求各成员体对粮食安全议题的支持；⑤中国台北代表介绍了 APEC 粮食安全论坛的筹备情况，该论坛于同年 8 月份在中国台北举行，论坛提出“APEC 粮食安全行动计划”概念；⑥美国代表汇报了由美国和中国共同起草 ATCWG 粮食安全的未来设想；澳大利亚汇报了题目为“发达成员经济实体在确保 APEC 粮食安全的作用”，尤其是澳大利亚所承担的作用。

7. ATCWG 第十五次年会有关情况

亚太经济合作组织农业技术合作工作组第十五届年会于 2011 年 3 月 2 ~4 日在美国华盛顿特区召开。来自澳大利亚、加拿大、智利、中国、印度尼西亚、日本、韩国、马来西亚、墨西哥、新西兰、秘鲁、菲律宾、俄罗斯、中国台北、泰国、美国和越南 17 个成员体以及 APEC 秘书处和 APEC 工商咨询理事会（ABAC）的 57 名代表出席了会议。会议内容如下：东道主美国提议将 ATCWG 与 FotC 合并为新的高层工作组，取名为“粮食安全政策合作伙伴关系论坛（Policy Partnership on Food Security，PPFS）”，以便达到从更高层面上保障 APEC 粮食安全，中方极力建议不将 ATCWG 与 FotC 合并，且如果合并确有需要，应由 APEC 高官会（SOM）讨论和决定。

8. ATCWG 第十六次年会有关情况

亚太经济合作组织农业技术合作工作组第十六次会议于 2012 年 5 月 28 日在俄罗斯喀山举行。来自澳大利亚、加拿大、智利、中国、印度尼西亚、日本、韩国、马来西亚、新西兰、秘鲁、菲律宾、巴布亚新几内亚、俄罗斯、新加坡、中国台北、泰国、美国和越南 18 个成员体 60 余名代表及 APEC 秘书处、APEC 政策支持小组（APEC Policy Support Unit，PSU）成员与会。①会议听取了 ATCWG 牵头人办公室做的关于 2011—2012 年度工作总结报告；②ATCWG 2012 年的工作计划：包括按期召开 ATCWG 年会，推进 APEC 粮食安全议题，向第二次粮食安全部长会议提供粮食安全建议，为继续履行 2010 年新潟大学宣言鼓励 ATCWG 成员体应用已有 APEC 资助或自助的项目开展与粮食安全有关的活动；③跨论坛议题协商：包括 ATCWG 如何与粮食安全政策之友论坛及 APEC 粮食安全合作论坛合作进行有关粮食安全的洽谈；④制定 2010—2015 年 ATCWG 中期工作计划，提出 5 个工作目标；⑤俄罗斯代表提出 2012 年 APEC 俄罗斯年重点合作领域的设想：向脆弱人群提供粮食的措施设想、完善粮食市场基础设施和减少收货后粮食损失的具体措施、促进农业投资、粮食市场价格波动和减少其波动的方法、信息的监管与交流。

此外，APEC 政策支持组开展了 APEC 成员体粮食安全政策研究，关注和了解各成员体目前的粮食安全需要及粮食安全关注点，把握各成员体保障粮食安全的政策环境，形成跨成员体粮食安全政策分析，旨在形成区域级、更加通用的方案使各成员体能够从容应对粮食安全问题。通过开展先期调研、资料收集和整合研究，APEC 政策支持组认为 APEC 绝大多数成员体重视农业和粮食安全，接受粮农组织（FAO）对于粮食安全的定义，但各成员体目前停留在宏观的粮食获取阶段，而非关注农户的应用结构，指出气候变化、资源缺乏、农业投资减少、自然灾害、粮食成本上涨和缺乏营养教育是普遍状况。研究小组提出中国保证粮食安全政策主要体现在水土保持、农业技术研发及农业创新方面；中国、文莱、印度尼西亚、日本、韩国、马来西亚、墨西哥、巴布亚新几内亚、菲律宾、俄罗斯、中国台北和越南都倡导加强依靠自身力量保障粮食安全，加大成员体内部粮食供应，摆脱对国际市场的依赖。中国台北代表团团长详细阐述了 APEC 粮食应急反应机制（APEC Food Emergency Response Mechanism，AFERM），旨在推动该机制在 ATCWG 会议上获得通过，但各成员体对此机制内容疑义较大，因此未形成广泛共识。APEC 各成员体尤其是具有影响力的成员体都在有战略、有步骤地围绕粮食安全议题，在 APEC 论坛内开展有利自己的外交活动，力图主导粮食安全行动。APEC 议题，尤其是粮食安全议题，大量涉及其他组织如 FAO、WTO、WFP、G8、G20、ASEAN、世行、亚行等十几个国际组织，很多条款及规则出现交叉及相互借用的情况，因此，将相关领域各届汇集一处进行粮食安全议题的讨论十分必要。

9. ATCWG 第十七次年会有关情况

亚太经济合作组织农业技术合作工作组第十七次会议及农业技术合作工作组－高级别农业生物技术政策对话联合会议于 2013 年 6 月 26～30 日在印度尼西亚的棉兰举行。来自澳大利亚、加拿大、智利、中国、印度尼西亚、日本、韩国、马来西亚、墨西哥、新西兰、菲律宾、巴布亚新几内亚、俄罗斯、新加坡、中国台北、泰国、美国和越南 18 个成员体 50 余名代表以及 APEC 高官会及秘书处代表与会。会议内容如下：①农业技术合作工作组（ATCWG）牵头人和（HLPDAB）牵头人分别作了各自工作组 2013 年度及未来五年粮食安全工作计划；②会议听取了 ATCWG 牵头人办公室所做的关于 2012 工作总结报告和 2013 年度工作报告，报告内容包括继续推进 APEC 粮食安全合作，促进有关粮食安全领域的技术转移，继续完善长期粮食安全战略工作计划；跨论坛议题协商包括 ATCWG 如何与农业生物技术高层对话论坛进行沟通与协商，与粮食安全政策之友及 APEC 粮食安全合作论坛合作进行有关粮食安全的洽谈，与 APEC 商业咨询委员会和 PPFS 针对政府与企业合作问题进行了探讨；③APEC 秘书处涉农项目主管官员 Thanawat Sirikul 先生做了关于在 2012 年 APEC“共同发展，致力繁荣”主题下提出区域贸易与投资自由化进一步促进区域整合、加强粮食安全、建立可靠的供应链和培育鼓励创新式发展 4 个优先发展领域的报告；④印度尼西亚农业部 APEC 高官会代表 Wahid Supriyadi 先生向大会介绍了印度尼西亚提出的 2013 APEC 印度尼西亚的主要活动，分别是制定向脆弱人群提供粮食的措施的设想、完善粮食市场基础设施和减少收货后粮食损失的具体措施、促进农业投资、粮食市场价格波动和减少其波动的方法、信息的监管与交流。

自 2010 年在日本召开第一次粮食安全部长级会议并发布《新潟大学宣言》以来，APEC 各成员体都将粮食安全议题列为国家战略级议题，格外重视粮食生产、粮食流通、粮食储存及粮食贸易。开展与农业部门联系紧密的 APEC 粮食生产安全新动向及对策研究；全面梳理自《新潟大学宣言》以来，部长级会议、高管级及 ATCWG 及 PPFS 会议有关粮食安全的内容，分析其他成员体粮食安全政策情况，提出我应对政策；加强 APEC 事务的协调十分紧迫。

10. ATCWG 第十八次年会有关情况

亚太经济合作组织农业技术合作工作组第十八次会议于 2013 年 9 月 16 日在北京召开。来自中国、美国、日本、澳大利亚等 15 个成员体和 APEC 秘书处的 81 名代表参加了会议。会议内容如下：①中国农业科学院副院长、ATCWG 第七任牵头人唐华俊指出，ATCWG 是 APEC 框架内唯一一个以农业技术合作为使命的工作组，在保障粮食安全方面起着重要作用；尽管近年来 APEC 区域的农业发展取得了长足进步，但粮食安全形势依然严峻，各成员体均面临着前所未有的机遇与挑战；为消除贫穷与饥饿、寻求可持续发展，APEC 各成员体应增加互信，加强创新与合作；他强调，APEC 项目对于 ATCWG 工作的开展至关重要，各成员体应重点关注 APEC 项目的申请程序以及概念文件和项目方案的填写标准，以增加项目申请的成功率。ATCWG 将继续发挥在促进 APEC 粮食安全合作方面的科技支撑作用，进一步提升 ATCWG 在 APEC 相关粮食安全政策上的影响力；②会议回顾了 2013—2014 年 ATCWG 主要工作和活动，听取了 2013—2014 年 ATCWG 的项目执行情况及 2014—2015 年各成员体的项目计划；③会议邀请 APEC 秘书处 APEC 项目主管做了《如何申请 APEC 基金》的专题报告；④鉴于中国农业科学院在担任第六任、第七任牵头人在工作中的卓越表现，经推荐，大会全票选举中国农业科学院国际合作局张陆彪局长担任第八任牵头人。会议同时确定 ATCWG 第十九届年会将于 2015 年 9 月在菲律宾的怡朗市（Iloilo）召开。

二、ATCWG 有关粮食安全的活动

APEC 自成立以来所讨论过的农业议题非常广泛，包括 1997 年加拿大 APEC 可持续发展会议提出的“粮食、能源、环保、经济发展与人口工作小组”（Food，Energy，Environment，Economic Development and Population，FEEEP）的跨领域倡议；1997 年加拿大温哥华会议上，与会的领导人支持部长级年会所通过的 15 个提前自愿性部门的自由化（Early Voluntary Sectoral Liberalization，EVSL）项目，其中包括林产品、渔产品、油籽及其制品以及食品 4 个农业相关部门；1999 年 2 月第一次高官会议为响应 APEC 与会领导人的指示，特别成立了临时任务小组研究 1998 年 ABAC 提出的“APEC 食品体系”（APEC Food System，AFS）倡议，经过领导人及部长级会议磋商后列为 APEC 正式工作项目。

1. 农业技术交流与合作

从总体上看，APEC 经济技术合作的进程滞后于投资贸易自由化，无论在机构、资金、项目、运作方式、程序等方面都缺乏具体的行动方案。受整体进程的影响，农业领域的经济技术合作也出现较晚，运作方式比较单一、尚不成熟；直到 1996 年，APEC 才成立了正式的合作机构——农业技术合作专家小组（ATCWG）来开展农业领域的经济技术合作，后改为农业技术合作工作组（ATCWG）。过去 ATCWG 的主要职责为推动七大优先工作领域开展合作而服务，分别是：动植物基因资源保护及利用；农业生物技术的研发与推广；农产品生产、加工、销售、流通与消费；动植物检疫及病虫害防治；农业财经系统的合作发展；农业技术的转让与培训；可持续农业与相关环境问题。APEC 农业合作的优先领域是 APEC 农业技术合作工作组每年年会讨论的重要内容，APEC 各成员体根据各自农业发展及政治利益的需要都提出了有利于各自成员体的优先领域。这 7 大领域紧紧围绕粮食安全议题，在 APEC 保证粮食安全的战略中起到积极的作用。

（1）动植物基因资源保护及利用。此领域合作主要包括以下几方面：①举行动植物基因资源储存及利用研讨会。中国台北共举行过 4 次动植物基因资源储存及利用研讨会，在这 4 次讨论会后，形成了颇为丰富且有意义的建议，在此基础上提出的 2004—2006 年行动计划也被于 2004 年 6 月在泰国召开的第八次 ATCWG 全体会议所采纳，而这个行动计划也将生物多样性协议与有关贸易的知识产权的协调定为第五次动植物基因资源保存和利用研讨会的主题；②搜集低温储藏技术信息。低温储藏技术被普遍认为是用来保存生物多样性的重要技术，1997 年世界低温生物学会，讨论了低温技术对保存生物多样性的重要性，尤其是对濒临灭绝的生物品种意义重大；③建立基因资源数据库和网络站点。1997 年 3 月，中国台北方面对已经建立的“植物基因资源信息系统”（NPGRIS）进行了更新，并与网络接轨；④中国台北制订了 2005—2007 年的行动计划。该行动计划旨在加强与 APEC 其他成员体在植物和动物基因资源方面的合作，发展基因资源数据库，在基因资源材料安全储存方面增加交流，具体议题体现在对基因资源的合法使用，避免非法及非授权使用基因资源，对于基因资源的起源给予说明，对利益共享及技术转移进行交换意见，及生物多样性协议与有关贸易的知识产权的协调等方面。

（2）农业生物技术的研究、开发与推广。此领域合作主要包括以下几方面：①举行农业生物技术研究、开发与推广研讨会。2004 年 11 月 8 ~ 17 日，第八次农业生物技术研讨会在韩国的汉城和大田举

行，会议的焦点集中在技术合作与信息交流，尤其是在 APEC 成员体之间为生物技术法规创造一个更加透明环境，以便进行经验交流；讨论如何加强农业生物技术安全使用的能力；讨论食品、环境评价和管理问题，这些问题将影响到为最新农业生物技术产品规定和采用的透明度较高而有科学基础的方法；②第九次农业生物技术研讨会。第九次会议的目的在于解决已有的问题，特别是在动物生物技术领域的问题，和其他成员体交流处理这些问题的经验；鼓励技术合作和信息交流，尤其是鼓励对于各成员体生物技术农业产品规定如何能创造出一个更加透明环境的经验交流；研究如何与参与者进行互动，包括"WTI 加强能力资金"对生物技术规定发展过程中潜在的作用；继续加强对于农业生物技术产品的安全介绍和使用能力；更深一步的讨论食品和环境风险评价与风险管理问题；加强 APEC 与其他国际组织，如 OIE、喀他赫纳生物等安全协议的联系。

（3）农产品生产、加工、销售、流通与消费。此合作领域主要包括以下几方面的工作：①开展农产品收获后加工技术的合作。2004 年，美国举办了由 APEC 成员体参加的培训研讨会，这个培训研讨会主要对棉花加工、饲料加工生产业、肉类加工、"冷链条管理"、餐桌葡萄处理、农业市场信息（包括水果、蔬菜和牲畜），奶制品畜牧管理和营养、面粉加工技术、食品技术和市场运作等方面进行了研讨和培训；②在 APEC 成员体中收集关于农产品加工技术合作潜力及内容的信息。1997 年，美国向 APEC 各成员体发放了关于技术培训目的和内容的调查表，调查结果表明，不少成员体希望加强农产品产后加工技术的合作；③建立农产品质量标准及其管理的数据库。这项工作主要是协调成员间的农产品质量标准，从全球的情况看，CIT 统一标准委员会（SCSC）正在编写关于食品标准和品牌的信息手册，美国并不是重复 CIT 的工作，而是和他们协作共同完成这项工作；此外，美国已经和太平洋经济合作理事会（PECC）达成合作协议，共同开展编写贸易便利化手册的工作，大部分 APEC 成员体已于 1995 年完成了太平洋经济合作理事会要求提交的贸易便利化手册；另外，美国和太平洋经济合作理事会打算把所有手册上的内容上传到 PECC 的因特网站点上，以便浏览；④日本建立网络信息联系渠道，日本建立了一个能与国际组织和其他政府网站相连接的网站，从 2003 年开始，在亚太地区，人们就可以通过互联网找到有关食品供销的综合信息，2004 年，随着市场营销形势的变化，这个互联网在原有信息的基础上又更新了一些关于食品供销的数据和供应系统的信息；⑤美国和日本制定了 2005—2007 年的行动计划。这个行动计划旨在与销售系统发展方面有关的超市等加深合作，在收获后农产品加工和食品加工技术方面开展合作计划，继续在网络系统等级标准、要求和规章制度方面加以完善，加强有关食品信息供求网络系统的建设；具体工作致力于农业市场信息，更深入地提供收集与分析水果、蔬菜、肉类、牲畜和谷物等市场信息的技术知识，维护食品供求数据源网络，根据变化的国际食品市场系统更新数据系统。

（4）动植物检疫及病虫害防治。此合作领域主要包括下几方面的工作：①筹备动植物检疫及病虫害防治研讨会，2004 年，动植物检疫及害虫防治组的工作重点是完成了国际动植物健康标准研讨会的准备工作，美国和澳大利亚将在 2005 年 10 月主办这次会议。这次研讨会的中心议题就是探讨如何在亚太地区加强动植物健康检疫及害虫防治的国际标准战略；②植物健康，澳大利亚已经和东南亚的其他 APEC 成员体开展了一个植物健康计划，由澳方提供资金，这个计划的重点在于建立害虫标本集以加强害虫风险分析和市场协商，计划旨在以下 5 个关键领域加强成员体的能力；澳方注重建设标本集来反映害虫和疾病，标本记录为成员体的作物健康状况提供了可靠的信息，收集的大量标本涵盖了不同地区、不同地域和不同作物产生的相同的害虫信息，这些信息是澳大利亚国内及国际检疫政策、农场害虫防治和贸易谈判的基础；③动物健康，澳方为 APEC 东南亚地区的一些成员体提供动物检疫和疾病防治资金，这些资金是用来研究高发病率鸟类流行性感冒的防治，这笔资金也是用来研究如何防治东南亚地区比较盛行的脚嘴病（SEAFMD）；④制订 2004—2006 年行动计划，这个行动计划旨在加强和增进 APEC 各成员体在植物和动物健康和害虫防治方面的理解和应对能力；为贸易便利化而统一检疫方法；加强各成员体建立害虫标本序列的能力；增强成员体主要管理人员的 WTO 意识，熟悉 SPS 协议中规定的农业商品的贸易条款；在国际标准下，加强各成员体安排现有动植物健康检疫程序活动的能力，美国计划在 2005 年的 9 月主持召开一次国际标准研讨会，希望 APEC 成员体在国际标准应用于动植物检疫和害虫防治方面有所进展。

（5）农业财经系统的合作发展。此合作领域主要包括以下几方面的工作：①为促进各成员体提高对现今农业金融系统的认识，日方于 2003 年在越南举办了培训班，有来自于 6 个成员体（包括印度尼西亚、墨西哥、巴布亚新几内亚、菲律宾、泰国和越南）的 30 名学员参加了培训；②确定农业金融专家小组的目标，1995 年 6 月，ATCWG 在中国台北召开的会议上确定了农业金融专家小组的短期和中期目标，短期目标包括收集各成员有关农业金融制度的信息，建立专家咨询网，建立关于农业金融培训的数据库；中期目标是使成员体能够迅速地获取有关的农业金融信息，在利用现有网络的基础上，建立区域间农业金融信息网络。

（6）农业技术的转让与培训。此领域主要包括以下几方面的工作：①召开研讨会，APEC 成员体为了“增加农民收入和增强农民的信心”决定组织一系列研讨会，第一次关于农业技术转让与培训的研讨会于 2001 年 2 月在印度尼西亚日惹举行，这次会议的中心议题是农民参与农业领域技术的转让，在研讨会上，与会人员发现农民参与的积极性不高是阻碍农民增收的原因；第二次研讨会于 2003 年 6 月在印度尼西亚巴厘岛举行，在这次会议上讨论了如何找到合适的农业技术和增加产量与产品附加值，以及如何利用农民组织为农业技术转让和培训服务的问题，这次会议直接把焦点集中于减少农产品成本及加强对 APEC 成员体的学者、职员及农民的附加服务；除此以外，一些其他的议题，如“提高乡村农业综合企业的能力”，“缩短农民和消费者之间的距离”，“在可预见的不可避免的全球化影响下，加强成员体内部的可比性和竞争的优势”都已经成为第二次会议讨论的重要议题；在这两次会议之后，于 2004 年在印度尼西亚巴东还召开了关于农业技术转让和培训的讨论会，这次讨论会很重要的一个结论就是计划召开网络农业技术转让和培训研讨会。②制订 2004—2006 年的行动计划，印度尼西亚和日本制订了 2004—2006 年的行动计划，在 2004 年召开农业技术转让和培训研讨会的基础上，2005 年将召开网络农业技术转让与培训研讨会，这次会议旨在各 APEC 成员之间交流农业技术转让和培训的信息，加强乡村的农业综合企业实力，缩短农民和消费者之间的距离，在研究机构、附加服务和农民团体中形成有效的网络沟通渠道；2006 年，将要召开农业技术转让与培训网络系统应用的研讨会，这次会议意在交流各成员体在农业技术转让和培训以及网络系统应用等方面的信息和经验，加快农民对于农业技术和农业综合企业信息的掌握，以便提高农民收入与自信。

（7）可持续农业与相关环境问题。此领域主要做了以下几项工作：①中国在可持续农业发展方面所做的工作——中国的可持续农业发展主要致力于扩展生态农业的覆盖面，提高水土流失区域的农业生产能力，扭转耕地和草场生态环境逐渐恶化的趋势，缓解农村地区能源紧张的局势，为了达到这些目标，中国政府越来越重视对相关领域的合作项目进行资助，这些项目通常是与国际组织合作的形式来完成，以便加强经验与信息的共享；在国内，中国建立了很多试验基地推广新的技术和经验，为了提高公众的农业可持续发展的意识及交流成功的技术和经验，还举行了很多的培训班和研讨会。②2004 年可持续发展农业的一些重要活动，包括中国和加拿大第二阶段可持续农业发展合作计划，中国和意大利共同资助、斥资 171 万欧元的项目旨在加强中国农业可持续发展的能力。这个项目始于 2002 年 4 月，目的在于开发减少杀虫剂和化肥应用的农业技术，建立防治自然灾害的管理系统，引进节水灌溉系统提高用水效率，应用可溶解或可降解的塑料以缓解白色污染；中国和日本的项目是由中日可持续农业研究与发展中心执行，开展作物基因资源生产力和适应性的评估、开发作物（如小麦、大豆、玉米和水稻）多样性的快速选择技术、自然资源高效利用基础上的剪毛与管理技术的研究及保护环境能力的研究、关于可行性技术搜集、分析信息系统的开发与应用等方面。③由于中国地域广阔及地区之间的差异，示范是促进中国可持续发展农业的主要途径之一，通过这些示范区，应用高新技术和地区模型可以为农业资源的有效使用提供帮助，最显著的例子就是由中国农业部、美国 IMC 公司及加拿大 CIDA 共同投资 140 万美元所资助的一个项目，这个项目由加拿大国家农业技术推广与服务中心与 AGRITEAM 共同执行，将持续 15 年，在前三年，河北省的一个村被选为新技术（如新作物多样性技术）应用的示范地，在这之后，根据当地的情况，更广泛的技术推广和应用将会被实行。

2. ATCWG 框架下有关粮食安全的具体行动

由于粮食安全是 ATCWG 的关键议题，因此该工作组实行了一系列具体的行动以实践领导人和部长级会议关于该议题的宣言与决议。表 3 – 1 列举了第一届粮食安全部长会以来 ATCWG 框架下有关粮食安全的具体行动。

表 3 – 1　ATCWG 框架下有关粮食安全的具体行动情况

具体行动内容	年份	项目主持
普通手段		
· 开发信息共享平台（IP 表示信息平台）		
1. APEC 粮食安全信息共享网站建设研讨会	2011	日本
共享目标 1：农业部门的可持续发展		
扩大粮食供应能力		
· 转让新兴的和现有先进的农业技术		
2. 发展共享农业技术信息网络平台	2011—2012	中国
3. 构建高效农业技术转移平台研讨会	2010—2011	中国
4. 创造适当的环境以便于农业技术的发展与转移研讨会	2010	中国
5. 水稻水资源利用信息及与国际水稻田水与生态环境网络合作的农民灌溉管理研讨会	2011	日本
6. 增加 APEC 粮食生产能力以供应 2015 年的粮食消耗研讨会	2011—2012	泰国
· 加强研究和发展能力		
7. 向发展中成员体专家提供农业研究的培训		
8. 通过分享研究成果加强针对国际全球变暖和粮食安全的合作研究	2011—2013	日本
· 加强与非 APEC 成员体的合作		
9. 向非洲发展中国家以知识产权转移的方式共享农业支持经验	2011	日本
10. 与亚洲、非洲、拉丁美洲的发展中国家针对技术共享、资源融合发展方面开展农业合作项目	2010—2014	韩国
· 减少粮食损耗		
11. 组织研讨会、培训会和项目研究等活动以共享方法和技术处理粮食收获后的问题	2012—2015	中国台北
加强农业防灾		
· 提高处理农业灾害能力		
12. 分享预防和削减农业灾害影响，支持农村地区防灾，例如通过转移 IP 获得国际救助系统	2011—	日本
13. 组织研讨会、培训班及信息平台共享缓解农地灾害的技术	2011—2013	中国台北
发展农村地区		

（续表）

具体行动内容	年份	项目主持
·促进当地农产品消费		
14. 举办研讨会讨论当地的食物资源，并针对粮食多样化建立农业研究中心网络	2011—2014	印度尼西亚
15. 组织研讨会、制订交流方案，出台联合研究项目和开展联合培训拓展当地蔬菜市场	2011—2014	中国台北
16. 举办交流当地蔬菜生产和消费信息研讨会	2011—2013	泰国
面对气候变化和自然资源管理的挑战		
·宣传有效的农业生产方式以应对气候变化		
17. 举办共享农业部门对于减少温室气体排放所做贡献信息研讨会	2011	菲律宾
18. 举行研讨会共享每个成员体应对和缓解措施，并讨论这些措施对于每个成员体的适用性	2011	日本
19. 提供培训及举办研讨会提高农民适应气候变化	2011—2013	泰国
20. 举行研讨会传播可行的应对和缓解措施，这些措施是由整合气候变化数据粮食安全制图系统加以鉴定	2011—2013	日本
21. 组织研讨会、培训及构建信息平台以共享适应环境变化的灌溉和管理技术	2011—2013	中国
22. 开展有关适应气候变化的可持续水稻栽培系统研究和共享	2011—	日本
·推进应对气候变化的研究		
23. 制订交流项目、研讨会、培训班以及出台联合研究项目发展气候变化下的可持续粮食生产	2011—2013	中国台北
24. 开展合作研究，组织培训班及研讨会，交流项目和学习参观可持续禽类生产确保气候变化条件下的粮食安全	2011—2013	泰国
·在粮食危机下确保粮食的供应		
25. 探索潜在的区域粮食储备机制	2011—2013	中国台北
改善农业商业环境		
·发展粮食产业		
26. 针对粮食产业的质量管理、资源和环境保护进行对话	2010—2011	日本
27. 通过 IP 共享粮食产业中的粮食文化，饮食习俗及民众喜好	2011—2012	日本
·提高粮食安全的可操作性		
28. 举办了解食品安全在粮食安全中所扮演的角色及构建食品安全网络研讨会	2011	菲律宾

项目的实施一方面是积极关注如何推动粮食产量及环境方面可持续农业生产技术的发展，另外一方面是创建和完善粮食市场。关键目标是把一些 APEC 区域农业推广人员和研究人员聚集起来将技术、知识应用到综合实践中，在政策和制度的支持下来宣讲普通的基本农业知识并加以推广。执行项目对于 ATCWG 履行职责是一项最重要的活动。ATCWG 工作组协助成员体执行 APEC 项目；与此同时，鼓励成员体使用其他基金，如自筹基金项目来开展农业技术培训，展示实用技术。例如，2012 年 ATCWG 的 5 个项目基金由 APEC 提供，其中 3 个在 2013 年开展：①APEC 以和缓的方式适应农业发展的研讨会（菲律宾），2012 年 2 月 APEC 气候变化讨论会上推荐该项目，菲律宾承诺将继续保持在 APEC 粮食安全行动计划上的一致性和连贯性，来自研讨会的经验教训和意见将继续确保 APEC 成员体从中受益，

APEC 在农业生产中，通过提高自适应能力而掌握生产主动权（AAMIA）是将这些建议转变成行动的重要一步，通过合作与互助协同发展，最终确保粮食安全；讨论会旨在为 APEC 合作组织气候变化讨论会构建一个适当的框架，为一些有关项目和活动得以支持做好铺垫，确定会议主旨在实践中的可行性和可持续性，安排和合理分配适应气候变化的财政和网络，同时选择一些措施付诸行动。②共享和讨论 PRAI（农业投资的主要原则）中期结果讨论会及试点项目（日本），研讨会的成果将会被 APEC 成员体采用，以继续和国内外的投资者进行合作；各成员将测试与新型投资相关的 PRAI，学习如何发展当地的咨询形式，解决土地使用权，包括非正式的土地权利，完善争端解决机制，进一步发展政策的公开制度，通过媒体来监督当地政策的实施情况，处理相关利益方的环境问题；讨论会提供了有价值的经验和政策意义，在 APEC 区域以一种负责任的态度促进粮食投资，同样在世界粮食安全委员会上推进农业投资问询制度的建设；③开设在农作物产量预测中运用遥感技术和 GIS 技术的培训班（中国），该项目旨在增加 APEC 成员体在相关领域的合作，已经邀请了国际知名专家和科学家针对遥感成像技术、RS 和 GIS 模型在农作物分类和面积测算上的应用（包括产量和空间结构）作了报告，并对 RS 和 GIS 模型在检测自然灾害（干旱灾害、冷损伤及昆虫灾害）的应用上进行教学；④2013 年，ATCWG 自筹基金项目——实施完善的政策应对粮食安全项目（澳大利亚），该项目受到澳大利亚国际发展署公共部门程序的资助，该项目旨在通过完善的策略满足粮食安全需求，授课者是 Christopher Findlay 教授，他与 IP-SARD（越南）、菲律宾大学、泰国农业大学、中国台北“中央”研究院、CAPAS（印度尼西亚）、中国农业大学合作，开展了长期的粮食安全研究工作；这项研究活动将会帮助 APEC 区域的执政者针对粮食安全的目标提出意见，以此推进有关粮食安全目标政策措施的实行，使得粮食安全目标的设立与国际市场环境相符合；⑤中国台北一直在进行着多年的项目“加强公私合营以在粮食供应链条上减少粮食的浪费”，项目涉及 PPFS 和 FSCF，该项目旨在通过加强公共和私营部门的合作，评估 APEC 区域粮食产业链中粮食收获后的损失；除了通过创造可行性的方法、政策建议和行动计划降低粮食损失之外，这项政策还会提高粮食质量和安全并且发展坚实可行地、适合 APEC 成员体粮食损失评估机制。

三、我国在 ATCWG 框架下举办的活动

1. APEC 区域农业土地利用及其影响国际研讨会

2009 年 10 月 19 ~ 22 日在北京中苑宾馆成功地召开了“APEC 区域农业土地利用及其影响国际研讨会”（Workshop on Agricultural Land Use and its Effect in APEC Member Economies）。来自澳大利亚、加拿大、中国、印度尼西亚、秘鲁、菲律宾、泰国、中国台北、美国、越南等 11 个 APEC 成员体政府组织、科研机构、社会团体等部门的代表共计 70 余人参加会议。澳大利亚、加拿大、美国等成员体还委派了驻华使馆人员参加了活动。

本次会议的主题包括：农业土地利用变化信息掌控与评价、农业土地利用对气候变化及粮食安全的影响、农业资源的利用与保护、高新技术在农业土地中的利用、区域农业土地利用规划、公众参与教育等。

会议成果及问题与建议：人多地少是中国的基本国情，中国的农业土地利用状况不仅关乎本国的粮食生产，而且还会影响到亚太地区乃至全球的粮食安全形势，会议的交流与合作为中国的土地利用与粮食安全问题提出很好的解决思路，为促进 APEC 成员体对农业可持续发展和现代农业建设做出了积极贡献。会议全面总结了 APEC 各成员体对农业土地资源可持续利用的成功经验，分享了土地利用信息管理的先进方法与技术，探讨了农业土地利用变化对粮食安全的影响。各方代表通过广泛的交流与讨论，在许多方面达成了共识，从而为加强 APEC 区域各成员体在本领域的合作、推动农业的可持续发展等起到很重要的作用。会议促进了亚太农业技术合作，促进了区域农业经济发展，加快了我国农业发展，为加

强亚太区域农业全面、协调和可持续发展具有重要意义。

2. APEC区域粮食生产能力与粮食安全国际研讨会

2010年9月26~28日，在北京友谊宾馆召开了“APEC区域粮食生产能力与粮食安全国际研讨会”（Workshop on Food Productivity and Food Security in APEC Member Economies）。澳大利亚、文莱、智利、中国、印度尼西亚、马来西亚、墨西哥、秘鲁、泰国、中国台北、美国、越南12个APEC成员体的专家以及来自中国农业科学院、中国科学院、北京大学、中国社会科学院、中国气象科学研究院、中国农业大学、中国地质大学、南开大学APEC研究中心、南京大学、河北农业大学、河北理工大学、西北农林科技大学、先正达集团、中种集团、中国日报（China Daily）、科学时报社、中国学术会议在线参会代表，共计120余人参加了此次会议。

会议主要内容：APEC区域及各成员体粮食供给与需求现状与展望；全球变化框架下粮食生产能力评估及预测；粮食生产与粮食安全保障能力建设；APEC区域粮食贸易挑战与粮食政策响应；气候变化背景下灾害对于粮食安全的影响及应对措施；提高粮食生产能力高新技术的推广。

会议取得的成果及意义：本次会议总结了APEC各成员体所面临的粮食生产现状与未来的挑战，交流了提高粮食生产能力与应对粮食危机的成功经验，分享了粮食生产信息管理的先进方法与技术，探讨了气候变化、土地利用/覆盖变化以及农业信息技术等对粮食生产与安全的影响。会议对于加强APEC区域各成员体在粮食安全领域的合作、推动农业的可持续发展将具有重要的意义。

3. APEC成员体遥感与GIS技术在作物生产能力中的应用研讨会

2012年7月30~31日“APEC成员体遥感与GIS技术在作物生产能力中的应用研讨会”（Workshop on the Application of Remote Sensing and GIS Technology on Crop Productivity among APEC Region）在北京中苑宾馆召开。该会共有来自澳大利亚、加拿大、智利、中国台北、印度尼西亚、日本、马来西亚、墨西哥、巴布亚新几内亚、秘鲁、菲律宾、美国、泰国、越南及中国农业科学院、中国科学院地理所、中国科学院遥感所、中国科学院对地观测中心、中国农业大学、中国气象局、北京师范大学、华东理工大学、四川农业科学院等APEC 15个成员体近80名代表参加。

会议主要内容：应用遥感与GIS技术提取作物种植区域、遥感与GIS技术在作物单产估算中的应用、遥感数据的统一化、新遥感图像的介绍与应用、遥感与GIS和其他数据源的融合、遥感与GIS技术作物生长及单产模拟、遥感与GIS技术在作物生产能力中应用的问题。会议代表一致同意建立APEC区域遥感与GIS专家联系网络，未来共同致力于相关领域的学术沟通与能力建设。

会议成果：通过主办此次国际学术研讨会，既实践了APEC农业技术合作的宗旨，又向国内外专家学者宣传展示了在相关领域的最新研究成果，扩大了我在该领域的影响，提高了知名度，推动了该领域的国际学术交流与合作，并与相关APEC成员就下一步研究议题达成了合作意向。会议对于促进中国应用遥感和GIS技术在作物生产能力中的应用具有重要意义。

4. APEC遥感与GIS技术在作物生产中的应用培训班

“APEC遥感与GIS技术在作物生产中的应用培训班”（Training Course on the Application of Remote Sensing and GIS Technology in Crop Production）于2013年8月27~30日在北京中苑宾馆召开。该培训班共有来自匈牙利、澳大利亚、智利、中国台北、印度尼西亚、马来西亚、墨西哥、秘鲁、菲律宾、美国、泰国、越南及中国农业科学院、清华大学、中国科学院地理所、中科院遥感所、中国农业大学、中国气象局、北京师范大学、福建农业科学院、四川农业科学院等12个APEC成员体110名代表参加。

会议主要内容：应用遥感与GIS技术在种植区域提取作物空间分布、遥感与GIS技术作物单产估算、遥感与GIS在作物灾害中监测、遥感与GIS技术作物模拟。培训班代表一致认为讲授内容具有重要意义和作用，在生产实践中较为实用。培训班代表一致同意添加更新APEC区域遥感与GIS专家联系网络，未来共同致力于相关领域的学术沟通与能力建设。

第四节　ATCWG 粮食安全合作面临的挑战

一、ATCWG 粮食安全合作背景

近年来，在国际金融危机的影响下，地区及局部粮食危机频现，国际粮价持续走高，粮食安全成为 APEC 关注的热点问题。随着土地、水资源和能源的日益短缺，加之气候变化和天气等不利因素，全球粮食供应面临严峻的挑战。ATCWG 工作组的目标是在 APEC 成员体中建立紧密的合作网络，针对粮食产量、可持续发展、粮食产值和农业因素等一系列问题展开讨论，继续加强 APEC 区域成员体在应对粮食安全方面的合作伙伴关系。对于 APEC 成员体而言，农业是最根本的经济基础，粮食安全又是该地区最重要的问题。由于政治互信缺失，地区安全持续激化，严峻的地区政治安全环境导致 APEC 各成员体粮食安全合作不能有效地推进。在粮食问题高度政治化的背景下，APEC 各成员体在粮食安全合作的具体实践中缺乏足够的信任与沟通，从而限制了粮食安全取得实质性进展。很多成员体对内采取自给自足的粮食安全政策，对外实行农产品贸易保护主义政策，从而使市场不能充分发挥保障地区粮食安全的作用（Von Braun，2008）。

二、ATCWG 面对粮食安全挑战的举措

面对粮食安全挑战，ATCWG 及时采取行动，先后于 2010 年和 2012 年在日本新潟大学和俄罗斯喀山协助举行了针对粮食安全的第一、第二次部长级会议（MMFS），分别通过了《APEC 粮食安全新潟大学宣言》、《APEC 粮食安全喀山宣言》。ATCWG 工作组致力于寻找与其他论坛的合作包括 FSCF、FSCF 的伙伴关系培训网络（PTIN）及 PPFS、HLPDB，为高官会、部长级会议提供必要的准备，并向高级别会议提供直接的建议和技术支持，以提高 APEC 区域间的粮食安全。

ATCWG 通过一系列项目和活动在提高地区粮食安全中扮演着重要的角色。ATCWG 一如既往地应对 APEC 的优先事项、履行 APEC 峰会及有关粮食安全部长级会议的相关宣言，不断推进地区间农业技术的转移和合作，强化交流、推进农业技术发展及传播先进的农业技术。未来 ATCWG 围绕粮食安全将开展以下几方面的工作。

（1）提高 APEC 粮食安全水平。APEC 应对粮食安全的挑战具体举措包括 APEC 优先领域的某些活动，这些活动使得农业技术合作工作组在 APEC 区域范围内加强了其在粮食安全中扮演的角色。2010 年，ATCWG 履行在日本新潟大学县《APEC 行动计划》中有关粮食安全确定的任务和职责，贯彻执行《喀山宣言》中有关粮食安全的事项。2010—2015 年 ATCWG 工作计划也着力加强 APEC 区域的粮食安全：ATCWG 将通过鼓励 ATCWG 成员体努力申请 APEC 基金项目和组织粮食安全的相关活动，来间接达到提高 APEC 区域的粮食安全水平的目的。

（2）推进粮食安全技术转让。粮食安全技术转让将会不断提高贫穷落后地区及最落后成员体的粮食安全和营养供给，这将会改善小农阶层的生计，由于多种原因如贫穷、性别歧视、种族划分及地处边远地区，因此使得其生产资本较少，他们将有机会通过技术，如提高农作物耕作制度、虫害防治、保护性农业、灌溉、储藏等提高生活质量，这些技术都是由 ATCWG 成员体通过开展项目得以实施。

（3）确定与其他工作组或论坛的交叉问题并进行相应的协调。工作组的工作重心是扮演与 APEC 农业技术合作保持一致的重要角色。工作组将会一如既往地与一些相关论坛通过对话、出席相关会议和赞助项目等形式展开合作。相关 APEC 论坛包括农业生物技术高水平的政策对话（HLPDAB）；粮食安全之友政策机制伙伴关系论坛（PPFS）、APEC 粮食安全合作论坛（FSCF）；公 - 私合作关系（Public-

Private Partnership)：亚太咨询理事会（ABAC）和 PPFS；其他农业相关事项（例如气候变化，粮食安全，自然资源管理，边界疾病控制，SPS 等）论坛。ATCWG 赞成其他国际组织间的相互合作，这有助于找到差距避免工作的无意义重复。工作组将会继续邀请其他国际组织，包括 APEC、FAO、WB、IF-AD，还有一些地区组织和非政府组织加入到相关活动和项目中来。

（4）发展实施论坛策略计划的进程。ATCWG 高度关注策略计划的构想，在第十六次年会上，与会代表提出了举办一个专门的会议来讨论策略计划。APEC 的技术顾问 Jim Wallar 先生，做了“APEC 策略计划的方法”的演讲。他详细讲述了策略计划的概念及其含有 5 个方面的元素，和如何建立 5 个元素、如何运用因果模型建立策略计划。

（5）鉴于提高 APEC 成员体之间农业技术合作是首要工作，ATCWG 工作组工作重心是提高成员体之间农业及其相关产业的承载容量、共享区域间农业信息和经验、管理生物技术和自然资源，最终为地区经济和社会福祉做出贡献。以下是 ATCWG 工作组的具体目标：促进活动与区域间合作，加强 APEC 区域的粮食安全；通过增强科学技术创新提高农业的生产与分配；通过教育和培训提高农业人力资源能力；提高与粮食安全相关的基础设施建设和环境自然资源管理；加强农业信息系统建设和数据分析；提高应对自然灾害和跨境疾病的承载能力；加强与其他 APEC 论坛的合作，共同应对粮食安全和粮食营养价值问题。更具体地说，ATCWG 工作组将会关注以下几方面活动，但并不局限于此：适当使用动植物基因资源；研究发展农业技术，宣传农业信息；应对气候变化；农产品的产量、加工、市场、分配和消费；公共卫生和植物检疫（SPS），病虫害综合治理（IPM），生物安全。生物多样性及外来入侵物种的控制（IAS）；提高农业投入，促进农业贸易。

参考文献

[1] 胡冰川，徐枫，董晓霞. 国际农产品价格波动因素分析 [J]. 中国农村经济，2009.

[2] 刘燕华，葛全胜，方修琦，等. 全球环境变化与中国国家安全 [J]. 地球科学进展，2006，21 (4)：346 - 351.

[3] 张毅，肖志娟. 后危机时代世界粮食价格上涨原因与对策分析 [J]. 经济问题探索，2012，3：158 - 162.

[4] Von Braun J. The world food situation：New driving forces and required actions [In Chinese] [M]. Intl Food Policy Res Inst，2008.

第四章　PPFS 有关粮食安全的活动

第一节　粮食安全战略合作伙伴（PPFS）的由来

从 1999 年 ABAC 要求 APEC 在粮食安全方面采取行动以来，粮食安全一直是各国关注的焦点问题，采取一些行动已经成为广泛共识，否则粮食短缺的问题将会一直存在：首先，发展可持续农业以增加供应是必经途径，其次促进投资、贸易及市场便利化以确保粮食自由流通。以上所述在 2010—2012 年每年的领导人声明中以及两次粮食安全部长级会议（2010 年和 2012 年）中都有涉及，作为 APEC 粮食安全合作的重要成果，2011 年 5 月美国国务卿希拉里发起建立"粮食安全政策伙伴关系机制（PPFS）"论坛，以图巩固本地区粮食安全。论坛的目标是建立多部门（包括政府、私营部门包括当地农民、涉农行业组织、非营利组织、学术界和研究人员）合作网络关系，以解决粮食安全问题。APEC 成员体在增加农业投资尤其是来自私营部门的投资方面面临很多挑战，这也是提高农业产量和生产力、减少沿粮食食品供应链损失的迫切需求，粮食安全政策伙伴关系机制在应对这些挑战时将起到重要作用。这种合作伙伴关系促进了大型基建项目减少成本以及降低农业研发的风险，APEC 成员体可以通过如提供贷款和担保、税收优惠、技术援助以及其他方式的援助为合作伙伴提供支持。

2013 年 1 月 25 ~26 日召开了第一次粮食安全政策伙伴关系机制全体会议。2013 年 5 月 29 日 APEC 粮食安全政策伙伴关系机制第二次会议在俄罗斯喀山举行，会议主席谢尔盖·阿列克萨申科先生指出 2012 年俄罗斯 APEC 主席把粮食安全问题放在了首要位置，旨在继承和发展 2010 年新潟大学宣言的保障粮食安全的宗旨，集中于以下几项：①增加农业产量和提高生产力；②促进贸易、投资和食品市场的发展；③加强食品安全，改善弱势群体的粮食获得以及确保海洋生态系统的可持续管理、打击非法捕鱼及相关贸易。粮食安全问题继续成为包括 G8 和 G20 在内各种国际论坛和组织关注的焦点。粮食安全政策伙伴关系机制的主要任务是通过密切公私营部门之间的互动来为全球粮食安全增值。粮食安全政策伙伴关系机制将会为更全面、更好的 APEC 经济和贸易一体化共同努力，以确保该地区粮食安全。APEC 各成员体设定的长期目标是 2020 年前成功建成一个足以为该地区成员体提供持久粮食安全的粮食系统结构。这一战略目标应得到政府坚决持续的支持。长远来看，通过制订高效的、可行的政策和机制，这个新的 APEC 实体将成为确保 APEC 区域粮食安全的论坛。

第二节　PPFS 组织形式与工作内容

一、粮食安全战略合作伙伴（PPFS）组织形式

粮食安全政策伙伴关系机制论坛的工作原则：按照 APEC 本着自愿、无约束、单方面的精神，管委会应具有合作、自愿、透明、包容、成员主导和基于承认共识的精神，强调公私部门和具体成

果协调行动。工作组将会在一个由粮食安全政策伙伴关系机制论坛决定特别时间框架基础上开展工作。在完成工作时，工作组应向粮食安全政策伙伴关系机制论坛报告。工作组应及时更新各自工作内容，包括在管委会会议上，管委会应向粮食安全政策伙伴关系机制论坛成员汇报工作进度。粮食安全政策伙伴关系机制论坛的组织结构：①工作组成员由粮食安全政策伙伴关系机制论坛成员组成（政府和企业）；②在每一个由粮食安全政策伙伴关系机制论坛成立的工作组中每个成员体都可以自愿作为一个成员或主席；③为防止同一个工作组中有不止一个成员体对主席职位感兴趣，可以在一致同意的基础上被任命为主席和副主席或者联合主席；④主席或者副主席应是粮食安全政策伙伴关系机制论坛成员，同时工作组仍然是成员体提名的成员；⑤应在全体会议上或者被粮食安全政策伙伴关系机制论坛同意的任何方式任命主席；⑥粮食安全政策伙伴关系机制论坛可能指派管委会编译成员体的意见，选择工作组的主席。所有工作组会议对所有成员体开放并可以在闭会期间举行。

二、PPFS 工作内容

粮食安全政策伙伴关系机制的成立具有清晰的目标，其运作原则包括：粮食安全政策伙伴关系机制论坛应该是 APEC 与其他 APEC 论坛合作解决粮食安全政策关切的主要机制，并应监督所有相关和影响粮食安全的活动，以推动该地区经济增长和繁荣；其长期目标应是在 2020 年以前形成一个能够足以为 APEC 成员体提供持久粮食安全的体系结构；粮食安全政策伙伴关系机制论坛应集中围绕为 APEC 提供明确的建议使其向着保障粮食安全的目标持久迈进；粮食安全政策伙伴关系机制论坛应根据已通过的高度相互尊重、协作的方式开展工作。

粮食安全政策伙伴关系机制论坛 2012—2013 年有 5 个工作组：①第一工作组。迈向 2020 年的总结和蓝图。其工作涉及 5 个方面的内容，a. 跟踪粮食安全政策伙伴关系机制论坛关键优先事项有效进展和向粮食安全政策伙伴关系机制论坛报告关于新潟大学和喀山宣言的实施进展；b. 开展 APEC 粮食安全论坛有关活动的总结；c. 确认和加强与政府、企业、APEC 分论坛、多边组织、研究学术机构和非政府组织的联系；d. 监督起草路线图（Road Map）；e. 根据利益相关者视角阐述指导方针，以便解决包括风险管理方法的粮食安全问题。②第二工作组。可持续发展的农业和渔业部门。其工作涉及八个方面的内容，a. 传播互惠技术；b. 提升海洋生态、渔业、水产业的有效管理；c. 加强农民合作；d. 加强小农户的适应能力；e. 积极提高农业外部环境；f. 加强自然资源，如土地、水等的可持续管理；g. 提高自然灾害的应对能力；h. 整合小农户进入食品供应链和价值链。③第三工作组。促进投资和基础设施发展。其工作涉及四个方面的内容，a. 促进负责任投资原则；b. 加强农产品市场信心；c. 基础设施发展；d. 分析外国直接投资的消极影响。第四工作组。加强贸易和市场。其工作涉及 6 个方面的内容，a. 消除粮食非关税壁垒和提升市场准入门槛；b. 确保全球粮食有效数据指标；c. 提升食品供给链连接；d. 避免增加新的出口限制；e. 减少收获后损失和粮食浪费，增加食品业的食品安全；f. 分析当前高粮价对于可持续粮食安全的影响。④第五工作组。经验分享。其工作涉及 4 个方面的内容，a. 减少收割后期的损失、粮食浪费，并增强食品安全；b. 互惠的技术宣传；c. 促进海洋生态系统、渔业、水产业的有效管理；d. 公司和农民的合作。

第三节　PPFS 在保障粮食安全中的作用

一、PPFS 第一次全体会议

2012 年 10 月 22 日，亚太经济合作组织工商领导人峰会在俄罗斯符拉迪沃斯托克举行。这次会议的主题是：将亚太地区粮食安全重要放在第一位，保障该地区的粮食供应，尤其是需要考虑其未来的增长。

这次会议的主要成果有：①APEC 政策研究机构（APEC Policy Study Unit，PSU）公布了一项最新研究报告，该报告称价格上涨和波动可能对家庭收入和购买力产生深远的影响，有可能“将弱势群体变为穷人和饥饿的人”。该报告表明，2012—2050 年，世界人口预计增加 24 亿人，从 2012 年的 69 亿人到 93 亿人。因此，粮食产量和农业部门的投资需要相应增长 70%，以满足世界不断增长的人口。②加强技术合作和技术转让。APEC 农业技术合作工作组和生物技术高级政策对话为实现 APEC 的粮食安全目标承诺，将致力于推动 APEC 成员之间加强技术合作和技术转让。③2011 年成立了 APEC 粮食安全策略伙伴关系机制论坛。粮食安全策略伙伴关系机制论坛是一个高层次的对话论坛，以帮助促进投资，贸易自由化和支持农业的可持续发展。其最终的目标是在 2020 年确保亚太地区更有保证的粮食安全，建立食品体系结构。粮食安全策略伙伴关系机制论坛的可行性研究将作为主要的讨论方向，涉及粮食安全政策，也将涉及其他相关的 APEC 工作组，如海洋与渔业工作组和其附属委员会。粮食安全策略伙伴关系论坛通过了其自身的可行性研究，并且计划在 2012—2013 年内制订一个路线图，以期实现统一的食品体系这一长远目标，提出一些措施来实现 2010 年的新潟大学宣言和 2012 年喀山宣言有关粮食安全的目标。④APEC 政策研究机构开始进行新的食品安全政策研究。该研究能帮助决策者更好地了解每个成员体经济状况、目前的粮食安全需求和需要考虑的优先事项，这是对 APEC 正在进行工作的一个重要补充。这也有助于 APEC 成员体评估用以确保粮食安全所必需的政策环境。

二、PPFS 第二次会议

2012 年 12 月 27 日，第二十次亚太经济合作组织成员体领导人会议在处于太平洋沿岸的符拉迪沃斯托克的俄罗斯岛召开。这次会议是俄罗斯自 1998 年加入亚太经济合作组织后第一次举办这一级别的会议。这次会议的主题是：鉴于全球经济的不稳定性，APEC 成员体面临的主要挑战是抑制贸易保护主义、出台促进自由开放的贸易措施，以便实现亚太地区茂物目标。

这次会议的主要成果暨确立的 APEC 2012 年以下工作重点。

1. 贸易和投资便利化，区域经济一体化

2012 年，亚太经济合作组织重视加强区域经济一体化，鼓励外国资本流入，推进贸易和环境合作。成员体之间继续解决贸易和投资问题，以加强自由贸易和区域贸易协定的效果，并采取具体措施，推动实现亚太自由贸易区。亚太经济合作组织还采取了其他措施，推进监管的趋同性和一致性，以达到加强区域经济一体化、产品安全、供应链完整和环保等目的，从而减少不必要的贸易壁垒。

这一领域的主要成果：①加强贸易环境的透明度。APEC 在区域贸易协定和自由贸易协定中透明度的相关章节在 2012 年取得共识，APEC 成员同意为实现在茂物制定的目标而努力，并推动该地区的区域贸易安排和自由贸易协定进一步实施；②促进绿色增长。2012 年，APEC 制定和批准的环境货物清单直接与积极促进绿色增长和可持续发展挂钩；③促成贸易服务的自由化。关于服务贸易统计的行动计划是亚太经济合作组织通过提供更多服务统计数据，建立总体框架，以改善该地区的服务质量；④加强投资环境和保护投资的稳定性。2012 年，亚太经济合作组织采取进一步的措施，避免争端以及发展上的争议，建立相应的解决机制；⑤推进结构性改革议程。会议同意提交一份中期评估报告，将在 2013 年审阅亚太经济合作组织保障粮食安全的新策略体制改革的实施进度；⑥确保财政长期支持的可持续性。APEC 成员体同意采取具体措施确保该地区可持续性的公共财政。

2. 加强粮食安全合作

在 2012 年的亚太经济合作组织部长粮食安全会议上，APEC 成员体重申了确保区域和全球粮食安全的重要性。亚太经济合作组织宣言重申制订措施提高农业产量和生产力，促进贸易和粮食市场的发展，加强食品安全和质量，保障弱势群体的粮食获取，确保海洋生态系统的可持续管理和打击不合法、不申报、不管制（IUU）的捕鱼行为及相关贸易。

该领域的主要成果：①通过创造有利的环境，鼓励在不同领域增强公共—私营合作关系，包括批准外国资本投入和推广合理农业投资的最佳模式，实现农业可持续发展；②通过应用创新的农业技术，包括生物技术，大幅增加农业研究长期投资，加强研究机构以及 APEC 成员体创新中心的交流与合作，并通过区域网络的发展，增强相互之间的交往，提高农业生产力；③建立和发展粮食市场、打击贸易保护主义。通过有效的监测，以提高粮食市场透明度和可预测性，并减轻粮食价格波动，发展粮食市场的基础设施，提高食品供应链的运作效率，减少收获后的损失；④加强公私部门在解决粮食安全问题上的合作，包括政策上的粮食安全合作伙伴关系机制；⑤推动食品安全合作论坛的举办，提高食品安全控制能力，协调各成员体食品安全标准，使之变成符合国际标准的内部法规，并加强预防控制的能力；⑥保障弱势群体的粮食获取，讨论如何对社会和学校进行食品供应的最佳模式；⑦加强海洋生态系统可持续管理，加大打击 IUU 违法捕捞行为和相关贸易，发展与区域渔业管理组织的互动和交流，针对 IUU 违法捕捞行为的打击，不断提高管理水平，加强可持续水产养殖活动的双边和多边合作。

3. 建立可靠的粮食供应链

APEC 成员体重申，他们承诺在 2015 年前提高粮食供应链有效性。建立高效的供应链网络，所有利益相关者将讨论得出该地区可能的替代运输路线。路线的多样化可以显著降低运输和交易方面的成本，从而降低粮食价格并在相关产业创造新的就业机会。

由于自然和人为灾害，经济的脆弱性受到重视，需要采取预防措施，提高应急和应变能力的水平，以及加强 APEC 成员体以及企业对这一领域的科学和技术合作。与会者表示支持加强公私伙伴关系，在跨境运输应急预警系统中制定共同标准，并加强各亚太经济合作组织成员体危机管理中心（CMC）的合作及应急准备和响应的能力。强调建立严格控制散装、液体货物、危险品和材料运输的机制，对不同区域供应商运输和物流服务的能力建设，进行广泛的信息交流。

会议决定进一步讨论通过技术改进提高供应链的生态问题。此外，有成员体强调：恐怖主义是经济增长的严重威胁，安全性、稳定性和可靠性是 APEC 区域粮食供应链的重要保障。因此，亚太经济合作组织重申综合反恐和提高地区安全的贸易战略。

4. 增强合作，促进创新增长

2012 年，APEC 成员体开会协调亚太经济合作组织发展战略，通过采用能够促进有利的环境，创新经济增长的政策，提高实际的执行力度。会议上，各成员体分别阐述了通用的措施，即鼓励培育高科技投资，加强创新中心、大学和研究机构在科学和技术领域的合作，并确定了科学领域跨境联网创新的可能性，促进发展商业合作。进一步孕育区域创新整合，提高当地科学和技术能力，缩小日益扩大的差距，对于 APEC 成员体提高创新能力至关重要。

该领域的主要成果：①粮食安全策略伙伴关系论坛将在科学、技术和创新层面建立一个独特的对话平台，并汇集学术界所有利益相关方；②科技创新对话的建立是为了讨论有关预商业化的技术问题，并共享相关市场的发展前景；③加强在 APEC 成员体之间的教育服务合作，深入的教育合作通常被认定为跨境贸易的关键，促进人力资源开发，缩小发展差距，增强区域竞争力，以实现持续的经济复苏和发展；④来自各成员的首席科学顾问于 2013 年就科学相关领域问题进行网上会议，从而强化各国之间高级科学水平的合作；⑤注重 APEC 各成员体的人力资源，包括其自身健康与健康的生活方式，鼓励各成员体对其进行足额的长期投资；⑥青年和妇女在经济活动中的积极参与是亚太地区创新型经济发展和推广的关键。

5. 其他主要措施

（1）加强能源安全。APEC 成员体将提升能源市场透明度的稳定性、有效性和可预测性。因为天然气是最普遍的环保清洁燃料，亚太经济合作组织通过提高能源结构中天然气所占的比例，作为过渡到低碳经济的一种手段。有人强调，加强能源安全，必须不断投资能源基础设施，包括天然气液化能力。加强研究页岩气产量及其对环境的影响，以及页岩气市场前景和其他类型的替代燃料的可能性是未来能源合作的重点领域。核电作为一种清洁的能源，越来越受到重视。加强核电站的安全性并提高相关标准，重视能源安全，提高能源效率，减少电强度和发展低碳经济是未来的趋势。因此，APEC 成员体将继续在生态保护方面，制订亚太经济合作组织联合行动计划，以保证在 2035 年前降低总能源消耗的 45%。会议还强调各成员体必须重视在 APEC 科技创新对话中纳米技术在能源效率方面的建议，并落实在 2011 年 APEC 运输部长会议中确认的运输节能手段，包括公共和铁路运输，并制定天然气和电力相关规定，降低石油汽车使用频率，减少温室气体排放；

（2）反腐败。由于腐败助长非法贸易、破坏贸易安全性、严重障碍经济增长，因此亚太经济合作组织坚定承诺在其区域内积极打击腐败行为，这也是确保公民安全，并促进 APEC 成员体之间经济和投资合作的保证。APEC 各成员体计划通过开放公共机构并在其内部立法，落实打击贿赂的法律措施，加强反腐败工作。亚太经济合作组织工商咨询理事会将加强记录反腐败斗争中有贡献的行为。公私合作关系将有助于制订私营部门打击腐败的措施，包括加强政府机构、商业机构和商业交流的其他参与者之间的伦理规范行为准则。

三、第三次会议

2013 年 6 月 26 日，在印度尼西亚雅加达举行，亚太经济合作组织召开了主题为“亚太弹性增长，驱动全球经济发展”的会议。APEC 政策支持小组在会议上提出，投资对于减少浪费与粮食安全至关重要。印度尼西亚农业部长 Suswono 认为，亚太经济合作组织成员体应在 2020 年之前寻求更为自由和开放的贸易。他特别指出，会议所强调的公平与 APEC 成员体的包容性是实现经济增长的重要原则，并强调波动频繁的食品价格预计在 10 年内保持在高位的震荡，因此情况将变得更加困难，需要提高未来保障粮食安全的警惕性。

本次会议的主要成果是：①寻找更多的农业贸易和投资，减少废物排放，保证充足的粮食供应。亚太经济合作组织研究机构的报告发现，许多 APEC 成员体纷纷调整其政策实现农业的自给自足，以应对物价近几年的上涨，这种情况在粮食净进口成员体尤为常见。其后果是农业关税相比制造业与流通业下降较慢。2011 年，APEC 区域农产品贸易只占全球商品贸易的 8.3%，但 APEC 各成员体内部农产品贸易占农业出口总值的 68%，农业基础设施，如机械设备、灌溉系统、仓储设施以及道路和港口投资不足造成许多粮食作物增产放缓。基础设施投资不足，以及农民管理技术、技能的欠缺往往会造成经济发展水平低的发展中成员体，在收获后损失大量的粮食；相比之下，每年发达成员体的食物浪费量是 220 多万吨，粮食浪费这个问题经常被忽视，因此提高节约粮食意识是亚太地区提高粮食安全的关键。②积极追求合理的食品体系结构。APEC 成员体追求公私部门合作，从而达到 2020 年前取得亚太地区持久的保障粮食安全的目标，这一目标的本质是提供充足的、营养的和安全的食物供给。为了实现这一目标，APEC 成员体与农业相关企业代表探讨如何推动农业投资，并确保有效的全球食品数据标准，以促进食品贸易。企业与农民合作减少收获后损失和浪费食物是另一焦点。据估计，共计约 13 亿吨、占全球生产总量 1/3 的食物会在供应链途中损失。

四、第四次会议

2013 年 6 月 22 日至 7 月 6 日，在印度尼西亚的棉兰召开。Kasdi Subagyono 博士主持了亚太经济合作组织农业生物技术和 APEC 农业技术合作工作组的高级别政策对话，并提出："可持续的经济增长最终取决于人的生产力，工人们生产力的保障必须有足够安全可靠的食品供应。"这次会议的主题是：亚太经济合作组织聚焦生物技术，提高保障粮食安全的水平。

这次会议的主要成果有：①努力拓展农业生物技术的可用性，以确保足够的粮食供应，提高农民的生活水平。环太平洋地区的农业生物技术专家为此奠定了基础，本次会议确定增加在监管和技术层面的合作，并达成了建立农业为重点的共识。②专注于农业部门通过改进创新，开辟保障粮食安全的新途径。包括跨部门的农业生物技术合作，以提高作物产量，减少由于天气、虫害带来的损失或收获后运输和处理过程中造成的粮食浪费。积极开展农业科学技术创新，减轻气候变化对生物多样性和粮食生产的影响，这一进展对于企业和社会经济发展具有重要意义。与会者一致认为，生物技术可以提高产量，从而在缓解农民贫困、增加农民收入方面发挥作用。然而，生物技术也应该有限制，比如减少农药使用，降低农业对环境的影响。当经济制度存在不同的规则和条例时，农业开发和管理在跨越国界之间的流动会更加困难，因此，APEC 成员体都有意加强部门间政策协调，这种协调门槛较低，并且容易促进农业贸易和投资，带动共同发展，从而使小规模农户受益。③促进农业部门的监管、增加透明度。通过成熟的生物技术和生物遗传资源的共享，管理机构提供专业的知识支持是最佳的手段。④协调农业政策制定和技术能力建设也十分重要。例如，在合理投资原则和作物预报技术培训方面，可以为更加方便地推广该地区的生物技术提供政策倾斜，降低企业的交易成本，增强市场的营销能力，促进自由贸易协定与农业有关的规定的执行，科学技术必不可少。

五、第五次会议

2014 年 3 月 5 ~ 15 日，在中国青岛亚太经济合作组织召开主题为"应对粮食安全新挑战"的会议，在这次会议上各成员体积极深化公私部门合作，以提高行业生产供应链的效率，最终确保亚太区域是世界上最安全的优质食品供应市场。

此次会议主要成果有：①应对多变的地区形势与环境。讨论如何应对不断变化的地区形势，认识根据全球环境来满足长期粮食安全需求的重要性以及实施相关政策措施。根据联合国估计，至 2050 年，全球总人口预计从 72 亿人增长至 96 亿人，增幅约 40%；据估计，粮食产量需要增加 70%，才能满足需求。APEC 粮食安全策略伙伴关系对话论坛的主席韩吉志博士认为，人口增长和国内消费增加是周边地区需要解决的关键问题，其特点是粮食安全合作转向更富含蛋白质的饮食摄入以及引人注目的公私部门交流，共同迎接未来的粮食需求的挑战。工业化和城市化正在加剧，耕地和水资源不断减少，环境压力加剧，不断变化的全球环境给粮食生产带来了严峻挑战；如果这些问题得不到妥善解决，对该地区粮食安全的影响将非常严重。②促进可持续的农业和渔业发展合作，促进投资和基础设施的增长。APEC 成员体促进公私部门交流，开展可持续的农业和渔业发展的合作，提升了投资和基础设施的增长。亚太经济合作组织粮食安全策略伙伴关系为行业数据共享提供了最佳模式和政策导向，出台了迈向 2020 年的“APEC 食品安全路线图”。路线图确定培育更优质种质资源、提高灌溉效率，以大幅提高农业生产能力。在改善农业技术交流渠道的条件下，采用效率更高的管理模式，减少粮食损失和浪费，提供有标准、无阻碍的粮食供应链，都是亚太经济合作组织的重点领域。在此基础上，实施全面地推进公共和私营部门的紧密合作，提高粮食生产能力，确保粮食供应在该地区有效地运转，保持物价稳定，提高人民群众在该地区的健康和营养水平。

第四节　PPFS 所面临挑战与应对措施

一、PPFS 在粮食安全方面所面临的挑战

亚太经济合作组织在实现粮食安全方面正面临着需求和供给两方面的挑战。在需求方面，据估计 APEC 区域将有 30 亿人口，占世界总人口的 32%，迅速的人口增长已经造成了诸多问题：是否会有足够的资源来满足粮食需求的预期增长，特别是由于人口的预测增长，将需要粮食产量保持在 60% 左右的增长；此外，由于很多成员体政府出台政策鼓励使用清洁能源，这将加快全球使用农作物生物燃料的总量；人口结构的变化，包括快速的城镇化，也将对全球粮食系统产生巨大的压力；至今，50% 以上的全球人口生活在城镇地区，到 2050 年，这一数字预计将上升到 70%。另外，由于收入增加、饮食多样化将导致农产品需求增长将超过由于增加的人口而导致的需求增长，这将引起农产品品种、质量、安全和营养方面的问题，收入增长和城镇化将造成食品消费格局的变化。用于饲料生产和其他工业用途的食物需求量增加也将成为对粮食需求总量增加较为突出的驱动力。

在粮食供应方面，气候变化、激烈地土地与水资源代替竞争将进一步约束农业生产拓展的能力。更高、多变的温度和与气候变化相关的降雨模式的变化可能对农业产量产生严重影响。同时，按人均耕地计算的土地资源自 1961 年以来已大幅下降，预计将进一步下滑，从人均 0. 22 公顷下降至 2050 年的人均 0. 18 公顷。此外，由于气候变化产生的恶劣天气情况会导致一些重要的主食作物，尤其是水稻，小麦和鱼产品产量下降，因此，在没有任何政策干预的情况下，粮食的成本可能因需求增加和产量减少而大幅上升，粮食生产商将把适应气候变化的成本转嫁给消费者。农业是许多 APEC 成员体的重要部门，其生产总值占亚太经济合作组织 GDP 的 13%。通过新技术、新知识、新技能以及现代化的基础设施，实现生产的可持续扩张，不仅有利于粮食安全问题的解决，同时也将允许把农业部门的潜力看作增长的动力①。

APEC 成员体在其农业和渔业部门面临着不同的粮食安全问题，其解决方法亦不同。发展中成员体如何提高私营部门和商业实体在加强国家和全球粮食安全活动方面的参与度是 APEC 成员体所面临的另一项重要挑战。APEC 需要为建立一个完善的粮食体系为基础的粮食安全环境而长期努力。

二、PPFS 面对粮食安全挑战的应对措施

PPFS 管理委员会于 2012 年 9 月 11 日起草并颁布了《行动计划》，日本及美国建议于 2013 年 1 月 25 ~ 26 日召开的第一次粮食安全战略伙伴关系论坛全体会议上选取主席，于 6 月举行的第二次粮食安全战略伙伴关系全体会议时，批准《行动计划》，并开始实施。但日本方面认为应于 PPFS 第一次全体会议中敲定行动计划，有必要所有的粮食安全战略伙伴关系成员体直接并完全加入到行动计划和具体粮食安全战略伙伴关系活动指定的过程中，这将是成员体基于 APEC 合作和自主自愿精神完成制定。而美

① APEC 政策支持小组，2012 年 11 月，“挑战实现在 APEC 粮食安全”，新加坡

国方面建议应选取“明智的”候选人于 4 月最后定稿《行动计划》。“明智的候选人”起草新的《行动计划》并发送给各成员。美国对粮食安全战略伙伴关系论坛的态度从团队视角出发，从粮食安全战略伙伴关系性质、目标及下一步工作三个方面来阐述其作用。并且解答了以下几个问题：①为什么私营企业在保障粮食安全过程中起到了重要的作用？只有私营企业拥有相应的技术持续地供应市场，公共部门可以营造便利传播和吸收科技知识的环境，因此，为了农业的可持续发展并以此增加食品供应，就需要重视私营企业的发展；现实也表明，只有私营企业技术可以使成功的小农户商人在开放的食品体系中运作。②为什么公共部门可以在保障粮食安全中起到决定性的作用？公共部门可以加强投资、贸易及实现市场便利化以确保食品自由流通，因为只有政府有权力为自由食品流通消除障碍，消除关税和非关税壁垒，采取通用的安全标准，收集共享产品的统计数据和趋势；此外，公共部门可以营造一个使创造者和使用者以共赢方式传播和吸收技术的氛围；同时，公共部门可以组织一系列工作组来讨论确保食品自由流通方式，如取消实践共享工作组，因为共享实践信息所对应的其他活动可以在 WG2 和 WG3 上讨论，减少收获后的损失和食品浪费，增加食品安全，技术推广的互利，促进海洋生态系统、渔业和水产养殖的高效管理，促进企业和农民合作，消除非关税壁垒、增加食品市场准入；此外，增加了以下两项重要活动：一是消除并避免出口限制（引自《日本 PPFS 建议》）及时分析目前食品市场价格较高存在的潜在问题；二是增强食品供应链连接，确保有效的全球食品数据标准，只有食品进口成员体信任——没有出口限制，才可以消除自给自足的担忧，从而根据自己的相对优势进行全面生产，只有市场不会再被干扰，所有成员体的食品生产商才可以利用开放的市场信息进行最大化的投资；③为什么私营企业要和公共部门建立伙伴关系？APEC 需要建立一个食品体系以便到 2020 年实现该区域的食品安全，并且这个体系也可以快速负责任地应对气候变化和自然灾害，因此，有必要建立公私战略合作伙伴。美国对粮食安全战略伙伴关系论坛的建议为：一是对 APEC 和非 APEC 经济体进行大范围的库存盘点；二是通过库存盘点，鉴别出愿意帮助 APEC/PPFS 的私营企业、IFI、非政府组织（NGO）、农民、学术机构以及国际组织；三是“明智的人”使用库存盘点信息和《雅加达宣言》《喀山宣言》在粮食安全战略伙伴关系论坛指南和最终建议下起草“商业计划”；四是将被列为优先事项、分阶段和资助的商业计划将每年由粮食安全战略伙伴关系论坛进行复审和更新；五是设计一个从现在到 2020 年（甚至更远）的连续计划。总之，美国认为粮食安全战略伙伴关系论坛在确保食品安全方面有很大的责任，同时也被赋予很好的机会。

在粮食安全战略伙伴关系论坛议会议上，就粮食浪费及其解决办法，各成员体都表达了建议。美国指出许多商业目的能与 APEC 目标很好地结合在一起，能够通过合作得到切实的益处；其次，成员体内和成员体之间缺乏协调，需要分析政府政策中有关跨境食品贸易的商业决策对工业的影响。俄罗斯计划发展远东粮食廊道，到 2020 年将提供 10 万吨粮食的运输；俄罗斯对其改善谷物进入世界市场做了介绍；俄罗斯旨在改善基础设施以降低粮食运输成本；创造其他的粮食运输途径和更好促进俄罗斯谷物进入世界市场。菲律宾强调政府投资政策对商业的重要性。日本认为农民和消费者都需要公平的价格，日本对“311 灾难”后的救援行动中，对其私营部门受到国际社会的支持表示感谢，并指出粮食安全战略伙伴关系论坛应着眼于合作的重要性而不是法规的重要性。秘鲁认为粮食安全应从多个方面来加强，这包括帮助生产者、改善市场准入、减少浪费和提高产出。新西兰强调粮食安全来自开放市场，并且应该关注世贸组织多哈回合谈判进展。新加坡指出政府在危机情况下应提供充足的粮食供应以确保公众信心。澳大利亚强调贸易是提升农民收入的最佳方式。

在区域经济一体化和区域粮食市场方面，日本提出了农民所面临的困难和机遇，并建议粮食安全战略伙伴关系论坛也应侧重于食品安全标准。中国香港强调了可靠和可信赖的供应链对实现食品安全的重要性。新西兰注意到全球统一标准在增加供应链高效性中的重要性。俄罗斯在粮食安全举措方面做了一些介绍，强调提高农业生产、促进贸易和投资，改善弱势群体粮食获得的重要性，APEC 和其他组织现有的许多机制可供使用并通过协作来实现很多粮食安全目标。在 APEC 内 HLD-PAB 和 ATCWG 可以举行联席会议，《财长进程》可以考察农业金融市场透明度。中国给出了一个粮食进口和出口的设施发展报告，该报告建议：建立为设施发展为战略框架的联合研究项目；举办一届分享最佳实践的研讨会。

第五节　PPFS 粮食安全领域未来的计划

一、PPFS 未来粮食安全的短期目标

美国就如何推进 PPFS 工作提出了 3 点建议：①PPFS 成员体参与会议的议程，所有材料事先送达以便会员进行审查及准备回应，时间应花在讨论上而不是听取简报，建议进行议程项目的合理性性筛选；②PPFS 组成一个委员会来起草第一份“商业”计划草案，以便 APEC 在 2020 年实现粮食安全（PPFS 首要目标），草案一旦成文，PPFS 成员体可对草案进行反馈、增加、删减、修改以及向前推动计划，并为下次会议议程打下基础；③PPFS 的职权范围赋予了其对 APEC 粮食安全工作进行监督的责任，因此，成立一个由 PPFS 委员会牵头、各 APEC 成员体共同参与的粮食安全论坛，新潟大学食品安全行动计划所提出 62 个项目的每一个重点环节都应向 PPFS 提交一份关于论坛做什么、计划做什么、私营部门可以在哪些方面提供帮助的报告，PPFS 委员会也将与 G20、G8、联合国、世界经济论坛、联合国粮农等组织保持联络以便获取其他组织在粮食安全方面的进展信息，所有源自这些组织收集和整理的信息将被发送到 2020 年计划工作委员会。

此外，各成员体对 PPFS 的工作表示支持，并积极表述了各自的建议；行动小组对美国建议的办法表示同意，还建议 PPFS 主席应通过行动计划，要求把考虑粮食安全应对机制作为其所做所有工作的一部分。智利强调各成员体分享经验的重要性。澳大利亚评论正在施行的战略是较为合理，但问题是如何将它实现，应将容易达成的目标优先发展。新西兰认为应对粮食收获后损失的项目将是下一步很好的工作，新西兰还进一步提出了 PPFS 以下几个方面的重点：①加强食品供应链连接；②确保有效的全球食品标准，包括质量保证标准的地区；③促进有效和基于科学的食品安全方法；④食品贸易自由化和开放市场；⑤促进可持续的渔业管理办法。中国香港指出缺乏足够的有关收获后损失的数据，提出应并改善这方面工作的提议。行动小组认为，在不久的将来，以一种及时的方式共享数据将成为工作的另一种选择。美国注意到与其他组织合作的必要性，强调在收集数据和分享组织自身数据时所涉及的可能的知识产权会花费很大的成本，正在落实到位的方法具有优势，这也为未来提供了一个具体的工作议程，食品安全工作是未来发展方向，虽然已围绕收获后的损失工作达成共识，但应对数据收集问题目前还难以解决。泰国提出 PPFS 应包括收获后管理，这也应成为今后的讨论议程。新加坡支持有关如何发展日后相关议程的意见，支持对收获后损失开展进一步工作并要求行动小组继续审议其食品安全的应对工作。秘鲁表述了制定短期和长期目标对 PPFS 开展工作的重要性，确保时间不会与在茂物提出的目标审查冲突。加拿大认为工作程序应尽早提上议事日程，会议前审查文件并制订工作计划。澳大利亚认为需要成立两个分支组织，其中一个主要关注粮食，其收获后损失是主要问题；另一个是关注蛋白，其加工工艺和市场准入是主要问题。中国台北指出了提高数据收集和改善透明度对于提高粮食安全的重要性，另外，应重视动物和植物疾病预防。新西兰认为 PPFS 需要达成粮食安全的目标，基础设施建设也应该是今后工作的一部分。日本建议农民将来应更多地参与会议，建议下一次会议邀请世界农民组织；其次，更多地听取消费者意见。菲律宾建议预防收获后损失的工作可对实现粮食安全起到立竿见影的效果，这

应成为小组工作重点。世界银行对 PPFS 全球粮食安全伙伴关系做了简要概述。

二、PPFS 未来粮食安全的长期目标

伙伴关系成员体设定的长期目标是2020 年前成功建成一个足以为该地区经济体提供持久粮食安全的粮食系统结构和粮食安全路线图。

（1）农渔部门工作组的可持续发展重要活动。①促进发展研究与技术传播；②促进海洋生态系统、渔业和水产养殖业的有效管理；③加强农民组织合作和小农户的应变能力，促进农业生产中的妇女福利，授权小农户进入食物供应链与价值链，加强服务与对小农户的培训；④确保自然资源（如土地和水资源）的可持续管理，增强其正外部性、减少农业和渔业带来的社会和环境的负外部性，提高抗御自然灾害和全球气候变化的能力，并建立食品安全网络（包括对弱势群体提供适当的营养）。

（2）促进投资与基础设施工作组重要活动。①促进农业投资，包括对农业责任投资原则（PRAI）的促进；②发展基础设施，分析外商直接投资（FDI）的影响。

（3）促进贸易与提高市场工作组重要活动。①促进食物与农产品的贸易；②减少食物损失与浪费；③改善管理工作框架；④促进利益相关者之间的交流与学习，共享风险管理方法的最佳实例，以加强食物安全。

三、PPFS 活动列表

见表 4 – 1。

表 4 – 1　粮食安全政策伙伴关系活动情况

年份	日期	活动	地点
2013	4 月 6 日	粮食安全政策伙伴关系机制（PPFS）管理委员会会议	新加坡
	6 月 6 ~ 22 日	第三高级官员会议（SOM3）及其相关会议	印度尼西亚棉兰
	6 月 22 日	粮食安全政策伙伴关系机制（PPFS）农民日与展示	印度尼西亚棉兰
	6 月 23 ~ 24 日	粮食安全政策伙伴关系机制（PPFS）全体会议	印度尼西亚棉兰
	6 月 24 ~ 25 日	粮食安全政策伙伴关系机制（PPFS）——亚太经济合作组织和东盟粮食安全对话/研讨会	印度尼西亚棉兰
	8 月 5 ~ 8 日	亚太经济合作组织加强公私伙伴关系研讨会，以减少在供应链环节的粮食损失	中国台北

（续表）

年份	日期	活动	地点
2014	2 月 15 ~ 28 日	第一次高级官员会议（SOM1）及其相关会议	中国宁波
	2 月 21 日	粮食安全政策伙伴关系机制（PPFS）食物安全贸易对话	中国宁波
	2 月 22 日	粮食安全政策伙伴关系机制（PPFS）实地考察	中国宁波
	2 月 23 日	粮食安全政策伙伴关系机制（PPFS）第一次管理委员会会议	中国宁波
	2 月 20 ~ 22 日	2014 年粮食安全政策伙伴关系机制（PPFS）关于粮食安全贸易主题政府与企业洽谈会	中国宁波
	3 月 5 ~ 15 日	第二次高级官员会议（SOM2）及其相关会议	中国青岛
	3 月 11 日	粮食安全政策伙伴关系机制（PPFS）商业计划研讨会	中国青岛
	3 月 12 ~ 13 日	2014 年首届 APEC 农业与粮食安全高层研讨会	中国青岛

四、APEC 粮食安全路线图

（1）农渔部门的可持续发展

工作流程 1——促进研究发展与技术传播（表 4 – 2）。

表 4 – 2　农渔部门的可持续发展工程流程 1

目标	活动	经济体	截止日期	联系
优化种植管理和生物技术	认可和认证	印度尼西亚	—	—
整合科学与技术为供应链	—	—	—	—

工作流程 2——促进海洋生态系统、渔业和水产养殖业的有效管理（表 4 – 3）。

表 4 – 3　农渔部门的可持续发展工程流程 2

目标	活动	经济体	截止日期	相关部门
提供渔业统计数据建立渔业管理制度	建立 APEC 的渔业数据中心	印度尼西亚	2016	OFWG
促进东南亚渔业可持续发展	建立对策打击 IUU 违法捕鱼和改进捕捞数据收集技术	SEAFDEC（日本）	—	—
	开发和推广资源增殖和生态友好的水产养殖技术	—	—	—
具体的野生捕捞渔业：促进海洋生态系统和渔业的有效管理，提高粮食安全的地位	建立区域政府间组织与科学机构间的对话，并与整个亚太地区的渔业专家联系以确定可以增加真正的价值，促进海洋生态系统和渔业的有效管理，同时提高粮食安全在此方面的标准。	中国香港	2013 年 9 月	OFWG；CTI-CFF；ISSF；SEAFDEC；APFIC；世界鱼类中心；亚洲水产学会
跨领域问题：重点支持尚未使用的 PPFS 网络	建立在性别和/或在相关的问题上与专家的联系，并确定适当的渠道，促进行业之间的讨论	中国香港	2013 年 9 月	—

（续表）

目标	活动	经济体	截止日期	联系
水产养殖：加强该行业在改善水产养殖的可持续渔业管理发挥的作用	重点解决关注和展示渠道的关键问题，通过它来实现可持续水产养殖渔业管理	中国香港	2013 年 9 月	—

工作流程 3——加强农民合作和小农户的适应能力，促进妇女农业上的福利，激励小农户进入食品供应和价值链，提高服务和小农户的培训（表 4 –4）。

表 4 –4　农渔部门的可持续发展工作流程 3

目标	活动	经济体	截止日期	相关部门
1. 建立小农户和私营部门之间的伙伴关系；2. 提高农场和非农场的生产力和生产效率	为保证粮食和农业可持续发展整合小农户和渔业为供应链的研讨会	印度尼西亚	2014	ATCWG；私营部门
促进交流信息和经验，加强成员组织之间的合作	农民在 APEC、PPFS 对话中的参与	农民在 APEC 经济体组织的代表	—	AFGC；ICA
培养农村合作社与支持农村妇女创业的协调者的核心领袖	农业合作社和营销培训课程	国际合作社联盟与东盟秘书处（日本）	继续	—
	市场营销和作物生产信息共享			
小农户和私营部门之间的伙伴关系	农民的创新融资研讨会	印度尼西亚商会	2015	—
	通过建立棕榈油耕作减少轮作和保护森林安全	印度尼西亚商会	2016	—
	认证所有的棕榈油核心公司	印度尼西亚商会	2015	—
确定可以与合作的政府和私营部门的区域	在易发地区的当地社区加入东盟地区的培训计划	新西兰	—	—
检查减缓和适应措施，包括水管理技术	适应气候变化的灌溉/排水设施	IWMI（日本）	2015 年 3 月	—
翻新旧设施，更有效地利用水资源以适应全球气候变化	改进湄公河下游流域的灌溉设施以适应气候变化	MRC（日本）	2014 年 3 月	—
建立针对大规模灾害的应急措施，加强粮食安全和消除东亚贫困	通过灾害应急使用专项股票和储存大米（现金）建立支持系统	ASEAN（日本、中国、韩国）	2014	—
为与会者提供防灾和重建的进一步资料	防灾与重建研讨会	日本	2013 年 9 月	—
了解小农户促进价值链	—	—	—	—
向与会者提供的农贸市场和当地农业创新的信息	在农贸市场和当地的农业创新研讨会	日本	2013 年 9 月	—
加强价值链中的最不发达国家的能力	通过人力资源开发加强东盟地区的最不发达国家的食品行业的能力	亚洲生产力组织（日本）	—	—

工作流程 4——确保自然资源的可持续管理（表 4 –5）。

表 4-5　农渔部门的可持续发展工作流程 4

目标	活动	经济体	截止日期	相关部门
促进与会者进一步的认识农业的外部性/多官能性	农业的外部性和多官能性农业研讨会	日本	2013 年 9 月	—
	实施全球重要农业遗产系统项目	日本	2016 年 3 月	—
	稻田的水与生态系统的国际网络合作	INWEPF 成员	—	—
通过促进参与式灌溉管理（PIM）达到水的有效利用	稻田的水与生态系统的国际网络合作	INWEPF 成员	—	—
有效地利用水和土地 - 鼓励使用高效的土地和水资源	农业子系统的复兴与集约化	美国	—	—
土地供应（分配）为扩大粮食作物	灌溉网络损伤及修复	—	—	—
促进当地社区和农民的农业的可持续发展	（连续）促进当地社区和农民保持土壤肥力的最佳实践和保护生物多样性和生态系统	中国台北	2016	—

工作流程 5——其他（表 4-6）。

表 4-6　农渔部门的可持续发展工作流程 5

目标	活动	经济体	截止日期	相关部门
在东盟地区为粮食安全提供规划、执行、监督和评估信息	发展农业统计信息网络系统 - 数据库、ACO、EWI-能力建设	日本	—	AFSIS

（2）投资和基础设施发展的便利化（表 4-7）。

工作流程 1——通过促进 PRAI（原则负责任农业投资）促进农业投资。

表 4-7　投资和基础设施发展的便利化工作流程 1

目标	活动	经济体	截止日期	相关部门
1. 促进农业公共投资；2. 创造一个有吸引力的营商环境，以鼓励更多的农业私营部门投资；3. 确保投资者保护水平高，包括维护执行权和投资者保护知识产权的索赔	私营部门分享最佳实践，以营造有利的环境，吸引国内农业和外国私人投的参与。	美国、日本、越南、俄罗斯、印度尼西亚	2020	—
针对专门的 APEC 的成员体根据 PRAI 制定活动/业务计划的框架	提供准确和可访问的信息系统和农业数据库	日本	2020	—
	通过 APIP 分享农业投机的实例	日本	2020	—
在国际经济组织（银行，基金，小额信贷机构等）合作的框架下建立投机计划加强 APEC 各经济体的粮食安全	为金融机构和发展机构的创造机会告知其现有方案的经济体加强粮食安全	美国、俄罗斯	2020	—

工作流程2——基础设施发展和PPP和外商直接投资的分析负面影响（外国直接投资）（表4－8）。

表4－8 投资和基础设施发展的便利化工作流程2

目标	活动	经济体	截止日期	相关部门
创造未来的基建项目名单保障基金的框架使用状态——、私人伙伴关系的机制	创建冷链基础设施财团，分享经验与指导方法，以促进建立一个冷链基础设施及相关产业的环境	日本；美国；印度尼西亚；中国；俄罗斯	2013/2014	—
在利用冷链基础设施和通过公私合作伙伴关系的食品工业中形成政策/路线图	建立冷链基础设施联盟	日本	2014	—
	成立督导委员会	日本；俄罗斯；中国；美国	2015	—
	推出试点项目	日本；美国；印度尼西亚；中国；俄罗斯	2016/2020	—
建立方法来提高食品供应链的运作，包括现代供应链—价值链的发展	在俄罗斯的远东地区发展基础设施－俄罗斯计划在远东的扎鲁比诺港建造一个粮食码头	俄罗斯	2016	—
	制定有针对性的吸引投资进入食品市场的基础设施和后勤支持的措施	俄罗斯；日本	2020	—
在APEC经济体的框架内开发一个正常运作的统一的运输和物流网络	分享正在进行的公共基础设施项目——雅加达大都会优先区（MPA）的最佳实践和挑战	印度尼西亚	2020	—
通过包括使用公共——私营伙伴关系在内的食品市场和供应链的基础设施建设来减少收货后损失	分享收获后损失的最佳实践和挑战——邀请如粮食专业公司分享经验和减少收获后损失的创新产品	日本；印度尼西亚；中国台北；新西兰	2013—2020	—
开展联合研究项目，分享收获后处理的方法和工具	—	美国	2020	—
传播卫星与信息技术促使"精确农业"的利用	国际水稻研究所正与菲律宾和安联保险的政府利用详细的卫星图像削减在世界上（即使是最偏远的角落）出售作物保护成本	美国；印度尼西亚；菲律宾	2020	—
考虑到水资源和生物多样性的影响，APEC成员体测绘适合生产的未利用地	—	俄罗斯	2020	—

（3）加强贸易与市场

工作流程1——非关税贸易壁垒/提高市场准入（表4－9）。

表 4 –9　加强贸易与市场工程流程 1

目标	活动	成员体	截止日期	相关部门
1. 经济成员体认识到有必要采取行动以支持区域的粮食安全；2. APEC 区域内的业务协同工作，以识别和解决贸易限制获得粮食的障碍	根据 ETCWG 私营部门对粮食安全的非关税贸易壁垒的通知建立监测与报告流程	新西兰	—	FAO；G20；WTO；OECD
	制定实现粮食安全措施的适用原则，支持贸易与世界贸易组织多哈回合谈判的一个基于规则的，包容性的贸易环境包括进口和出口的原则相一致	新西兰	2013—2014	—
	评估与贸易有关的措施对实现粮食安全的影响	澳大利亚	—	—
	准备 PPFS 全会将要提交到 SOM 的报告	—	2013 年 7 月	—

工作流程 2——加强粮食贸易的有效的全球数据标准（表 4 – 10）。

表 4 –10　加强贸易与市场工作流程 2

目标	活动	成员体	截止日期	相关部门
整个亚太地区产品的贸易成本降低	亚太经济合作组织审阅 ABAC/GS1 在部署数据标准方面的建议	与 GS1 相关的工作组	2013 年 7 月	ABAC；GS1；APEC；SCSC；SCCP
商务确定性增加	绘制 ABAC/GS1 建议引起国家粮食主管部门的重视	PPFS 成员体	2013 年 7 月	ABAC；GS1；APEC；SCSC；SCCP

工作流程 3——加强食品供应链的连接（表 4 – 11）。

表 4 –11　加强贸易与市场工作流程 3

目标	活动	成员体	截止日期	相关部门
1. 建立整个供应链高效安全的分配系统；2. 供应保障；3. 经济发展（贸易与生产参与的机会）	审阅亚太经济合作组织供应链连接框架行动计划，以确保食品贸易问题被涵盖	TBC	2013—2014	APEC；SCSC；SCCP
	在亚太经济合作组织和亚太经济合作组织供应链连接框架行动计划内确保 ABAC/GS1 数据标准之间适当联系的建立	WG/GS1	正在进行	—

工作流程 4——实施新的出口限制（表 4 – 12）。

表 4－12　加强贸易与市场工作流程 4

目标	活动	成员体	截止日期	相关部门
通过出口限制的负面影响分析保证一致的 PPFS 信息	完成相关分析，保证 PPFS 文件的参考价值	TBC	2013 年 7 月	WTO；APECHJ

工作流程 5——分析当前食品市场高价格的影响（表 4－13）。

表 4－13　加强贸易与市场工作流程 5

目标	活动	成员体	截止日期	相关部门
TBC	TBC	TBC	—	—

工作流程 6——减少收获后损失，确保粮食安全（表 4－14）。

表 4－14　加强贸易与市场工作流程 6

目标	活动	成员体	截止日期	相关部门
实施实际项目，解决所发现的问题	监测日本冷链议题和中国台北公共和私营部门的伙伴关系的最佳实践的进展状况	日本、中国台北	2013 年 7 月	TBC

第五章　FSCF有关粮食安全的活动

第一节　FSCF的由来

确保安全食品有可靠的来源是粮食安全倡议的一个关键要素。粮食安全在国际和区域议程中都得到高度重视。最近已推出的若干全球和区域倡议都致力于开创更好和更可靠的粮食安全体系。为实现这些举措将食品安全纳入粮食安全倡议非常重要，但食品安全和全球粮食安全之间具体的联系还有待完善和发展。APEC通过食品安全合作论坛在建立健全粮食安全系统方面已经取得了很大的进展。

《2007年亚太经济合作组织领导人宣言》强调了食品安全的重要性，并且由领导人一致同意采取更加有力的措施来加强食品和消费品安全标准，采用科学的基于风险分析的方法，避免不必要的贸易障碍。为进一步加强食品安全建设，2007年4月食品安全合作论坛第一次会议在澳大利亚的猎人谷召开。此次会议也同时宣布了，APEC食品安全合作论坛成立隶属于亚太经济合作组织标准与合格评定分委会（APEC Sub-Committee for Standards and Conformance，SCSC），该论坛由澳大利亚（澳新食品标准局）和中国（中华人民共和国国家质量监督检验检疫总局，即国家质检总局）共同主持，中国和澳大利亚作为联合主席负责领导食品安全合作论坛和食品安全合作论坛合作伙伴培训机构（Food Safety Cooperation Forum Partnership Training Institute Network，FSCF-PTIN）。有来自16个成员经济体的60余名代表参加了此次论坛，制订了该地区能力建设战略路线，并受到标准与合格评定分委会的支持。在此次会议上，APEC成员体签订了《猎人谷宣言》。

食品安全合作论坛是食品安全监管部门的一个论坛，其宗旨为改善食品安全、促进信息共享、加强能力建设。APEC成员体一致同意共同打造完善的食品安全体系，加快与国际标准相一致的食品标准的建立，以改善公众健康，促进贸易的发展。

该论坛建立了秘书处，负责组织APEC食品安全合作论坛会议及相关活动、审查工作及策划食品安全合作论坛的未来发展方向，并通过APEC标准和一致性小组委员，会向APEC汇报食品安全合作论坛的工作情况。为保障食品安全合作论坛秘书处的工作富有成效，食品标准局和国家质检总局都做出了强有力的承诺，并提供强大的支持和资源。食品安全合作论坛秘书处对食品安全合作论坛迄今所取得的成就起了至关重要的作用。联合主席秘书处有以下几个方面功能：①提供了一个促进食品安全合作论坛成员体之间的沟通平台；②在亚太经济合作组织内部建立了关于从食品安全合作论坛向APEC拨款提案的一个正式流程；③建立了一个APEC框架内正式的为食品安全合作论坛向APEC投入资金建议的流程；④致力于建立各成员体间及/或与其他有关国际和国内组织间的关系，帮助提高食品安全和能力建设的形象，以达成食品安全合作论坛的目标；⑤向食品安全合作论坛 、APEC标准与合格评定分委会以及其他有关APEC委员会、相关国际机构提交书面报告，报告食品安全合作论坛进展以继续获得食品安全支持。秘书处在以下方面发挥了至关重要的作用：促进成员之间关于食品安全合作论坛工作对话、协调和联络，向亚太经济合作组织标准和一致性小组委员会汇报成员之间有关食品安全合作论坛合作伙伴培训机构的活动，密切地和亚太经济合作组织标准和一致性小组委员会协调关于APEC食品安全的提议。食品安全合作论坛所承担的主要任务是优先 APEC 成员体食品安全能力建设的需求。在这个过程中，确定了一个广泛需要的能力建设领域，它不但包括技术领域，还包括组织管理和立法制度领域。这个广泛能力的建设优先领域被分为四个方面，也就是食品安全合作论坛（食品安全合作论坛）的四个优先合作领域：①食品安全监管体系，②食品检查和认证系统，③技术能力和人力资源能力（国际认可的标准和程序）和④信息共享和沟通网络（2011 年 5 月修订通过）见表 5－1。

表 5－1　食品安全合作论坛四个优先合作领域

1. 食品安全监管体系
基于风险的食品控制系统的发展 发展食品法律，法规和食品标准与国际标准相协调 食品法规和标准的执行 制定和实施国家食品事件响应协议 食品召回制度的制定和实施 食品供应链管理系统的开发和实施
2. 食品检查和认证系统
基于风险的食品检验系统的开发和实施 实施电子认证系统 培训食品检查员和系统审计师，包括合格评定程序 HACCP 培训和实施 国际标准的统一和应用（食品法典委员会） 基于国际标准等效的食品进出口检验和认证系统程序的发展
3. 技术能力和人力资源能力（国际认可的标准和程序）
食品安全风险分析，包括对所有食品的风险评估，风险管理，风险沟通，包括那些来自传统和新技术领域的评估 微生物 化学安全性 食品过敏原安全 协助风险分析的社会和经济风险研究 协助风险分析的人体摄入和消耗的研究 食品卫生的一般原则，包括食品处理和预防食源性风险的方法 食品安全能力建设需求评估 食物监察和监测活动，包括总膳食研究发布 用于食品抽样和分析的在国际公认的测量系统基础上实验室能力和技能
4. 信息共享和沟通网络
关于食品安全能力建设问题的多边论坛合作（粮农组织，食品组织，世界卫生组织，世界银行） 提供准确和及时的信息的疾病监测系统 食物事故的信息沟通过程 专家/职员的交换 增强参与国际食品安全网络 用于食品召回、贸易伙伴的交流沟通和改善的消费者信息系统的电子交流系统

2007 年食品安全合作论坛成员体首次会晤时，一致同意食品安全合作论坛目标是协助 APEC 成员体来实现：透明的信息共享和通信网络，为消费者和生产者提供准确和及时的食品安全信息；成员体内部的食品安全监管体系，包括食品检验/保险和认证系统；应与 WTO 的植物检疫措施和技术性贸易壁垒协定相一致的权利和义务，相互协调，以尽可能符合国际标准（如食品法典委员会，世界动物卫生

组织，国际植物卫生公约)；增强技能和人力资源能力，以便与成员体内的食品安全法规框架的发展统一与国际标准相协调。

第二节 FSCF 在粮食安全领域取得的进展

食品安全合作论坛自 2007 年 4 月成立以来，已有来自 21 个 APEC 成员体的代表参加了该论坛各项活动，该论坛显著提高了在食品安全领域的形象，并在透明的信息共享与通信网络、食品安全监管系与国际标准相协调、增强技能和人类资源能力等方面取得了很大进展。

2007 年 4 月食品安全合作论坛的成立及《2007 猎人谷声明》的发表，都表明 APEC 区域的食品安全合作伙伴关系得到了加强。2007 年 9 月，APEC 经济体领导人认为在区域内有必要制定一个更强硬的手段以提高食品安全标准，并促进实践方案付诸实施。此外，领导人认为食品安全领域的能力建设是一个优先领域。在 2008 年 11 月，APEC 成员体领导人重申了这一承诺，通过了 APEC 食品安全合作论坛的合作伙伴网络培训机构的工作，并呼吁部长们采取其他措施，提高 2009 年的粮食和食品安全。继此，食品安全问题得到了 APEC 相关委员会和它的领导阶层承认和支持，这是一个重大成就。APEC 成员体达成协议，为解决重要的食品安全问题，不仅提供政策上的强大支持，而且提供财政支持，这促使成员体全面参与食品安全活动。

1. FSCF、PTIN 的建立以及进展

2008 年，在中国、美国、食品安全合作论坛联合主席和澳大利亚的不懈努力下，为实现食品安全合作论坛产业界和学术界的交流与信息共享，进一步推进政府官员确定的食品安全合作论坛有关食品安全能力建设的优先领域，食品安全合作论坛创建并发展了食品安全合作论坛合作培训机构网。SCSC 和贸易与投资委员会同意和批准了 FSCF、PTIN 的成立，APEC 部长及 APEC 领导人也承认了 FSCF、PTIN：FSCF、PTIN 的职责是在企业界和学术界争取更大的影响力，使更多的专业知识、资源以及达成的协议实现《FSCF2007 猎人谷宣言》中提出的关键能力建设的需求和目标。

继食品安全合作论坛合作伙伴培训机构成立后，FSCF 联合主席建立了拥有多领域背景、知识渊博的专家组作为食品安全合作论坛合作伙伴培训机构的指导小组。指导小组的第一个“虚拟会议”在 2009 年 5 月新加坡举行，第一次的面对面会议于 2009 年 FSCF 会议之前举行。自 2008 年食品安全合作论坛合作伙伴培训机构的成立和 2009 年 7 月食品安全合作论坛合作伙伴培训机构指导小组第一次面对面的会议以来，食品安全合作论坛合作伙伴培训机构的参与人员数量得到了大幅增长，除了政府监管部门和食品科学家，还涉及企业界和学术界等广泛的利益相关者。这不仅能够提升 FSCF 的专家库水平，还能提高 FSCF 作为一个食品监管者论坛的地位。为确保 APEC 成员体在粮食种植、运输、加工和整条供应链的安全性，食品安全专家、从业人员和监管者之间协作和磋商是非常重要的基础性工作。

合作培训机构网络鼓励实体机构之间的合作，以确保亚太地区食品供应更好的安全性，促进国际食品贸易。每个合作伙伴都通过鼓励采用国际标准和食品安全的最佳实践，为加强 APEC 区域食品安全标准和食品安全一致性基础设施贡献了各自的力量和资源。能力建设的开展可以通过讲习班和讨论会，应用可重复的、自由开放的培训模块，并发展与亚太地区主要食品安全专家和培训机构合作伙伴关系，以充分利用现有的培训资源。

食品安全合作论坛合作伙伴培训机构与主要的国际和地区组织发展了伙伴关系，如和世界银行之间建立的伙伴关系。这种合作伙伴关系使得食品安全合作论坛合作伙伴培训机构获得了世界银行对食品安全合作论坛合作伙伴培训机构活动的部分赞助以及培训模块开发的资金支持。通过这些活动的开展，食品安全合作论坛合作伙伴培训机构已成功地协助成员经济体向着实现 FSCF 的目标迈进。

此外，由 FSCF 提出的《食品安全：改善公共健康和经济增长的优先事项》为 FSCF PTIN 提出了工作方向和范围，该文件还阐释了如何将 FSCF 及其 PTIN 作为模型应用于世界其他的地区。这份文件将有助于重要的区域/国际组织和捐助者为 APEC 区域食品安全做出贡献。

2. FSCF 信息共享与通信网

FSCF 通过面对面的会议、电子通讯和信息流通促进了 APEC 成员体间信息共享和网络化。尽管 FSCF 成员体在获取技术信息、资源和知识的途径方面显著不同，但通过 FSCF 合作已经能够公开地分享食品安全及相关活动信息，这对发展中成员体极其重要。FSCF 及其 PTIN 通过包括讲习班和定期更新的电子邮件等多种方式促进了经济体成员之间的网络通信和信息共享。特别是 2009 年以来 FSCF PTIN 的参与者与利益相关者的范围和参与量得到了明显提升。很多成员体指出，FSCF 会议作为一个建立和保持食品监管的平台，在解决关键的食品安全问题时取得了良好效果。一个具体的例子是，在食品安全事故发生后，各成员体通过已建立的 FSCF 网络及时通报，使得信息共享变得更加有效。提高信息共享和通信网络的一个主要成果是 FSCF 和 PTIN 链接网站的建立，这些网站也与 APEC 网站链接，提供了 FSCF 及其 PTIN 共享信息、访问 FSCF PTIN 培训模块、培训链接、信息和资源的访问平台。

3. FSCF 协调国际标准的食品安全监管系统

FSCF 通过开展各种能力建设活动增强了成员体对食品标准规定的理解，并使得 APEC 成员体完善了各自食品标准，这有助于促进 APEC 区域内食品标准的统一化。各成员体指出，2008 年 8 月在秘鲁库斯科举行的食品安全控制体系和风险分析研讨会是 FSCF 成立以来举行的最成功的活动之一，为 APEC 成员体提供了可以更好地了解食品安全领域有关 WTO 的 SPS 协议和国际标准的机会，也为有关食品安全控制系统的信息交流、分享基于风险分析原则、分享建立食品法规经验提供良好平台。通过会议，一些成员体或制定了新的食品安全规章，或完善了现存的食品安全法律。这不仅为解决区域内突出的食品安全问题提供了法律依据，也为未来区域食品安全的发展做出了重大贡献。另外，一些成员指出，FSCF 已经开展的或正在开展的工作显著促进了食品法律和食品标准制度的制定和审查的发展。通过 FSCF 能力建设活动，如食品法律、法规、标准、执法制度和召回制度，各成员体食品法律和食品标准方面的知识也获得显著提升。

APEC 成员体报告指出，2010 年的出口认证圆桌讨论会，为共同关切的相关出口证书的使用问题提供了一个讨论的机会。圆桌会议的成果还为实现与当地标准、实践和法典准则相衔接提供了前进的方向，这项工作将直接促进 FSCF 贸易便利化的目标。此外，为响应 2009 年 FSCF 的建议，亚太地区最大残留限量（全称 + MRLs）的讨论文件在与 FSCF 咨询磋商时得到了发展完善。这个文件提出应该集中推进与最大残留限量相关的监管部门合作，以促进 FSCF 的工作目标。

4. 提高技能和人类资源能力

自 2009 年以来，通过 FSCF 及其合作培训机构网（PTIN），一些能力建设的活动已成功开展，这些活动在亚太地区 11 个成员体举行，并有来自 20 个成员经济体的参加者参加。FSCF 为提高人力资源能力和技术能力已经开展了一系列有关食品安全活动。就已开展能力建设活动的数量和范围而言，已经有来自 19 个 APEC 成员体超过 440 人参加了在 5 个城市中举行的 25 个不同的能力建设活动。

自 2007 年 4 月 FSCF 所开展的活动已经被记录在《APEC 食品安全合作论坛活动记录及 2007—2013 年实施计划》，其中提到的特别有价值的活动集中在以下一些领域：加强评估食品安全能力；食品安全风险分析；制定食品法规、标准和执法体系；微生物风险分析/风险评估；食品安全风险交流；化学安全风险评估；基于风险评估的食品安全检验体系。这些活动已经在一些 APEC 成员体和国际组织如联合国粮农组织（Food and Agriculture Organization of the United Nations，FAO）、标准和贸易发展基金（Standards and Trade Development Facility，STDF）组织中开展。有关具体活动评估结果表明，这些活动显著提高了参与者的知识和技能水平；有的成员体还将 FSCF 同意的优先食品安全能力建设的优先事项作为制定各自优先政策和方案的指导方针。

第三节　实现 FSCF 的目标面临的主要挑战

1. 信息共享和通信网不够透明

由于信息技术领域的能力水平有限所致的成员体之间食品安全信息交流以及信息共享方面的挑战已经在许多 APEC 成员体中出现。尤其当成员体需要访问区域或全球范围内已经发生的食品安全突发事件的信息时，或遇到与有限的人力资源、设备、知识和技能有关的具体问题时，这种挑战便更加明显。如果食品安全出现紧急情况，通过信息共享及通信网络，APEC 成员体可以方便地共享风险评估、风险管理与风险沟通的相关信息，或建立一个非正式的 FSCF 食品安全应急网络机构，为人员提供非正式的信息交流，这显然对于解决这一挑战大有裨益。有成员体建议，所有的 FSCF、PTIN 活动的最终报告都应发布到 FSCF 和 PTIN 网站，以便未参与活动的人也能分享一些有关食品安全紧急情况的经验和成果。

2. 食品安全监管系统缺乏协调

由于 APEC 成员体内部食品标准并非全是基于风险分析的方法或国际标准，导致了成员体在和国际或区域标准相衔接时，面临一些挑战。这些挑战可能有以下几种原因造成：风险分析方法并非制定食品标准公认的方法；风险分析方法使用不当；为适应 APEC 成员中的个别情况而修改风险分析方法。发展中成员体食品安全标准的风险分析，特别是在风险评估的各个方面的专业技能和知识十分有限，这是发展科学地以风险分析为基础的食品安全法规的主要障碍。

为有效的风险评估以制定标准的一个重大挑战是：由于成员体具体食物消费量统计数据及建模经验缺乏，标准的发展受到阻碍。食品安全系统异常复杂，其变化和成果受多种因素影响。在此情况下，FSCF21 个多样化成员体取得食品标准的一致和协调，将会面临极大挑战。为了应对这些挑战，FSCF 需要更好地理解成员体各自的食品安全系统，增加信息交流，以找到解决问题的方法。

3. 技术和人力资源能力有待提高

开展能力建设活动最显著的挑战之一是 FSCF 缺乏来自食品管制机构或政府的支持。有一种观点认为 FSCF 普遍缺少对提高技术能力的财政支持。有鉴于此，节约资助资源并充分利用本地区的资源十分重要。APEC 成员体在不同层次上表现出广泛的能力建设和其他方面的需求，FSCF 需要协调和处理已达成一致的能力建设优先领域，并确保实施的能力建设活动有实际意义。有人提出从资助组织获得资助资源是一个很大的挑战，但又有解释说，这是由于其对从 APEC 获得资金时间和过程缺乏了解。另一个被成员体所确认的有关能力建设活动的主要挑战，是缺少来自成员体内部的一系列参与食品安全法规部门的支持，这在很大程度上归因于来自其相关部门的关键决策人未加的关注。尤其是那些有提供能力增强援助的成员体，FSCF 的工作并不是其核心工作，从资源配置的角度看，这使得它难以获取持续的收益，因此，FSCF、PTIN 的工作往往依赖于成员体政府的实物支持。

为了确保资源被用于最优先的领域，有建议称，成员体在各自内部开展全面的食品安全能力建设需求的评估将会非常有益。为确保 FSCF 资源的最大成效，保证能力建设优先领域和相关策略、专业团体正开展的活动挂钩非常重要。开展能力建设的有效途径是可持续的资金支持。虽然，以开展个人活动来继续获取资金是较为低效，但对获得长期的、可持续的资金，可推动其实现。有关资金的障碍，特别对于发展中的成员体来说，获得 APEC 的资金是一道障碍，例如，促进区域贸易和投资自由化、便利化的资金有一定障碍。这是由于对 APEC 的进程和协议仍然缺乏了解，为了协助这一 APEC 项目的进程，一个“APEC 项目指南”的链接已被列入以供参考。此外，FSCF 和 FSCF、PTIN 提供专业知识的网络、网站，以便审查项目建议书和促进其发展。

各成员体认为 FSCF 面临的另一个挑战涉及 FSCF、PTIN 会议或讲习班。虽然有许多讲习班已成功地实施、开展，但是实施的形式一直是可容纳大量人的会议形式。这种形式虽对提高成员体对具体问题的认识和知识而言，是非常有效的方式，可持续的培训模块的开发也在进行中，但其受制于资源的限制。成员体报告指出，虽然短期课程十分有益，但在很短的时间内，提供的信息量大，妨碍了对信息资料的充分理解和持续学习。有人建议，为使能力建设活动的利益最大化，跟进工作这一方式将非常必要，特别是向参与者提供持续的支持，大有裨益。来自各成员有关前几个 FSCF、PTIN 模块情况将是非常有益的反馈。

4. 协调实施 FSCF 目标

以一个协调系统的方式推进 FSCF 的工作和协议的优先领域，是最主要的挑战之一。在某种程度上应由 FSCF 联合主席和秘书处来处理，这有助于 FSCF 保持在议定领域的良好发展势头。与此有关的一个主要挑战是一种确保所有成员体都积极参与到 FSCF 中来的能力。成员体的积极参与对于 FSCF 的成功是必由之路，可以是以开放信息、共享相关信息，给 FSCF 及时地提出报告或文件，双边和多边合作等形式。为解决这方面挑战，PTIN 打算通过引入学术界和工业界的资源和专业知识，以加强和扩大亚太地区的有关能力建设工作的成效。

正如 2009 年工作进度回顾报告指出，让 21 个成员认识到要使 FSCF 取得成功，所有成员体的参与是必不可少，是 FSCF 的一个主要挑战，同时也是 FSCF 的目标和需要优先协调落实的事项。协调该系统并推进有关 FSCF 商定的优先事项的工作进程，需要来自所有成员特别是发展中 APEC 成员体官员共同参与。

5. 机构间合作

在许多成员体内部，都对实现机构间合作的挑战做了报道。在许多情况下，成员体中有几个机构为食品安全控制体系的各个方面负责。这就出现了新问题：获得发展相关政策和法律的协议；协调执行现有政策，法律和食品安全控制体系；重复及责任范围重叠；不同的政府机构有职能和功能方面的差距。在这种情况下，各相关机构往往缺乏协调和沟通。

在众多成员体中，有几个机构共同担负食品安全监管的责任部门，相关机构之间缺乏协调，表现为食品安全体系中有关不同机构间的功能重叠或重复，这是这些成员体面临的共同挑战。各成员试图开展内部活动，同时也开展和 FSCF 相关的活动，但在国内负责食品安全的机构之间的职责和责任划分不明确时，开展活动非常困难。在某些情况下，缺少政府关于食品安全方面的高度支持。为加强这方面的支持，SCSC 一直在推进成员体良好监管方式的实施，已有 10 年了，包括最近在第六次会议上，关于良好监管实践被列为具有优先地位的议题。APEC 高级官员通过了有关良好的监管实践和监管合作协调的具体建议。APEC-OECD 综合监管清单还强调了跨部委的机制在管理和协调监管改革中的重要性。在 2011 年及未来的发展中，加强对 APEC 成员体良好监管方式予以被高度重视。

第四节 APEC食品安全合作论坛活动

一、论坛会议

APEC食品安全合作论坛自2007年宣布成立以来，已分别于2007、2009、2011和2013年成功举办了4次正式会议。以下是几次会议的具体介绍。

1. 第一次会议

2007年4月食品安全合作论坛第一次会议在澳大利亚的猎人谷召开。此次会议也同时宣布APEC食品安全合作论坛成立，有来自16个成员体的60余名代表参加了此次论坛。会议制定了该地区能力建设战略路线，并获得标准与合格评定分委会的支持。在此次会议上，APEC成员体签订了《猎人谷宣言》。

2. 第二次会议

2009年FSCF的代表在新加坡举行第二次会晤。这次会议有来自18个成员体的与会代表参加，成员体对FSCF成立以来在信息共享和努力协调食品安全能力建设所取得的进展表示赞赏。会议期间，与会代表认为FSCF提高了该地区食品安全的影响力，以其应对食品安全事件更大的资源优势，大幅改善了成员体间通信和信息共享技术，并且吸引了来自19个成员体的550名的参与者参加各种会议和区域内城市举办的能力建设活动。代表们讨论和通过了《进展回顾》，并列入推进FSCF目标时所经历的成就和挑战，并由此制订了主要的发展方向。此外，代表们确认并签署了以下文件：《修订后的FSCF工作准则》《修订后的FSCF食品安全能力建设优先领域》《2007—2011年执行计划》《新加坡宣言》。

3. 第三次会议

2011年5月13~18日在美国蒙大拿州的Big Sky市APEC高级官员会议（SOM2）期间，APEC、FSCF举办了第三届会议和相关活动。由中国和澳大利亚担任联合主席的APEC、FSCF的各种活动在19个成员体（共21个成员体）的大力参与下成功举办。此次开展的一系列活动是在FSCF成立以来已实施的工作基础上进一步开展。此次会议的目标是：重申FSCF主要原则和方向，包括一系列修订的工作准则和协议；审议包括食品安全能力建设优先领域在内的主要FSCF文件；审查为实现有关FSCF目标和2009 FSCF建议所取得的进展和成果，包括为实现FSCF PTIN能力建设倡议所取得进展和成就；列举了为实现FSCF目标和2009 FSCF建议所经历的、显著的成功和挑战。会议成果包括《Big Sky声明》《修订的FSCF执行准则》《粮食安全合作论坛成立以来的进展回顾及对未来主要发展方向建议》。

4. 第四次会议

2013年4月10~13日，APEC食品安全合作论坛（FSCF）在印度尼西亚的泗水举行了第四次高级官员会议（SOM2）和一系列相关活动。澳大利亚和中国共同主持了第四届APEC FSCF会议和相关的活动。会议的主要活动包括：培训中小型企业食品安全标准（SMEs）研讨会、FSCF PTIN指导小组会议食品安全事件网络（FSIN）研讨会、第四届APEC FSCF会议，发表了《泗水声明》《贸易部长声明》。

二、FSCF 开展的活动

FSCF 开展的活动（表 5－2）

表 5－2　FSCF 开展的活动情况

2011 年 5 月 APEC 食品安全合作论坛能力建设优先领域修订并通过	活动简介	成员体	联系方式
食品安全监管体系			
基于风险的食品控制体系的发展	国家食品安全控制体系和风险分析研讨会	中国、澳大利亚、美国、秘鲁	AQSIQ，FSANZ，USDA. zhangrong@ aqsiq. gov. cn sonia. bradley@ foodstandards. gov. au 秘鲁卡斯库 2008. 8. 6～8
食品法、条例和食品标准与国际标准相一致发展	食品法、标准和强制实施体系的发展	澳大利亚、越南、中国、菲律宾、巴布亚新几内亚	Sonia Bradley，FSANZ sonia. bradley@ foodstandards. gov. au 2008. 9—2009. 2
	食品法、标准、强制实施体系和撤销体系的发展	澳大利亚、中国	Sonia Bradley，FSANZ sonia. bradley@ foodstandards. gov. au 2008. 9—2009. 2
	食品法、标准和条例的发展	菲律宾、澳大利亚	Gilberto F. Layese bafpsda@ yahoo. com. ph sonia. Bradley@ foodstandards. gov. au 菲律宾，马尼拉，2009. 9. 1－3
食品条例和标准的强制实施	基于风险的食品监管体系的准备与实施	泰国（寻求合作伙伴）	Jongkolnee V.，泰国卫生部，食品安全合作中心。Jongkolnee foodsafetythailand@ yahoo. com
	食品检查员培训、食品安全、诠释的消费者、食品条例的强制实施	巴布亚新几内亚	rose_ kavanamur@ health. gov. pg 2007—2008 三个地方的培训班
	食品安全研讨会	日本、新西兰	neil. mcleod@ nzfsa. govt. nz 2009. 6
制定实施国家食品突发事件响应协议	食品安全突发事件管理	澳大利亚、中国	Debbie Battaglene，FSANZ debbie. battaglene@ foodstandards. gov. au 中国北京，2010. 3～5
	食品安全突发事件管理研讨会	澳大利亚、中国/全部 APEC 成员	Sonia Bradley，FSANZ sonia. bradley@ foodstandards. gov. au 美国蒙大拿州，2011. 5
食品撤销体系的发展与实施	APEC 发展中经济体食品撤销体系的发展与强化研讨会	澳大利亚、文莱达鲁萨兰国、智利、中国台北、印度尼西亚、马来西亚、墨西哥、巴布亚新几内亚、秘鲁、菲律宾、韩国、俄罗斯、泰国、越南、美国、联合国粮农组织和世界卫生组织	Gilberto F. Layese bafpsda@ yahoo. com. ph Fernando Acuña facuna@ direcon. cl 菲律宾马尼拉，2010. 5. 4～6 举行研讨会

（续表）

2011 年 5 月 APEC 食品安全合作论坛能力建设优先领域修订并通过	活动简介	成员体	联系方式
食品供应链管理体系的发展与实施	通过供应链管理食品安全	美国、中国、澳大利亚	Julia Doherty，USTR julia_ doherty@ ustr. eop. gov 中国北京，2010. 11
		食品检查与认证体系	
基于风险的食品检查体系的发展与实施			
电子认证系统的实施	对检查官员进行电子认证介绍与培训	菲律宾、泰国、印度尼西亚、马来西亚、新加坡、新西兰	Drasko. Pavlovic@ nzfsa. govt. nz 2007—2008 年完成
	在线电子认证合作实验	加拿大、澳大利亚、中国、新西兰	neil. mcleod@ nzfsa. govt. nz 加拿大 2004 年开始；澳大利亚海鲜 2007 年开始；中国 2008 年开始，2010 年 1 月上线
	APEC FSCF PTIN 出口认证会议	美国、澳大利亚	Jon Ann Flemings，United States Department of Agriculture，jonann. flemings@ fas. usda. gov，澳大利亚，2010. 2
食品检查员与体系审计员包括一致性评估程序的培训	人力资源开发中心的食品检查员能称职的执行食品审计	巴布亚新几内亚、泰国	Rose_ kavanamur@ health. gov. pg Tipvon Parinyasiri，泰国 FDA 食品局主任 tipvon@ hotmail. com Jongkolnee V.，泰国卫生部食品安全合作中心 foodsafetythailand@ yahoo. com
	ISO 17020 培训	菲律宾	Gilberto F. Layese bafpsda@ yahoo. com. ph
	人力资源开发中心的食品检查员能对现实中存在的风险在一定程度上进行监视	巴布亚新几内亚、泰国	Rose_ kavanamur rose_ kavanamur@ health. gov. pg Jongkolnee V. foodsafetythailand@ yahoo. com
	风险监视培训	菲律宾/FAO 与东盟国家的参与	Gilberto F. Layese bafpsda@ yahoo. com. ph Mitsuo Nakamura Mitsuo. Nakamura@ fao. org 2010. 10. 27 ~ 29 开展
HACCP 培训与实施	人力资源开发中心的食品检测员执行 HACCP 审计	巴布亚新几内亚、泰国	Rose_ kavanamur Rose_ kavanamur@ health. gov. pg Jongkolnee V. foodsafetythailand@ yahoo. com
	APEC 成员建立并实施 HACCP 体系，促进贸易并加强食品安全管理	中国	CHEN Encheng chenec@ cnca. gov. cn
	HACCP 标准和认证研讨会	中国、美国	中国，北京，2008/7
	食品安全、质量控制和 HACCP 体系	中国、加拿大	2007/10，加拿大食品安全研究所和圭尔夫食品研究中心赞助的 CFIA
国际标准协调与应用	通过有力地参加法典委员会进行能力建设	中国、加拿大	2007/9，加拿大健康署与 CFIA 在北京举行一周的讲习班

（续表）

2011 年 5 月 APEC 食品安全合作论坛能力建设优先领域修订并通过	活动简介	成员体	联系方式
基于食品进出口国际标准的检查和认证体系等效规程的发展	基于食品进出口国际标准的检查和认证体系等效规程发展的培训	FAO、泰国（寻找亚洲合作伙伴）	FAO shashi. sareen@ fao. org， 比萨 codex@ acfs. go. th 美国 bam_ usa@ hotmail. com Jongkolnee foodsafetythailand@ yahoo. com
技术技能与人力资源能力（国际认证标准与程序）			
食品安全风险分析（包括风险评估、风险管理、风险交流）适用于所有的食物包括源于传统的和新技术的，如微生物领域、化学安全、食品过敏原安全	微生物食品安全管理	澳大利亚、菲律宾、中国、印度尼西亚、巴布亚新几内亚	Sonia Bradley，FSANZ sonia. bradley@ foodstandards. gov. au 菲律宾，马尼拉，2007. 7—2008. 2，两个地方的研讨会
	微生物食品计量学国际研讨会	澳大利亚	Stewart Jones，Angela Samuel，澳大利亚，国家计量研究所 stewart. jones@ nmi. gov. au angela. samuel@ nmi. gov. au 2009. 2
	炒饭中芽孢杆菌风险分析	澳大利亚、马来西亚	Duncan Craig FSANZ duncan. craig@ foodstandards. gov. au 马来西亚卫生部两次研讨会 2009. 3—2009. 7
	化学安全风险分析	澳大利亚、新加坡	Sonia Bradley，FSANZ sonia. bradley@ foodstandards. gov. au
	专项课培训： 1. 农药残留； 2. 兽药残留； 3. 食品添加剂； 4. 食品污染物	泰国（寻求合作伙伴）	Tipvon Parinyasiri，泰国 FDA 食品署主任 tipvon@ hotmail. com； Jongkolnee V.，泰国卫生部 foodsafetythailand@ yahoo. com
	食品管理中食品化学风险分析	马来西亚、澳大利亚	由 MoH 资助，源于 FSANZ 的马来西亚以贷款支持，由 FSANZ 派送 马来西亚，2008/5 sonia. bradley@ foodstandards. gov. au
	全球环境监测系统 APEC 中心/风险评估中污染物数据收集的食品计划	加拿大、澳大利亚	John Salminen，加拿大卫生部。 john_ salminen@ hc-sc. gc. ca
	解决食品过敏源突发事件风险分析方法的发展（比如，实验室方法、风险评估技术），关注使用标签的预包装食品	加拿大、澳大利亚、泰国	Warunee Varanyanond， 泰国农业大学 warunee. v@ ku. ac. th James Roberts， 澳大利亚国家计量研究所 James. roberts@ measurement. gov. au John Salminen， 加拿大卫生部 john_ salminen@ hc-sc. gc. ca Jongkolnee V.，泰国卫生部 foodsafetythailand@ yahoo. com

（续表）

2011 年 5 月 APEC 食品安全合作论坛能力建设优先领域修订并通过	活动简介	成员体	联系方式
	APEC FSCF PTIN 风险分析热点问题审查研讨会—全球环境下的风险评估与风险管理	美国	Peter Tabor，美国农业部。peter. tabor@ fas. usda. gov 新加坡，2009. 8 举行
	风险评估与风险管理—对培训者的培训课程	加拿大	John Salminen，加拿大卫生部。john_ salminen@ hc-sc. gc. ca
	加拿大食品安全体系概况—风险评估、风险管理和风险交流、持股人、一体化政策等	马来西亚、加拿大，访问加拿大的马来西亚代表团，有加拿大卫生部和 CFIA 承办	2007/7 CFIA
	APEC 发展中经济体食品安全风险交流能力建设培训	文莱达鲁萨兰国、巴布亚新几内亚、印度尼西亚、新加坡、马来西亚、泰国、越南、韩国、中国台北、墨西哥、秘鲁、菲律宾、中国、美国、澳大利亚	Mr Gilberto Layese，Philippines. bafpsda@ yahoo. com. ph 菲律宾，马尼拉，2008. 6. 23 ~27 举行
	食品安全、动植物保护中风险评估和风险管理	中国、加拿大	2007. 10 ~11 加拿大，渥太华
	食品安全风险评估科学研讨会	菲律宾	Mr Gilberto Layese，菲律宾人。bafpsda@ yahoo. com. ph 2011. 10 举行
社会/经济研究协助风险分析			
人类摄取/消耗研究协助风险分析	促进消费的研究及相关方法	巴布亚新几内亚、泰国、加拿大	Rose Kavanamur. Rose_ kavanamur@ health. gov. pg Jongkolnee V.，泰国卫生部。foodsafetythailand@ yahoo. com John Salminen，加拿大卫生部。john_ salminen@ hc-sc. gc. ca
食品卫生一般原则包括食源性风险中的食品处理和预防方法	有关食品安全和动植物保护的公共行政管理培训课	加拿大、中国	加拿大，2007. 7 ~9
食品安全能力建设需求评估	加强国家食品控制系统能力建设需求评估的能力并在 APEC 发展中经济体开展能力建设活动计划	澳大利亚、中国、FAO、STDF、巴布亚新几内亚、菲律宾、智利、秘鲁、泰国、越南、印度尼西亚、马来西亚	Sonia Bradley，新西兰食品标准管理局。sonia. bradley@ foodstandards. gov. au 北京，区域研讨会，2007. 11
	动物源产品兽药多重残留检测熟练能力验证	中国	Liu hanxia，中国检验检疫科学院，AQSIQ。liuhanxia@ caiqtest. com
	FSCF PTIN 食品安全专家工作组	美国	Anna Shanklin，anna. shanklin@ fda. hhs. gov 华盛顿特区 2010. 5. 19 ~20

（续表）

2011 年 5 月 APEC 食品安全合作论坛能力建设优先领域修订并通过	活动简介	成员体	联系方式
食品监督与监测活动包括总饮食研究和直接评估			
实验室基于国际认可的计量系统对食品取样与分析的能力和技能	实验室信息管理系统运用与实施培训	菲律宾	Gilberto F. Layese bafpsda@ yahoo. com. ph
	茶农药残留 APMP TCQM-DEC 项目（与德国 PTB 共同组织）－培训测量不确定性技术与 PT 相关方案/试点研究	亚太计量组织	Lindsey Mackay（APMP TCQM）/Angela Samuel（APMP DEC），澳大利亚计量研究所 lindsey. mackay@ nmi. gov. au； angela. samuel@ nmi. gov. au
	加强食品实验室化学和生物测试的能力（包括设备资金）	巴布亚新几内亚	Papua New Guinea，November 2007. WHO 承办 Ms Rose Kavanamur，rose_ kavanamur@ health. gov. pg
	实验室管理、质量保证、质量管理系统	中国、加拿大	2007. 11 Contact AQSIQ/CFIA
	对新出现的新的食品安全问题分析的培训	菲律宾	Gilberto F. Layese bafpsda@ yahoo. com. ph
	FSCF PTIN 实验室能力培训	美国	Julia Doherty，USTR Julia_ doherty@ ustr. eop. gov
	提议建立食品安全培训室	中国/水公司，公私合作进展	Dr Liu Hanxia，中国 CAIQ liuhanxia@ caiqtest. com
	提议建立食品安全培训室	澳大利亚/水公司，公私合作进展	Dr Stewart Jones， 澳大利亚国家计量研究所 Stewart. Jones@ measurement. gov. au
信息共享与交流网络			
食品安全能力建设问题多边论坛合作（FAO/CODEX/WHO/WB）			
提供准确及时信息的疾病监测系统	加强疾病检测系统并针对食品源疾病建立一个国家数据库	巴布亚新几内亚	Rose Kavanamur. Rose_ kavanamur@ health. gov. pg
食品事件交流流程	建立 APEC 食品安全事件网络	澳大利亚/APEC	Sonia Bradley sonia. bradley@ foodstandards. gov. au

（续表）

2011 年 5 月 APEC 食品安全合作论坛能力建设优先领域修订并通过	活动简介	成员体	联系方式
专家课/学员交流	学员对食品安全植物检疫与控制	中国 3 位参加者，在加拿大 3 个月	加拿大，2007. 9 ~ 12
	学员从中国 AQSIQ 到澳大利亚 FSANZ	澳大利亚/中国	Sonia Bradley，FSANZ sonia. bradley@ foodstandards. gov. au Zhang Rong，中国，AQSIQ zhang. rong@ aqsiq. gov. cn 2009. 3 ~ 4
	学员从中国 AQSIQ 到澳大利亚 FSANZ	澳大利亚/中国	Sonia Bradley，FSANZ sonia. bradley@ foodstandards. gov. au Dr Liu Hanxia，AQSIQ liuhanxia@ caiqtest. com 2011. 3 ~ 4
	学员从巴布亚新几内亚卫生部到澳大利亚 NSW 食品管理局	PNG/澳大利亚	Rose Kavanamur Rose_ kavanamur@ health. gov. pg Sonia Bradley，FSANZ sonia. bradley@ foodstandards. gov. au
在 INFOSAN 增加参与			
食品安全管理系统信息会议	食品安全条例和标准的透明程序和工具培训	中国、泰国	Jongkolnee V.，泰国公共卫生部 foodsafetythailand@ yahoo. com
食品撤销电子通讯系统，与贸易伙伴沟通并提高消费者信息系统	建立和维护食品安全信息网络研讨会	中国中央部委和西部地方政府。在中国举行	2008. 2 CFIA 派送

第六章　APEC 各成员体粮食安全状况动向

第一节　美国粮食安全状况

一、美国粮食生产与消费基本情况

美国是世界上农业最为发达的国家，其农业已经实现现代化、区域化和专业化。美国是粮食生产大国，粮食总产量和人均产量多年位居世界前列；美国也是全球最大的农业出口国，占世界农业出口市场的一半以上。此外，美国粮食人均占有量居世界首位（孔凡真，2006）；粮食自给率已经超过 100%，全球粮食产量的波动对其本国粮食安全影响不大，仅影响其出口量。因此，现阶段美国不存在粮食安全之忧（孔凡真，2007）。根据 AMIS Statistics Source：FAO-CBS 网站发布的相关数据，可以对美国粮食生产与消费的基本情况做出相应的分析。

美国的国内粮食供应量十分充足，远高于国内粮食的使用量，表明美国每年都有一定的粮食储备以规避粮食产量的波动。由图 6－1 可知，各种指标如国内粮食消费量、粮食出口量、粮食进口量基本无

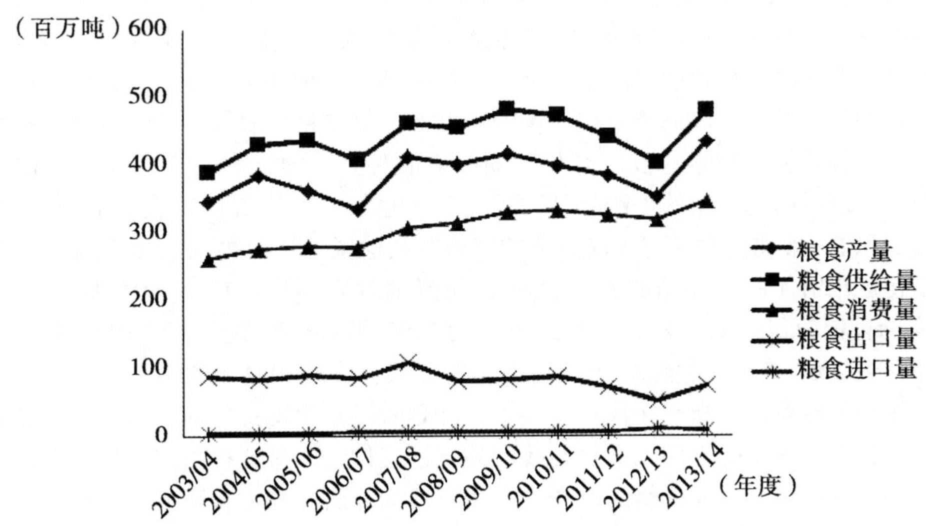

图 6－1　近 10 年来美国粮食的整体情况

（注：From AMIS Statistics Source，FAO-CBS）

波动，尽管粮食产量和粮食供应量在个别年份出现异动，这种异动可能是由于不同的年份中出现天气异常如干旱等造成农作物的减产；但从其整体的变化趋势来看这种异动还是处在较窄的范围内，不影响粮食的供给。粮食出口量占到了粮食产量 30% 以上，相对于出口量，美国的粮食进口量基本可以忽略，

这些数据充分说明美国是粮食出口大国。粮食产量、粮食供给量、粮食消费量三者波动式增长，这主要得意于美国农业技术的进步，农作物单产的提高；更为重要的是美国有着完备及针对性强的粮食政策，以确保美国国家粮食安全。

二、美国粮食安全保障政策

美国政府一直重视本国的粮食安全，为保障粮食安全采取了各种措施（如提高粮食综合生产能力，保障粮食的稳定供给），出台了一系列相关政策，形成了完备有效的粮食安全保障机制。其出台的主要政策有支持价格政策、直接支付制度、差额补贴政策、耕地保护措施、农业保险和灾害补贴、“委托代储”的粮食储备制度。

1. 支持价格政策

该政策的制定是起源于 1933 年的农业调整法，通过向农民提供一个最低的保证价格从而保护农民的利益。联邦政府下属的农产品信贷公司（CCC）是该项政策的执行机构，该执行机构主要是提供无追索权贷款。无追索权贷款是农产品信贷公司给参加农产品计划的农场主提供的为期 10 个月的短期贷款，并以每单位重量可以得到的贷款额度作为贷款率。其实，贷款率本质上是一种支持价格，通过这项政策保证农民的所得到的价格不会低于贷款率，以此来保护农民种粮的积极性。在 1996 年时这种支持价格的措施得以发展和完善。即使在价格低于贷款率时，农民有很大的自由选择权，他们不仅可以把粮食交给农产品信贷公司，也可以按照市场价格出售，然后按照市场价格与贷款率之间的差额从而获得贷款差额补贴。经过时间的演变，支持价格政策在美国将会发生转变，转变成对农民进行直接补贴。

2. 直接支付制度

在 1996 年时，美国的农业法就提出了直接支付制度，这种举措是为了适应乌拉圭回合谈判的农业协议、减少财政的支出。直接支付制度是政府与生产灵活性的农场签订合同，从 1996 年开始，连续 7 年给予固定的补贴，这种补贴具体的算法是：某一农场的某一品种补贴的额度 = 该农场政府核定的补贴面积 × 该品种规定的补贴单产 × 该品种单位产量的补贴额，最终将该农场中所有种植品种应得的补贴额相加就是某农场的总补贴额，补贴的数额只与基期的产品种类、面积和单产有关，面积和单产一经确定，就保持不变，与以后的每一年的生产品种种类、生产总量、生产价格无关。美国在 2004 年的时候制定了《农业援助法》，旨在向遭受与气候有关的灾害及其他紧急情况损失的生产者提供帮助，这种直接支付的数额是在逐年增加的，补贴的农产品种类和范围越来越广。1996 年农业法中的补贴面积是 1991—1995 年实际种植面积的 85% 左右，补贴单产为 1995 年的平均单产。在 1996 年只是补贴了陆地棉花和粮谷作物，到 2002 年时，相继增加了油类、毛类和豆类，2004 年时又扩充了糖类、棉花种子、烟草和畜产品等作为补贴对象。当然在执行直接支付计划时，会出现一些新的情况，如新近刚得到土地而又无历史生产数据的农场主，他们无法得到政府的直接支付，面对这种情况政府会及时地提供一次更新基期耕作面积和产量的机会，允许新的农场主采用替代的办法以核定补贴面积和产量，最终的目的是确保农民最大限度地得到补贴（马文杰等，2007）。

3. 差额补贴政策

在 1973 年，美国政府推出的《农业法》提出了一项新的政策，其基本方法是先由政府制定一个能够保证农民收入的合理价格作为目标价格，政府对农民进行差额补贴，差额补贴的数额应为目标价格与部分价格、贷款利率两者较高者之差。即为当市场价格高于贷款率时，差额补贴幅度为目标价格与市场价格之差，当市场价格低于贷款率时，差额补贴幅度为目标价格与贷款率之差。在补贴的同时，会出现差额补贴和直接支付的双重补贴，为了避免这种情况的发生，在 2002 年的新的农业法中，差额补贴改名为目标价格与反周期支付，因此，差额补贴就变成了目标价格与有效价格之差。有效价格就等于市场价格、贷款率两者中的较高者与直接支付率之和，当有效价格低于目标价格时，就按两者之差进行补贴，当有效价格高于目标价格时不予以补贴。新的方式就是将直接支付从差额补贴中扣除，避免了农民获得重复补贴。此外，新的农业法还通过将一些粮食产品的目标价格适当调低，增加对农民的补贴。据美国农业部公布的数据显示，在 2002—2011 年，政府补贴农业的资金达到了 1 900亿美元，相比于 1996 年的农业法预算，大概增加了 830 亿美元，每年平均增加 190 亿美元。农业补贴的方式在美国农业政策史上是很普遍的，在对已有的农产品继续进行补贴之外，又将许多农产品增加到新的《农业法》的补贴范围内，几乎覆盖了所有的农产品。美国政府实行的这些财政措施，不仅大幅度减少了政府的价格支持以及财政补贴对粮食市场价格失真的影响，而且保护了农民的利益，同时又减少了国家的财政负担，提高了农民种粮的积极性。

4. 耕地保护措施

美国有着严格的耕地保护制度，制定了更为有效的耕地保护计划，该计划是一个集调控粮食产量与保护土地资源为一体的保护计划。鼓励农民定期休耕部分土地。定期休耕分为短期休耕和长期休耕。短期休耕的目的是为了控制产量，解决农产品生产过剩的问题；长期休耕的目的主要是为了保持水土资源。从 1961 年起，政府规定农场主至少要停耕 20% 的土地，政府可以提供给农场主相当于这部分土地正常年景产量 50% 的现金或实物补贴。如果休耕的土地面积超过 20%，补偿的比例可以提高到 60% 以上。自从 1965 年后，将休耕分为两种，一种是无偿休耕，即为规定只有按照政府要求休耕一部分比例的土地，才有资格参加无追索权贷款等优惠计划，如果休耕的面积超过了政府所规定的范围内，政府将再给予补偿。

美国政府针对水土流失的严重的地区，实施“土壤保护储备计划”。从 1985 年开始，政府就和农民签订协议，给予农民一定的补偿，这种补偿的数额相当于每年土壤保护、绿化、地租成本总和一半的补偿。但是农民必须保证在土地休耕期间不能抛荒土地，必须维护土地的生产能力。所以说休耕计划对保护耕地资源起到了积极的作用。美国政府每年都在加大对耕地面积保护的投入，2002—2007 年的数据显示，6 年间保护耕地的资金达到 46 亿美元，相比于 1996—2002 年间增加了 33 亿美元。

美国政府也推出了一系列其他的方针政策，比如私人土地拥有者如果将土地或者是土地产权捐赠给政府或者是非营利组织，政府将减免捐赠者的税收；对农业用地实行功能的分区；政府和一些非营利性组织可以从土地拥有者手中购买土地开发权；土地的开发权可以进行转让或者进行交易。

5. 农业保险与灾害补贴

政府为保护农民的利益，稳定农村的经济，保障国家粮食安全而发展的一种有效政策——农业保险。农业保险对于维持国民经济持续、稳定、健康的发展起着举足轻重的作用。美国的农业保险已经形成了一套独特、完备、适合自身特点的体制与经营模式（徐蕾等，2010）。

美国现在的农业保险模式具有政府进行宏观调控，商业保险公司运营的特点。即为联邦政府的农作物保险公司作为制定规则、履行稽核和监督监管的职能部门，他们提供再次保险，而后将农业保险的业务全部交给了私营公司经营或代理。

众所周知，在美国农业保险的运行主体是农业相关的保险组织机构。美国的农业保险组织机构其运行机制可以分为 3 个层次：第一层次为风险管理局，也就是联邦农作物保险公司（FCIC），它主要是负责全国范围内有关农作物保险政策的制定、经营和管理以及各项计划的组织实施；第二层即为具备经营农险资格的私营保险公司，直接承担农作物保险的全部业务；第三层为保险的代理人和农险查勘核损人。

美国的《联邦农作物保险法》，对开展农作物保险的目的、农作物保险的性质、开展办法和经办机构都做了详细的规定，这就为联邦政府开展农作物保险业务提供了法律依据。美国的农业保险大致经历了 4 个阶段，从试办、加速发展、政府给政策、政府与私营混合经营，到政府出台政策、完全由私营公司经营和代理这 4 个阶段。美国政府在农作物保险的直接业务中的角色逐渐淡化，最后将直接业务全部交给了私营公司经营或代理，私营保险公司从而逐步推出了系列收入保险。美国的农业保险业务大致分为 4 类：①多种风险农作物保险。主要包括火灾、风灾、干旱、病虫害、雨涝等风险，根据农民个人种植作物的历史产量或地区产量来确定保险产量，这种险种又划分为扩大保障保险和巨灾保险。②区域风险保险。这种保险的参保对象只有大麦、玉米、棉花、花生、小麦、几种饲料等八种作物设立的。③农作物收入保险。④纯商业险种。例如冰雹险，完全是由私营保险公司开展的。

在发展农业保险的同时，美国十分重视对农业给予灾害补贴。通过特殊灾害援助计划，对由于遭受自然灾害而造成的收入损失进行补贴，以帮助受灾对象稳定收入以及恢复生产。

6. “委托代储”的粮食储备制度

美国的粮食产量居世界的首位，同时也是世界上最大的粮食出口国，其出口量占到世界粮食出口量的 50%，但是其每年都有相当于总消费量 40% 左右的粮食作为储备粮。所以，美国的粮食的出口和储备对世界粮食市场有很大影响。最初政府为了保证粮食安全，通过 CCC（联邦储备）从农民手里直接购买粮食进行储备，最近几年来，政府逐渐减少对粮食的储备，与此同时农民的自有储备则不断增加。农民储备粮食的主要目的就是赚钱，但是如果要参加储粮计划，就必须同当地的 CCC 分支机构签订合同。CCC 会根据合同规定的数量向农民支付储藏费用和低息贷款。但是政府明确规定参加储粮计划的农民必须执行政府的粮食种植计划，必须保证储备粮三年内的质量，不能自行处理储备粮，否则要进行处罚，在只有市场粮价持续增长时，农民才能出售储备粮。CCC 会根据形势在特定的时间内要求农民归还贷款，以迫使其抛售粮食。如果此时农民想继续保留储备粮，CCC 将不会再支付储粮费用和保证提供低息的贷款。一旦市场上的粮食价格大大高于农民出售时的价格，政府才会将储备粮投放到市场。这种法律制度很有效地解决了农民、政府在粮食储备方面的关系问题，间接的为政府调控粮食市场提供了法律依据（李红等，2006）。

7. 美国现代粮食物流对于粮食安全的贡献

除了上文行而有效的方针政策之外，美国现代化的物流体系对于确保粮食安全同样起着举足轻重的地位。美国国土辽阔，粮食生产基地众多，快速的转移运输粮食对于提高粮食安全水平具有重要意义。

美国的粮食物流体系发达，其粮食散运和不同方式的无缝连接技术及现代粮食物流理念方面都处于世界领先地位，这对于美国连续保持粮食生产和出口大国的“头衔”起着一定的作用。现在的美国物流业已经从原来的后勤—配送—物流模式发展成为供应链模式，也就是所谓的现代物流。供应链管理是从最初的供应商的关键业务到最终用户的流程的集成。它为用户及其他相关者提供价值增值的产品、服务和信息。以合作的模式提高供应链的整体效率。

美国的粮食生产高度集约化，形成了相对固定的玉米、大豆和小麦生产带和消费带，成为向世界市场出口粮食的主要基地，且每年的流向和流量都相对稳定。这就为粮食物流设施的有效利用和物流运营管理提供了有利的条件。每年美国全国港口库周转率平均为 37 次，在粮食交易的总成本中粮食的物流成本只占到了 10% 左右。美国粮食运输的整体思维是因地制宜、因势利导的多方式联运模式，水路运输、铁路运输、公交运输连接有序顺畅。从粮食的收购到销售，各个环节都具备完善的筒仓接收发放系统和配套的运输工具，以及第三方专业化的物流服务。此外，粮食物流企业还建立了自身独特的物流信息管理平台，用以指导其各项业务活动，最终获得最大化的利益。通过建立标准的国家粮食质量控制体系，从而保证美国粮食生产和流通的标准化，确保美国在粮食进出口贸易中的主导地位（王莉蓉等，2007）。

第二节　加拿大粮食安全状况

一、加拿大粮食生产与消费基本情况

加拿大是世界上重要的粮食出口国，其小麦、大麦的出口量位居世界第二。加拿大农场数目达11.8 万个，总耕地面积 7.38 亿亩（1 亩≈667 平方米，15 亩≈1 公顷。全书同），粮食年总产量 5 000 多万吨。加拿大粮食主产区位于西部的马尼托巴、萨斯喀彻温和阿尔伯特三省，3 个省的耕地面积和粮食产量均占到全国的 80% 以上（侯立军等，2002）。小麦、油菜籽、大麦是加拿大主要的粮食种类。根据 AMIS Statistics Source：FAO-CBS 的数据，可以做出加拿大粮食生产与消费情况分析。

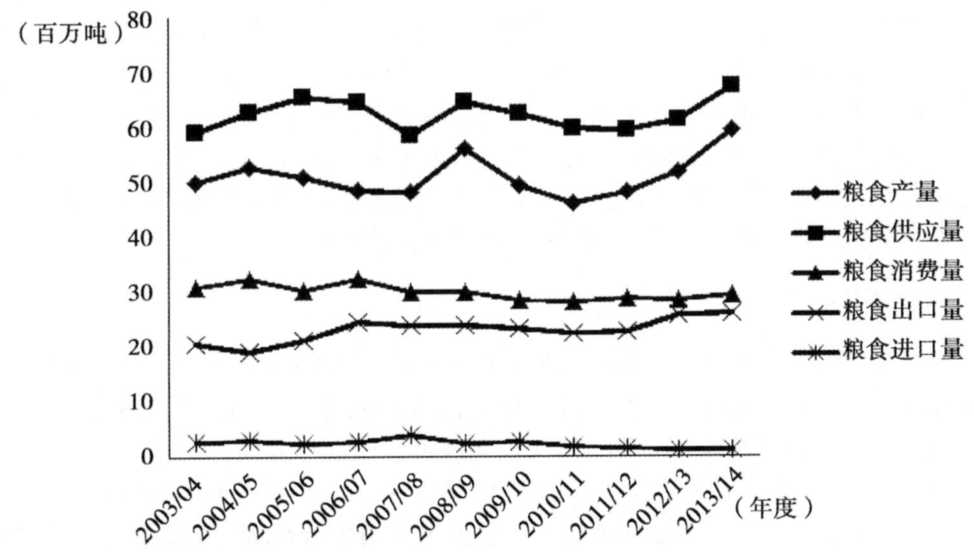

图 6－2　近 10 年来加拿大国家粮食的整体情况

（注：From AMIS Statistics Source，FAO-CBS）

图 6－2 显示加拿大的国内粮食供应量十分充足，远高于国内粮食的消费量，表明加拿大每年都有一定的粮食储备以规避粮食产量的波动。由图 6－2 可知，各种指标如国内粮食消费量、粮食出口量、粮食进口量基本无波动，尽管粮食产量和粮食供应量在个别年份出现异动，这种异动可能是由于不同的年份中出现天气异常，如干旱等造成农作物的减产；但从其整体的变化趋势来看这种异动还是处在较窄的范围内，不影响粮食的供给。粮食出口量占到了粮食产量 30% 以上，相对于出口量，加拿大的粮食进口量基本可以忽略，这些数据充分说明加拿大是粮食出口大国。粮食产量、粮食供给量、粮食消费量三者波动式增长，这主要得意于加拿大农业技术的进步，农作物单产的提高；更为重要的是加拿大有着完备及针对性强的粮食政策，以确保美国国家粮食安全。结合美国国家的粮食安全追踪，加拿大的粮食安全现状和美国的粮食安全现状基本相同，是否两个国家的政府也采用了相似的政策来指引国内粮食的生产？下文针对这个问题概述加拿大政府关于粮食安全的调控政策及相关的法律制度。

二、加拿大粮食安全保障政策

1. 农业政策

加拿大政府对于粮食生产高度的重视才成就了今天加拿大粮食产量的稳定和较大的粮食出口量。加拿大政府执行的一系列农业政策目的就是支持农民增加收入，减少贫富差距，稳定国内物价，同时增强国际竞争力。然而，政府对于农业的扶持力度在减少，加拿大政府在 1995—1998 年，支持农业的资金减少了 24% 左右。在 1991 年时政府引入了“整体农场”的概念从而取代了对特殊商品的支持。该计划的内容是农民在丰收的年份建立储备金，联邦政府和各级省政府使农民的贡献和预定的收入相匹配。加拿大小麦局（CWB）垄断小麦的上市和进口，加拿大政府采取“有序上市”的方式，由上市局在海外销售农业产品，但是局的某些权利已经逐渐减少（顾尧臣，2006）。

加拿大的主要粮食品种有小麦、大麦、双低油菜籽等，大麦的产量大约有 1 300万吨，小麦的产量大约有 2 700万吨。数据显示加拿大 70% 的生产的粮食用于出口，每年的出口量达到 3 500万吨，小麦的出口量约为 2 000万吨，占国际市场出口量的 18% ~20%；大麦出口达到 350 万吨，在世界范围内的占有率为 10%。这种稳定的粮食产量和较大的粮食出口量归功于加拿大政府对于粮食生产的高度重视，包括运用法律法规政策来落实粮食管理及安全政策；在过去的半个世纪的发展当中，有自己独特的一套比较高效和系统的自然灾害管理机制和措施；加拿大政府对于农民采取了一系列的补贴措施，这对于农民生产和销售更多的粮食起到一定的刺激作用；为了解决土壤退化的问题，加拿大政府制定了一些可实施的计划和方案，与农场的具体实际相结合，从 1970 年开始推行保护性耕作制度；粮食物流在加拿大高度发达，这保证了粮食运输的畅通性，极大地促进了粮食的贸易。

2. 加拿大粮食法律法规

加拿大是一个移民国家，其粮食产业的形成始于殖民统治时期，经过几个世纪的发展，逐渐成为世界上主要的粮食出口国。加拿大的粮食管理最主要的法规有两部，一部为《加拿大谷物法》，一部为《加拿大小麦局法》，当然还有其他一部分法律法规和政策。国家小麦局和产品销售局是加拿大的粮食管理机构。《加拿大小麦局法》规定，国家小麦局的主要任务是在出口贸易和国内各区域的贸易中，安全有序地统一组织全国小麦生产、运输和销售。加拿大关于粮食购销买卖方面的立法主要是《加拿大小麦局法》。早在 1935 年时，加拿大政府就在该法中明确规定，凡是在联邦政府确定范围内的商品粮，由小麦局全部统一购销；只有在小麦局授权的情况下，相关单位和个人可以私自买卖。农民不能随意的决定交售粮食的数量，该数量必须控制在小麦局分配的交售限额内。交售限额的办法是小麦局根据农民的申请和对市场需求的预测，以及各省粮食的种植面积，统一的分配粮食的交售限额（穆中杰，2013）。小麦局分 3 个阶段进行付款：①收粮时，以预估收购价的 75% 向农民支付；②在粮食生产的年份中适度的调整应付款项并支付中期的贷款；③在粮食生产年末时，根据实际的销售数量和价格支付最终的贷款。对于统一收购的粮食，小麦局在进行粮食的销售时也要依法进行。《加拿大小麦局法》规定，小麦局应以适当的价格来销售统一收购的粮食，一般情况下是先将粮食卖给私营粮商，再由他们在国内外市场销售；在特殊的情况下，小麦局可以直接将粮食卖给外国政府或其代理机构。其他的非小麦局统一购销的粮食由专门的机构自主管理。加拿大政府非常重视粮食质量的管理，1912 年制定了《谷物收购和品质检验法》，1930 年制定了《加拿大谷物法》，1971 年 4 月在《加拿大谷物法》的基础之上产生了新的《加拿大谷物法》。该法生效后，设立了专门负责粮食质量的机构——全国谷物委员会，它属于联邦政府的农业部。根据《加拿大谷物法》的规定，谷物委员会的作用就是代表联邦政府对谷物进行管理和控制，从粮食的收购、储存、销售和出口等各个环节进行质量管理，粮食的等级、品质及质量都包括在内；制定相应的谷物质量标准；审查、签发谷仓的营业执照，定期检查鉴定储仓设施；处理纠纷、进行裁决等。谷物委员会包括执行委员、委员、助理委员、商品交易监督员以及经济专员，各个职能机构有明确的分工（张磊等，2006）。

3. 系统高效的自然灾害管理机制和措施

加拿大地处高纬度地区，冬天漫长频现极端天气，每年大概有上百人的生命被暴风雪夺走，1/3 的加拿大人居住在地震高发的地方。可想而知，加拿大的极端天气对农业所造成的伤害。因此加拿大政府制定了一系列的政策和计划，形成了一套较为高效和系统的自然灾害管理机制和措施。

公共安全和应急部门协调、各级政府部门参与的管理模式。在 2003 年加拿大成立公安部，该部门主管加拿大的自然灾害问题，负责联邦政府和各部门机构之间的协调工作，并制定重大的计划和政策。该部门的职责还涉及犯罪及恐怖活动等。加拿大自然资源部、环境部、卫生部、海洋渔业部以及农业和农业食品部是自然灾害管理的主要参与部门。环境部的主要工作是负责气象预报、环境处理以及早期预警。自然资源部的主要是进行地震、洪水、滑坡等地质灾害和传统能源的基础研究：①向上层和人民大众提供对自然环境可能产生影响的领域的相关信息及分析报告。②开发和提高科技综合能力，及加快遥感技术的开发和使用，给减灾提供技术支持。卫生部的主要工作是在自然灾害发生时，防治流行性疾病及后续事宜。农业和农业食品部负责应对旱灾、病虫害等自然灾害。海洋渔业部是负责海洋性自然灾害的工作。为确保加拿大各级政府在行动计划上的一致性和互补性，加拿大各级政府都制定了详细的应急管理框架。内容包括预防—减灾，准备、应对及恢复。

加拿大政府非常重视科研在自然灾害中的作用。1998 年的极端天气让加拿大政府吃尽了苦头，持续一周的冰雹、冰雨及大雪摧毁了加拿大的电力系统，国内出现大面积停电，大约 450 万人受殃，60 万人远离家园，直接造成 69.5 亿美元的损失。灾后，联邦政府进行了一系列的调研，对通讯、遥感、水及基础设施等领域的预防和处理以及相关模型的研究，最终形成了调研报告，刊登在政府网站上。这些研究对于各级政府在功能区域规划、基础设施的建设等设计提供了科学模型。自然资源部和环境部在气象预测以及预警遥感监测方面加强了研究。除了运用传统雷达和气象卫星外，加拿大应用了高空长寿平台技术，主要是利用飞机装载相机进行高空拍摄，弥补遥感监测的缺陷，从而增加预测的准确性。环境部致力于研究扩建气象预报系统，能够使加拿大得知长期（大概 7 天）的气象预测。如今加拿大天气一如往常那么恶劣，偶尔出现交通事故，但是其国家的全局道路基本畅通无阻，人民生活基本正常，这就要归因于加政府系统高效的灾害管理机制（王蓉芳，2008）

4. 广泛而全面的加拿大补贴政策

纵观整个发达国家，我们发现政府会推出一系列的惠农政策，尤其是对农民的补贴，和美国一样，加拿大的补贴政策广泛而全面。为了稳定农民的收入，加拿大联邦政府和各级政府合作，制订了长久有效的对农民的补贴方案，以此来稳定农民的收入，保护其利益，使农民的收入不受自然灾害的影响。政府对农民的补贴主要是通过《加拿大农业安全网方案》，该方案的资金有两部分来源：联邦政府承担 60%，地区政府承担 40%，两级政府相互协调。农业安全网方案的原则是：①在粮食的生产和销售过程中，政府保持中立，从而消除政府对粮食生产和销售的影响；②政府不干涉粮食贸易，即政府不影响粮食的出口和内销。③保护环境，鼓励生态农业的发展；④根据市场的变化对方案进行适当的修订和补充；⑤力争不与其他措施出现交叉和重复；⑥杜绝误导农民为获得补贴而采取投机行为。农业安全网的内容为：a. 净收入稳定账户；b. 农场收入方案；c. 农作物保险；d. 预支方案；e. 配套方案（侯立军等，2002）。其中净收入稳定账户和农场收入方案是农业安全网方案的重点。在 1990 年净收入稳定账户（NISA）开始实施，目的是为了让农民储蓄部分收入，以备收入下降的时候使用；帮助粮食生产者预测收入以及提高生产的稳定性，NISA 通过两种方式对农民进行补贴，一种是政府配套补贴存款，另一种是非配套补贴存款。所谓的政府配套补贴即是指政府为鼓励农民在收益好的时候储存一部分钱放在 NISA 上，数额约为 3% 的净销售额，政府再以相同的额度资金作为补贴存入 NISA 账户上。非配套补贴存款指的是农民在生产收益好的时候，可以存占 20% 净收入的钱于 NISA 上，政府来贴息，但是不给予配套补贴。农民只有具备一定资格才能获得 NISA 的成员资格，一是要实时上报收入税，汇报农业的经营情况；二是农民必须长期专一从事种植业，无其他经营。农民在低收入年份按照有关程序可以支取一部分存款。农场收入方案（CFIP），其目的主要是在农场收入突然或者严重下降时，对农场进行救助的方案。救助办法为：收集农民前几年的收入情况，进行平均，然后确立一个参考数值，最后将那个年的收入与这个参考数值进行比较，若但年的收入不足参考数值的 70%，政府给与救济费。当然申请 CFIP 的农场必须具备三个条件：①按时申报收入税；②专一的从事种植业；③受灾害影响的农民。农作物保险目的就是帮助农民渡过因自然灾害导致农作物收入损失所造成的困难。预支方案是联邦政府预先向农民提供的周转资金，用于农场储存粮食。配套方案目的是帮助粮食主产区农民和缺少粮食种植经验的农民提供特殊的补助。

5. 保护性耕作制度

早在 20 世纪 70 年代，加拿大的农场就开始推行保护性耕作制度，到了 90 年代该制度迅速推广。最近的一些研究显示，相比于传统耕作，采用保护性耕作（免耕和少耕）能够提高农作物的产量（布莱恩等，2006）。保护性耕作制度产生的积极效果在各式各样的农作物中都表现出来了，研究还显示，在传统耕作的条件下形成的相关生产制度也同样适用于保护性的耕作制度。保护性耕作制度降低了全局生产的风险，对于实现农业长期可持续发展有着积极重要的作用。保护性耕作制度取得成功的关键有两个方面：①对作物秸秆的处理；②作物轮作。必须要采取适当的秸秆处理办法，防止作物的秸秆影响了播种和出苗。在加拿大的西部平原地区，一般情况是将秸秆粉碎均匀的铺洒在土壤的表面，可以在收获农作物的时候进行秸秆处理。作物轮作可以控制作物的根部、叶部病害以及病虫害。

6. 现代化的粮食物流业

与美国相比，加拿大在粮食物流方面有着丰富的经验。从 1930 年开始加拿大就已经开始了粮食物流领域的一场革命，至今已经实现了由麻袋包装、人工包装到粮食“四散化”的转变。加拿大的粮食储运完全是市场化的，没有国家粮食储备的概念之说，加拿大的粮食储藏设施完全服务于物流。粮仓的类型可主要分为产地库及收纳库、中转库、终点库、加工厂原料库。从储存的方式来看，这些库的粮食都是散存的。加拿大国内铁路的长度大概有 10 万多公里，公路长度约为 85 万公里（1 公里 =1 千米。全书同），河流运输线有 3 200公里，交通运输极其便捷。国内粮食运输主要是以散装火车、汽车及集装箱的形式，粮食出口主要以船舶和集装箱远洋输送。以上的几大库均建在距离交通运输较近的地方，方便装运和集散。这种运输方式贯穿整个物流环节，提高了效率，节约了成本，实现了规模经济效益（赵予新等，2013）。

第三节　俄罗斯粮食安全状况

一、俄罗斯粮食生产与消费基本情况

俄罗斯联邦是地缘政治大国，在近百年的历史中，只有 20 世纪初——斯托雷平改革年代是粮食生产的最好时期，被称为“欧洲粮仓”。众所周知，俄罗斯地大物博，而人口只有 1.5 亿人，这个国家从未被温饱问题所困扰过。但是，在其后的前苏联及前苏联解体后至今，俄罗斯在解决粮食安全方面都存

在一定的问题：从前苏联解体以来，到 2004 年，俄罗斯的农业生产下降了 30% 之多，食品产量下降更甚为明显达到 50% 之多，俄罗斯实际上已面临粮食安全问题。尤其近年，由于缺少对农业的投入和政策的倾斜，使农业的发展受到了很大制约，没有发挥出农业的生产潜力。相当一部分经济学家认为，俄罗斯面临着前所未有的危机，俄罗斯的基本模式为靠出口能源换取外汇，再用外汇从国外进口粮食，如果发生全球性的粮食危机或战争的危险，俄罗斯的国家安全将面临严峻形势（波波夫等，1998）（图 6－3）。

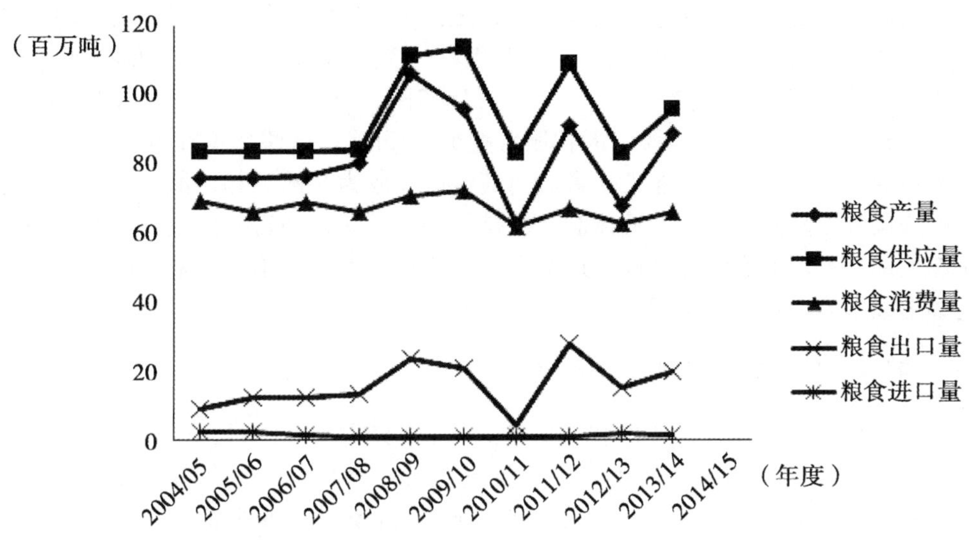

图 6－3　近 10 年来俄罗斯粮食生产基本情况

（注：From AMIS Statistics Source，FAO-CBS）

俄罗斯虽然自然资源丰富，但是其产出的农产品数量与其拥有的资源不相称。在全世界的农业生产总量中，俄罗斯的粮食总量仅占世界的 3.4%，在转型期，俄罗斯农业生产呈现下滑状态。2002 年俄罗斯的储备粮达 1 300万吨，至 2003 年降到 900 多万吨，2004 年第一季度只有 500 万吨。从 2004 年至今，俄罗斯粮食的整体情况一波三折：在 2004—2008 年间所有的粮食指标相对比较平稳；2008—2009 年间，俄罗斯粮食丰收，产量增加；到 2011 年，俄罗斯粮食产量骤降，从此之后，俄罗斯的粮食产量和供给量起伏较大，对于粮食安全是一种负面信号，即如果国内粮食供给量低于国内粮食消费量，将直接威胁到口粮保障。除 2011 年外，俄罗斯的粮食出口量一直保持稳定的态势。近年来，俄罗斯从加拿大、美国等国家进口的粮食和食品的品种超过了 20%，粮食总量超过了 30%，俄罗斯正在面临粮食不能自给的状况（王殿华等，2010）。

二、俄罗斯保障粮食安全存在的问题

前苏联解体前的 1990 年，俄罗斯的人均食品生产排在全球第七，而到了 2001 年降落至第七十一位（丁建新，2005）。从而可以看出，经过近 20 多年的改革，俄罗斯的农业一直都处在缓慢增长阶段，没有取得长足的发展。这种状况的出现有很多原因，例如俄罗斯人口数量下降，尤其是农村人口数量减少；资金等各方面的政策扶持力度不够；粮食市场不健全等。对俄罗斯的粮食状况的分析将有助于我国汲取教训，探索出适合我国确保粮食安全的政策。

1. 劳动力不足

俄罗斯的劳动力短缺已经成为不争的事实，到 2008 年年底，俄罗斯全国的人口仅为 1.42 亿人，适龄劳动力大约0.9亿人，约占总人口的63%，这一数量和农村人口呈现出全局下降的趋势（陶海东，2010）。发表在《俄罗斯报》上的一组数据可以说明俄罗斯人口的趋势，在1917年时，俄罗斯农村家庭的平均拥有5个孩子，至1991年减少至3.6个，到了2004年就只有1.8个。以前为了保持充足的劳动力，独生子女家庭不被征兵，多年来由于出生率一直很低，所有的青年均在征兵之列，改革从1990年至今，大约有3万所农村小学由于生源不足而被迫关闭，按照这个速度发展，3～4年之后，青年将在农村消失，5年之后俄罗斯农村将自行消失，这种威胁对于俄罗斯而言将是致命的（丁建新，2005）。之所以造成俄罗斯农村劳动力不足还包括其他两个方面：①农业收入与其他行业收入差距过大；②农业私有化的改革失败严重挫伤了农民的积极性。长期以来，俄罗斯第一产业与其他产业相比存在很大差距，在2005年时，第一产业的从业者每月平均工资仅为开采矿业者的18.4%、制造加工业的43.3%、零售批发业的55.6%、建筑业的40.3%、餐饮服务业的60.4%，这些数据在近年来虽然有所提高，但是，并未有根本性的改变。因此，农业工作者流向其他产业成为必然。起初俄罗斯土地私有化改革的目的是建立起以供需调节为基础的市场经济体制，但是结果并没有达到目的。主要是因为一小部分人通过非正当竞争获得大部分土地的实际控制权，这些土地拥有者并不是利用土地来创造更多农产品和社会财富，而是将这些土地作为金钱资本来运作。

2. 资金投入存在诸多问题、政策扶持力度不够

资金投入方面存在的问题具有长期性和短期性。从长期来看，因为历史原因造成的俄罗斯“重工轻农”的政策在以后很长的时间里无法得到本质性的改变。众所周知，俄罗斯的支柱产业是重工业，其军工武器在世界上也是首屈一指的，重工业为俄罗斯的发展做出了重要的贡献。随着苏联的解体，俄罗斯国内经济萎靡不振，尤其是重工业更是日渐衰落，为了维持国家的稳定，俄罗斯不得不向工业大规模的“输血”，这种“休克式的疗法”使得对农业的投入大大减少。从短期性来看，资金投入的流向就更加的不合理，问题是非常明显。在俄罗斯国内，绝大部分的资金都流向了第二、第三产业。2006年的数据显示，国家和地方政府对于农业的投入仅占到资金总额的4.1%。大量的短期性投资都流向了石化产业。这种“休克式疗法”给俄罗斯带来了多达十几年的经济混乱，虚假的“高油价”彻底破灭了俄罗斯复兴大国的梦想。通过对俄罗斯投资流向的分析，我们发现如果这种投资模式一直持续下去，农业就更难获得国内有效的资金注入（陶海东，2010）。

在1995年时，国家根本没有向农民提供优惠的贷款，农民只能向商业银行进行贷款，但是商业银行的利率过高，大多数农民无法偿还贷款，最后由政府不得不偿还农民的欠款。这种做法极大地伤害了农民种粮的积极性（波波夫等，1998）。

农业是一个相对复杂的系统，整个农业链条涉及各个部门。虽然俄罗斯政府在农业生产和粮食安全等方面制定了详细的规划和措施，但是，各种措施之间相互脱节，起不到各部门间相互协调发展的作用。例如，由于政策的影响，俄罗斯在国内缺乏饲料的情况下大量的出口粮食，这虽然提高了生产者的收入，但是对国内的消费者及面包业等产业产生了诸多负面影响。同为粮食出口大国，美加等国都是通过将粮食转化为奶、肉类制品，增加附加值后才出口至国外，而俄罗斯却恰恰相反，通过出口粮食再购买国外肉类和奶类，由此可见政策方面的疏漏（魏凤，2009）。

3. 粮食市场不健全

俄罗斯目前的粮食在流通中存在严重的垄断现象，大的销售网络控制了15%以上的俄罗斯粮食市场，大城市更是占到了50%以上。很多商业组织和机构对粮食的分类和包装要求过高，这就使得农产品在整个运输、仓库储备方面的成本大大提高。大部分农民很难承受这种严格的条件，无法满足垄断贸易组织的要求。这些商业组织低价收购粮食产品，最后高价卖出。与进口的农产品相比较，本国的农产

品就基本无竞争可言，这就为依赖进口创造了条件。国家没有在商品的销售过程中干预，因此俄罗斯市场是非常不健全的，将会出现剧烈的动荡（魏凤，2009）。

第四节　澳大利亚、新西兰粮食安全状况

一、澳大利亚、新西兰粮食生产与消费基本情况

澳大利亚是高度发达的 APEC 成员体，领土面积位居全球第六。澳大利亚不仅国土辽阔，而且物产丰富，是世界南半球经济最发达的国家，全球第十二大经济体，全球第四大农产品出口国。澳大利亚沿海地带，特别是东南沿海地带，适于居住与耕种。这里丘陵起伏，水源丰富，土地肥沃。除南海岸外，所有沿海地带形成一条环绕大陆的“绿色农业带”。澳大利亚主要的农作物有小麦、大麦、油菜籽、棉花、蔗糖和水果，每年粮食产量平均在 3 500万吨，其中小麦产量占粮食总产量的 60%；小麦每年出口量为 1 700万吨，占小麦总产量的 80%，小麦出口总量排在世界第二位，占世界小麦市场 17% 的份额。2009—2010 年财政年度，小麦产值 48 亿澳元，大麦 14 亿澳元，羊毛 19 亿澳元。过去 20 年，新西兰经济成功地从农业为主转型为具有国际竞争力的工业化自由市场经济。农业的劳动力只占新西兰 10%，但其畜牧却是国家经济基础。新西兰农业已高度机械化，主要农作物为小麦、大麦、燕麦、水果等。澳大利亚、新西兰两国的农业现代化起步较早、发展速度快、水平高（李晓俐，2012）。在现代农业的发展当中，澳、新两国所采用的政策措施具有很高的一致性。从 AMIS 网站上获得澳大利亚近几年粮食生产基本情况的数据，针对数据进行分析（图 6 –4）。

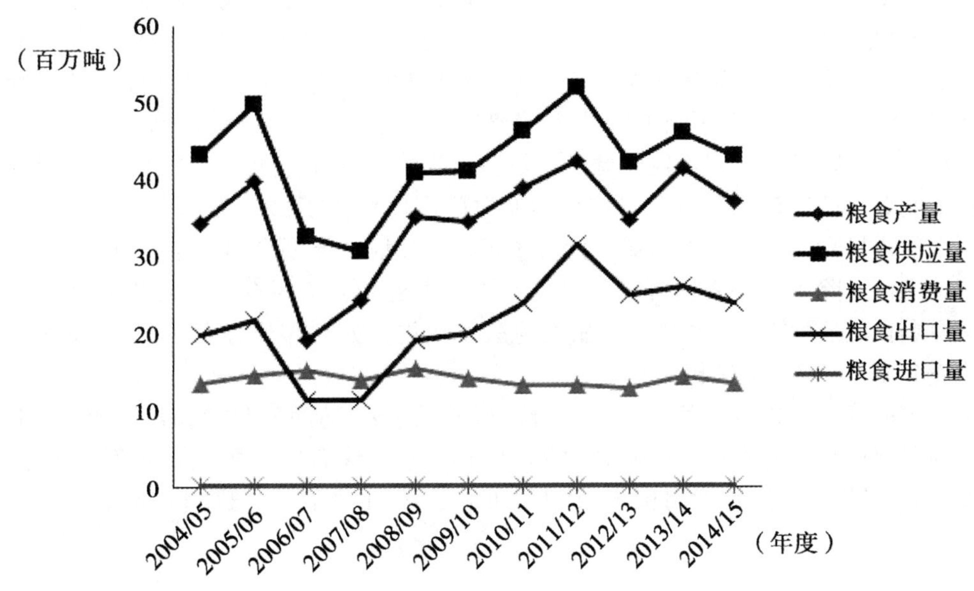

图 6 –4　近 10 年来粮食澳大利亚粮食生产状况

（注：From AMIS Statistics Source，FAO-CBS）

图 6 –4 显示澳大利亚粮食生产情况不稳定，起伏比较大，这主要归因于澳大利亚复杂多变的气候，且地区间年降水量分布不均匀，而粮食的产量与降水量密切相关，所以产量变化大。粮食出口量受粮食产量和粮食供应量的影响，在 2006—2007 年间出口量下降了一半之多，资料显示在此期间澳大利亚出现持续的干旱，粮食大量减产，产量仅能满足国内消费的需求，故出口下滑。由于澳大利亚的人口总量

比较稳定，其年均粮食消耗量无波动，国内粮食完全自给，因此，粮食进口基本为零。澳大利亚、新西兰属于大洋洲国家，其地理、人文、科技情况大致相同。澳大利亚、新西兰均为发达成员体，其粮食自给率超过100%，基本不会出现粮食安全问题。

二、澳大利亚、新西兰粮食安全保障政策

1. 粮食生产市场法律法规

两国在农业发展之初，政府对农业的投入较大，且广泛参与到农作物保护、灌溉、防灾减灾、农产品价格保护、农业补贴以及市场管理和贸易等多方面的事务。早在第二次世界大战后，澳大利亚政府就出台了相关的政策如《农业复兴计划》，目的是对已有的农场进行优化，国家立法规定第一年减免农业机械40%的税金，以后变为25%。20世纪80年代，政府给予农民超过36%的贷款利率贴息，在当时，农民大部分的收入来源于政府的补贴；20世纪90年代，澳大利亚政府在农村卫生服务方面投入大量资金（李晓俐，2012）。90年代以后，两国政府继续支持农业生产，实行10年保护土壤计划，该计划规定：政府支付农民从银行贷款利息的50%；《税法》规定可以用土地保护费来抵消应缴纳的所得税；《水法》规定为了提高水资源的利用率，政府通过增加税费的方法加以控制。除此之外，两国粮食业务涉及的各个方面都有相应的法律法规，例如，对于粮食生产者有《全国农民联合会法》；粮食的科研行业有《粮食研究与发展法》。

澳大利亚、新西兰绝大部分的粮食用于出口，小麦占有重要的地位。与小麦相关的法律在粮食法体系中处于中心地位。20世纪30年代末，澳大利亚成立了小麦局，对小麦在全国范围内实行统一收购和集中管理；1948年，发布了第一部《小麦销售法》，在此基础之上澳大利亚政府又在1979颁布了新的《小麦销售法》，该法明确规定只有小麦局才有权利对小麦和面粉实行统一的收购、销售和出口，任何人、任何单位都无权插手。由于该法案条件苛刻，小麦局对粮食进行垄断，最后迫于各方面的压力，澳大利亚政府在1989年6月又颁布了新的《小麦销售法》：允许农业生产者在国内市场销售小麦，粮食收购者可以在市场上收购粮食，农业生产者可以与粮食收购者签订合同，该法案结束了小麦局的垄断地位，但是仍然限制粮食的出口。2008年，澳大利亚政府重新修改了《小麦销售法》的有关规定，取消了小麦局对小麦的出口专营权，澳大利亚粮食市场正在由政府主导型转向合作主导型，但是小麦的出口量仍然在控制范围内。除了《小麦销售法》之外，关于小麦的立法还有《小麦出口调整法》和《小麦出口收费法》，同样，新西兰政府也制定了相关的法律法规，如《合作经营法》。除此之外，两国还制定了如《大麦销售法》《农产品销售法》。

为了稳定小麦的价格，1974年澳大利亚政府颁布了《小麦产业稳定法》，该法建立了稳定小麦产业的基金制度；为了保证食品的质量，加强对食品的管理，政府颁布了《国民食品管理法令》；为了确保进口食品的安全、规范进口食品管制检查及相关事宜，政府颁布了《进口食品管制法》（穆中杰，2013）。

2. 日臻完善的农业管理体系，不断发展的城乡统筹管理模式

澳大利亚、新西兰两国政府一直把建立城乡平等制度作为推进城乡一体化的重要手段，两国政府始终把农民的社会保障、医疗卫生、教育文化以及农村基础设施建设等纳入到自己的管理体系。澳、新两国政府在20世纪80~90年代，进行了市场的改革，其主要思路是：面向市场、减少干预、优化服务；避免政府职能的重叠、交叉和分散，从而在制度上确保农业的竞争力。澳大利亚政府还专门成立了农林渔业部，对农、牧、渔和林业进行统一协调、综合管理，强化对农产品的质量监管，时刻关注农业效益的提高，注重农业的可持续发展。在国际市场上，保护本国的农业，健全农业的服务体系，形成自身的

农业竞争优势（柳一桥，2013）。两国政府给予农民土地的永久使用权和处置权，这就促进了农场规模的不断扩大和市场竞争力的不断提升。

3. 发达的粮食储备体系，全局调控的粮食流通体制

众所周知，澳大利亚是继美国、加拿大和欧盟之后全球第四大粮食出口国，粮食品种主要是小麦、大麦。澳大利亚在粮食储存和处理上基本是由 5 个分散处理机构和 5 个大陆州协同承担；70% 以上的粮食储存和处理是由这 5 个机构控制。这些分散的处理机构全部拥有由铁路、公路连接起来的网络，这些网络又与几个港口相连接。澳大利亚的中央储存系统共有 900 多个乡村接收基地及 17 个出港口（刘清娟等，2011）。乡村基地约能储存 1 800万吨粮食，占粮食储存量的 70% 左右；港口储存的能力大约为 600 万吨；其他的法定储存场所容量为 300 万吨；澳大利亚总储存能力达到 2 700万吨。澳大利亚还有其他多样的粮食存储形式，如农民和商业储存，但其只占很小一部分比例。新西兰在粮食储存方式上和澳大利亚类似。澳、新两成员体粮食市场的经营主体包括农民合作经营组织和政府的粮食经营机构以及其他的经营实体。农民合作性质的公司主要有各个州的粮食储运公司以及种子联合公司；政府性质的机构主要包括大麦局和小麦局，其他性质的机构还包括一些粮食加工和流通企业。由此可见澳新两国完善的粮食储存体系。

澳大利亚联邦科工组织研究表明，其粮食产业发展的链条：粮食流通在澳大利亚越来越得到重视（谢颜等，2010）。如前所述在 1989 年以前，澳大利亚只有小麦局才有权利出售小麦，1989 年之后，粮食生产者可以直接在国内市场上销售小麦，因此，澳大利亚国内的小麦市场形成了统一开放的格局，小麦局作为市场的一份子参与到国内市场的竞争中去。小麦局是澳大利亚向国外出口的唯一合法机构，其涉及很多业务，如管理小麦的出口许可证、确保本国农民和股东的利益等。澳大利亚政府在粮食生产和流通环节也是做足了工作，比如对粮食实行分级管理的模式；从粮食的收购、运输一直到用户采取严格的全过程质量控制。澳大利亚是一个联邦制的国家，联邦政府和各州政府在粮食生产和市场管理中发挥着不同的作用，联邦政府主要是负责全国的粮食生产、贸易、质检、营养健康以及科研 5 个方面，州政府负责各州的粮食生产、储运和销售等具体工作。在收购时，小麦局有自己严格的标准，如粮食的重量、湿度、杂质等限定标准；在小麦交售时对其质量进行全面的分析检测，小麦在中央控制储存系统入库时，会根据品种和氨基酸等标准进行产品的分类；出口时，政府还要对谷物进行农药残余、污染、虫害进行再检查（颜波，2002）。

4. 不断加强对农民的教育、提高农民的素质

澳、新两国政府十分重视对农民的教育和培训，以提高农民对现代科技的运用。澳大利亚农林渔业部一项重要的职能就是对农民进行教育的培训。内容主要包括禽类、牛羊的饲养以及蔬菜、粮食和水果的种植。还有一些针对农业设施、农具维修、化肥和农药的使用等培训，这些行业都设定了一定的能力水平标准。现在，新西兰的农民大部分都受过 13 年的初级和中级教育，有相当一部分年轻的农民接受过高级职业教育和高等教育。澳大利亚农业人员当中具有中等学历的达到 73% 以上，有大专及以上学历的约占 13.9%，从事农业的科技人员当中，具有大学文化程度的占到 31% 左右。

第五节　日本粮食安全生产状况

一、日本粮食生产与消费基本情况

众所周知，日本是中国邻邦，是世界资本主义强国之一，是当今世界第三大经济体。人多地少是日

本最大的现实，自第二次世界大战以后，日本的经济遭受重大的打击，日本政府着重于对大都市的建设，大量的资本流入都市，日本的农村呈现出惨淡的景象：非农业人口急剧增加，在 20 世纪 50 ~ 70 年代，增加了大概 1 830万人，总的非农业人口达到了 4 340多万人，占就业人口比重的 85%；而农村劳动人口从 1 600多万人锐减至 760 万人左右，农村人口的外流必然导致农业生产力的下降。日本经济飞速发展的同时，农业生产陷入极大的困境，日本的农业经营类似于中国，经营形式属于小农经济的性质，生产单位基本上是以个体农户为主，以个体户为主的分散的经营，不但不能发挥农业现代化的作用，还降低了农业生产的效率，造成了严重的农业机械浪费的现象。种种乱象丛生的农村迫使日本政府重新考虑振兴农村，为此造村运动在日本轰轰烈烈地展开了（曲文俏等，2006）。而今日本农村出现了勃勃的生机，农村劳动力和非农业劳动力达到了很好的平衡，这也是一种解决日本人地关系紧张、保障国家粮食安全的策略。日本一直存在粮食安全问题，但是，日本一直未出现粮食紧缺的困惑。究其原因现以日本近年来粮食生产情况为切入点，寻找更深层次的原因。

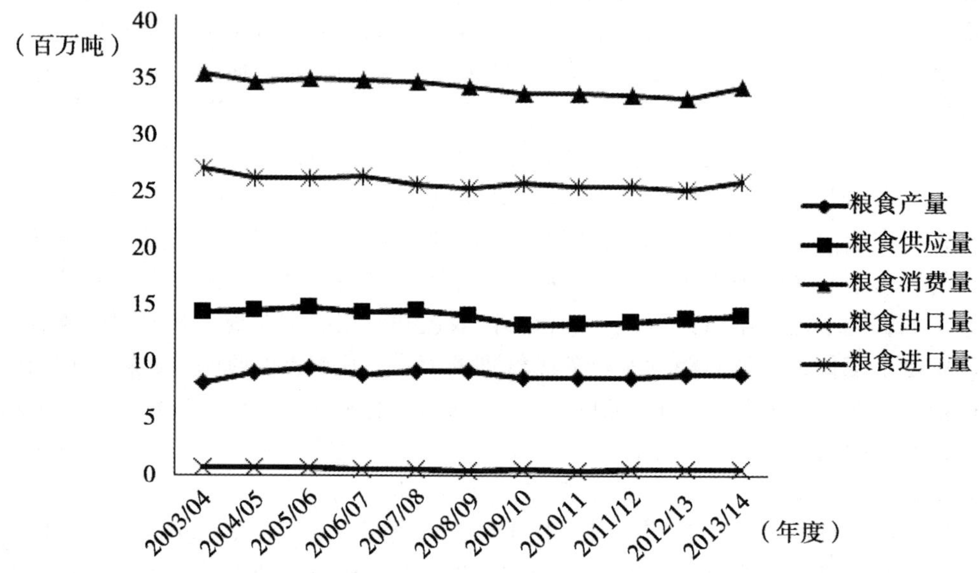

图 6 – 5　近 10 年来日本粮食生产状况

（注：From AMIS Statistics Source，FAO-CBS）

图 6 – 5 中表示的是日本近 10 年来粮食生产的情况。从图中可以看出日本粮食基本没有出口，同样其国内的粮食供应量仍然不能满足国内粮食的消费量。日本为多火山、多地震的岛国，平原面积少，人多地少，随着战后工业生产的恢复，废墟的城市开始恢复以往的活力，城市化进程迅速提高，一组数据显示日本自 20 世纪 1945 年至 1955 年城市由 206 个增加到 491 个，城市人口比重也达到了 56.3%，这些城市的兴起占用了大部分的农业耕地（简新华等，2006），使本来薄弱的农业更是雪上加霜，图中的折线也暗示了这一点，国内粮食产量不足，只占国内粮食消费量的 1/2。虽然近年来日本政府出台了一系列相关政策来限制对农业用地的占用，但是日本国内粮食短缺的现状仍未改变。因此日本依赖粮食的大量进口，粮食的进口量占到整个粮食消费量的 71.5%。

日本一直在面临着粮食安全的问题，但是日本却从未饱受过粮食急缺的困惑。日本的国内粮食生产现状不同于大部分的发达国家，拥有丰富的自然资源，广阔的土地。日本在狭小的贫瘠的土地上解决了 2 亿多人的吃饭问题，这是一项伟大的工程。究其原因，不难发现日本有着健全的粮食保障体系，例如，丰厚的农业补贴政策、独特的农业保险体制、意义深远的农法体系等。

二、日本粮食安全保障政策

长期以来，日本农业的发展始终依赖国家财政的支持。日本逐步地开放国内市场，减少粮食直补，但是在基础设施建设、农业人才培养、环境资源保护等加大财政的支持力度，确保农业的可持续发展。如若农民建立和改造农业生产设施，政府将提供投资总额的65% ~85%的财政补贴，由此可见一斑（郭玮，2002）。

早在20世纪60年代，日本就已经实施了对粮食生产的补贴政策，以《农业基本法》加以法律保护。补贴方式又分为直接补贴和间接补贴。直接补贴包括：基础设施补贴政策、耕地建设补贴政策、机械设备补贴政策；间接补贴是指在“制度性贷款”的范围内，政府以利息补贴的方式和利息支付的方式对农民的生产性贷款给予的利息补贴（周明建等，2005）。到1994年底，日本政府制定了《新粮食法》以适应WTO的《农业协议》框架。该法规定：根据市场的需求来调整农业生产结构，以增加市场产品的生产，减少水稻的生产；在农民主动减少水稻生产的条件下，政府收购农民生产的水稻，并给予补贴。1997年制定的《大米流通法》强化大米自由流通的市场运行机制，为产后粮食销售扫清障碍。在这种情况下，日本的补贴政策发生了质的变化。大米的自由流通冲击了日本的大米市场，为了规避致命的冲击，日本政府巧妙地将直补变为农民的保障性补贴，补贴的数额有增无减，1993—2002年总补贴额达到了683亿美元，数额非常巨大。丰厚的补贴政策的出台在一定程度上确保了日本的粮食安全（尹义坤等，2010）。

1. 独特的农业保险体制

日本农业保险的模式为民间非盈利组织经营、政府补贴和再保险相扶持。即为政府对农业保险进行监督和指导、向农业共济组合联合会提供再保险、给予农业保险保费的补贴和管理费的补贴。日本农业保险组织机构由三部分组成：农业互助组合、农业互助组合联合会以及全国农业保险协会。前者主要是由市直接承办各种保险业务；农业互助组合联合会主要承担农业共济组合再保险业务；后者主要承担各共济联合会再保险的全国农业保险协会。可以说，日本的农业保险机制走的是联合共济的道路（陈明文等，2005）。日本保险的运作有法可依，如日本制定了《农业灾害补偿法》。在日本，农业保险主要是采取自愿保险与强制性保险相结合的方式。强制性保险主要是指种植面积超过8公顷的水稻种植农户，必须参加农业投保；自愿保险是指政府对园艺、经济作物采取引导的方式，鼓励投保。只要农民对这些险种进行投保，政府就给予补贴。日本政府对农业保险的补贴涵盖3方面内容：①国库按品种的不同给农民40% ~50%的保费补贴；②向农业保险运营机构补贴超过50%的经营管理费；③为巨大灾难提供再保险补贴。

2. 完善的农法体系

从以上的补贴政策、保险体制，我们不难发现这些举措都是通过法律来加以实施和运行的。因此，本节我们对日本的农法体系进行梳理和研究。所谓的农法体系不仅包括农林牧渔等行业，也涉及农村、农民等方面的法律规范。在1909年为农法初创期，最早的一部法律是《关于林木的法律》，第二次世界大战结束后，日本政府先后颁布了8部关于农林方面的法律，由此日本的农法体系的雏形开始形成。战后日本在美国的指导下进行了民主化改革，确立了以土地私有制为基础的自耕农制度（张舒英等，2004）。这个时期是日本农法体系框架形成的时期。统计显示，在1946—1954年日本共出台了约43部农业法律，因此农业法规在日本形成了一个相对完整的系统。农法体系建立后，国内的大米由先前的短缺转化为自给自足。从20世纪50年代中期到现在，随着农业问题的不断出现，日本国内的法律也不断地进行完善和发展，农法总数达到了100多部，可见日本政府对农业保护的用心。这些法律的出台保护了耕地，提高了粮食的安全系数；让扶持农业的政策落实在法律制度上，促进了政策的全面实施；使日本的农业发展处在良性的循环之中，稳固了农业的基础。

第六节　韩国粮食安全状况

一、韩国粮食生产与消费基本情况

韩国位于朝鲜半岛南部，与中国日本隔海相望。韩国是 20 国集团和经合组织成员之一，也是亚太经济合作组织（APEC）和东亚峰会的创始国。韩国总人口达到 4 978万人，是现代化程度比较高的发达国家。韩国农业总产值和农村人口分别约占全国人口和国民生产总值的 5% 和 7%。这一数值也侧面反映了韩国是现代化的工业国家。但是韩国是一个农用土地种植稀缺的国家，韩国粮食的自给率比较低，对外的依存度比较高，粮食产品的价格长期居高不下，严重影响了韩国国民的生活质量。我们根据下图分析韩国粮食的生产的整体状况。

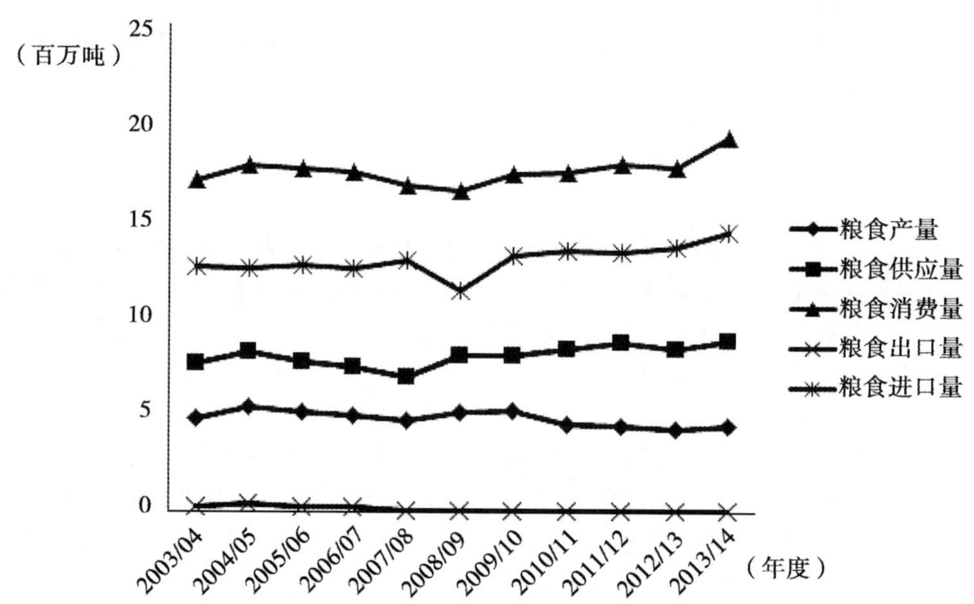

图 6－6　韩国近 10 年粮食生产基本情况

（注：From AMIS Statistics Source，FAO-CBS）

图 6－6 表明韩国是粮食进口依赖性国家，粮食进口总量占到了粮食使用量的 70% 之多，数据显示韩国小麦、玉米的自给率非常低，低至 0.8%，基本等于全部依赖进口（李宁，2012）。2011 年的统计显示，韩国粮食自给率一直在低位徘徊，每年进口谷物的量超过 1 400万吨，是世界第五大谷物进口国。对外粮食依存度高，就会出现国际市场风吹草动对国内市场造成极大的冲击的现象。韩国国内粮食产量低是有因可寻的，从 20 世纪 60 年代起，韩国进行了大规模的城市化建设，很多农业良田被作为建设用地；工业化的兴起，需要大量的劳动力，这就迫使数以万计的农村劳动力转向城市，造成农村劳动力极其短缺，最后导致韩国农业生产整体下滑。最近几年粮食价格一直在高位维持，粮食的供给稳定性无法保障，所以韩国人经常说粮食无主权。近几年，韩国政府开始意识到韩国农村问题的严重性，开始从各个方面加大对农业的关注，包括政策的支持、粮食的补贴等，韩国政府为农业用地面积，积极向海外进行农业投资。总体来说，现阶段韩国粮食状况是相对安全的，但是这种维系粮食安全的因素是脆弱的，

很难持久的。相信不久的将来韩国会解决粮食安全问题，把韩国建成一个环保型的农业大国（李水山，2005）。针对韩国政府对农业做出的努力，我们进行简单的分析，找出适合我国农业发展的对策。

二、韩国粮食安全保障政策

早在20世纪60年代末，韩国就已经实施了粮食的补贴政策，实行购销倒挂补贴的政策，即政府以高价从农民手中收购大米，然后再廉价供给城市居民，差价由政府补贴。该政策实施后大大地提高了农民的积极性，使大米的产量持续增加，在1976年时，大米产量达到521万吨，第一次实现大米的完全自给。进入80年代后，韩国饮食习惯发生了变化，大米的消费量减少，购销倒挂补贴的政策给国家造成了巨大的财政负担，该政策随后几年便终止了。2005年之后，政府开始实行直接支付政策，该政策包含固定支付和可变支付。固定支付是按政府登记的耕地面积给予补贴；可变支付是根据市场价与目标价之间的差额再乘以耕种面积来计算。随着韩国民众对农产品质量安全意识的提高，韩国政府开始取消化肥补贴，增加环境友好型的生产补贴。韩国政府鼓励农户减少化肥和农药的施用量，对执行环境友好型的农民实行直接支付补贴。韩国政府为了促进土地的流转，对于65岁以上的农民，如果愿意将自己的耕地出售，就有资格获得来自政府的补贴（马晓春等，2010）。

韩国政府从1970年开始进行新村运动，通过政府补贴和资金支持等措施，用了30年的时间使韩国的农业和农村发生了翻天覆地的变化，实现了韩国农村的现代化，农民的思想意识和文化水平有了飞速的发展，农民科技素养的提高使韩国农业生产的效率大踏步向前迈进，农村现代化推动了农业现代化的发展，农业技术日臻完善，这正是世界农业发展的方向。新型农村建设不仅提高了农业的生产能力、优化了资源的配置，更是推动了国家的整体性进步。新型农村建设是一项明智和长远发展的选择（杨邦杰等，2009）。

韩国的海外投资是基于本国粮食安全形势长期处于危机的情况下，试图通过对全球农业的投资，保障粮食生产的地理安全布局。在2008年初韩国总统李明博发出“建立海外粮食基地”的号召，最终努力将韩国的粮食自给率提高至50%左右。至此，韩国的海外投资对象开始扩展至农业资源。2013年朴谨惠上台后更是对海外农业寄予很大期望。首先，韩国政府在海外设置财政开发基金，鼓励海外农业进行开发融资。韩国政府在财政与金融方面出台了一系列的政策以支持海外农业的生产，政府提供给这些企业将近经费70%的融资额度，融资金额以低年息计算，允许拖欠5年，但是必须按照10年的期限进行偿还。数据显示，在2007—2011年间，政府给予的财政开发融资达到了1.97亿美元。其次，韩国还设立了专门的海外农业开发机构，颁布海外农业的开发指南。OADS（海外农业开发服务中心）是韩国政府海外屯田战略主要机构。2012年，韩国的海外农业开发协会成立，该协会的主要目的是保护韩国在海外的合法权益。韩国政府还积极制定《海外农业投资指南》，该指南包括投资对象国的相关制度、法规，提出对该国的农业生产方案，目的是推动韩国的公司及企业对海外农业的投资（龙晓柏等，2005）。

第七节　东盟成员体粮食安全状况

一、东盟粮食生产与消费基本情况

大部分东盟国家均为APEC成员体，如文莱、印度尼西亚、马来西亚、菲律宾、新加坡、泰国、越南。东盟成员体总面积约444万平方公里，人口5.91亿人。东盟成员体为广大发展中国家，面临经济发展与人口快速增长的巨大挑战。东南亚则是全世界最主要稻米产区之一。国际谷物协会统计显示，泰国、越南、老挝、柬埔寨和缅甸是东盟五个最大的大米生产成员体，每年出口大米总计超过2 000万吨，占据全球 2/3 的市场份额。而菲律宾、印度尼西亚和马来西亚则是主要大米进口成员体。

2008 年世界粮食危机的再现、气候变化以及自然灾害频发等因素迫使东盟成员体面临日益严峻的粮食安全问题。2011 年持续数月的东盟成员体洪灾不仅影响到该地区主要大米产地如泰国大米及粮食的生产和出口，对东盟各成员体的粮食安全产生威胁，而且最终影响到东盟地区政治经济的稳定性，对整体东盟成员体粮食安全与社会稳定造成冲击。东盟地区大米产量和价格大幅波动及粮食供应不稳等状况使得东盟成员体均把粮食安全问题和防止粮食价格上涨作为目前首要工作和高度优先议题。

粮食危机所带来的国际政治后果告诫人们，粮食安全问题不仅仅是个经济问题，更是一个极为重要的政治、社会和国际关系问题。在当今东盟国家合作步入关键时期，地区秩序进入深刻变革和重塑的时刻，粮食安全合作的战略重要性得到高度重视。东盟 10 国领导人在 2009 年 3 月 1 日联合发表了《东盟地区粮食安全声明》，承诺将粮食安全作为东盟的一项永久性和优先考虑的议题，建立“东盟一体化粮食安全框架”，并为实施这一框架，制订一个为期 5 年（2009—2013 年）的“东盟地区粮食安全战略行动计划”，以确保东盟地区长远的粮食安全，并改善农民的生活水平。这项计划还包括拟采取的一系列政策措施，其中最为突出的是建立并完善地区粮食安全储备机制，如加强“东盟粮食安全储备委员会”的管理，建立一个“‘10 +3’（东盟和中日韩）紧急大米储备库”，并研究建立”东盟粮食安全基金”的可能性。为保证有关计划的实施，东盟将积极开展与联合国粮农组织、世界银行、亚洲开发银行等国际机构的合作（吴崇伯，2000）。声明还强调交流分享东盟各成员体粮食安全政策以及有关项目的成功经验；在农业和粮食领域，尤其是在农业研发、农业与粮食生产技术转让、基础设施建设和粮食安全早期预警系统等方面，开展与东盟对话国和联合国机构的合作。

二、东盟粮食安全保障政策

2010 年，印度尼西亚政府率先制定了发展农业的五年计划，该计划明确说明政府将通过扩大粮食的种植面积，以提高水稻、大豆、玉米等主要农作物产量，并对种植作物的品种、肥料和农业机械提供一定的补助和津贴。配套发展农业相关的领域，如搞好农业气象服务，提供农作物的相关种植信息，政府鼓励民营农作物种植面积的扩大，继续推广农业种植新技术等一系列的措施，继续强化对农业生产的投入。政府对部分农产品实行优先发展的策略，这些农产品包括：大豆、玉米、白糖、牛肉和大米 5 种农产品。印度尼西亚政府还制定了 2015 年中期建设规划，力争在 2015 年印度尼西亚实现粮食自给的目标。此外，印度尼西亚政府提出在增加国内粮食产量、满足国内消费的基础之上，不断加强对战略性粮食的储备。在今后的 10 年内，不断增强印度尼西亚政府应对粮食危机挑战的能力（图 6 -7）。

在战后的相当长的时间里，菲律宾政府曾经为了提高粮食自给率做了不懈的努力，但是好景不长，菲律宾的粮食自给情况恶化，现在菲律宾已经是世界上最大的粮食进口国。菲律宾政府为应对粮食安全问题采取了一系列措施：①保护耕地、解决土地分配。1987 年，菲政府还专门制定了《全面土地改革》政策，使每个家庭能够获得大约 7. 4 公顷的土地，并且政府向他们提供贷款，如果农民愿意放弃土地将获得政府每公顷 2 000美元的赔偿。②增加对农业的投入。1996 年的数据显示，在农业预算中，有将近一半的资金用于粮食生产。1998 年制定的《农业与渔业现代化法案》计划在 7 年时间内投入 30 多亿美元实现农业和渔业的现代化。2008 年的《农业 - 土改信贷法》强化信贷对农业发展的支持。阿基诺三世上台后还专门制订了《2011—2016 粮食自给计划》，该计划包括继续加大对农业的支持力度，完善农产品市场流通体制，加大农村基础设施建设。③统筹城乡发展，减少贫困。菲政府一方面提高政府管理水平；另一方面调整农村产业结构、完善公共服务体系、建立农村市场机制、推进城乡教育卫生事业的均衡发展（陈丽霜，2013）（图 6 -8）。

2008 年的粮食危机让马来西亚政府意识到了粮食安全的重要性。自全球粮食危机爆发之后，马来西亚政府调整了发展战略，鼓励农民多种粮食，以增加粮食产量。2008 年 4 月 9 日，马来西亚通过了

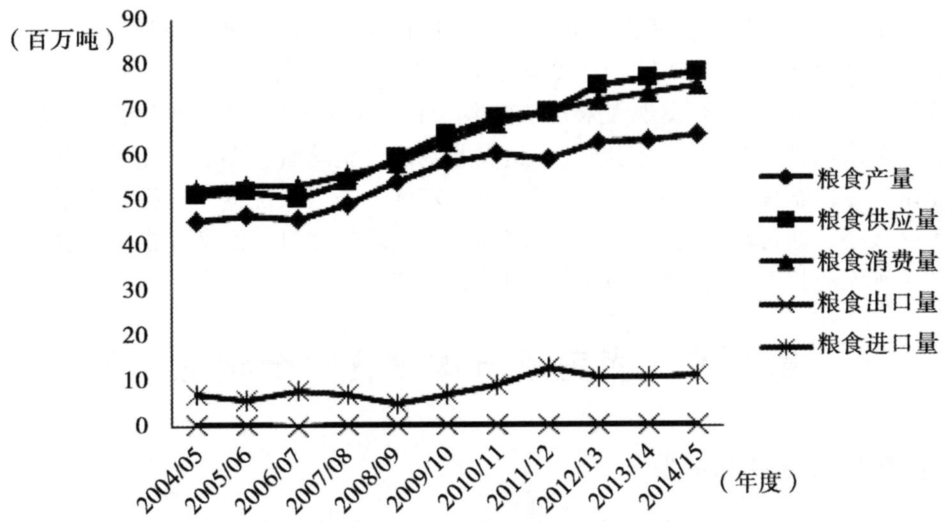

图 6－7　近 10 年来印度尼西亚粮食整体情况

（注：From AMIS Statistics Source，FAO-CBS）

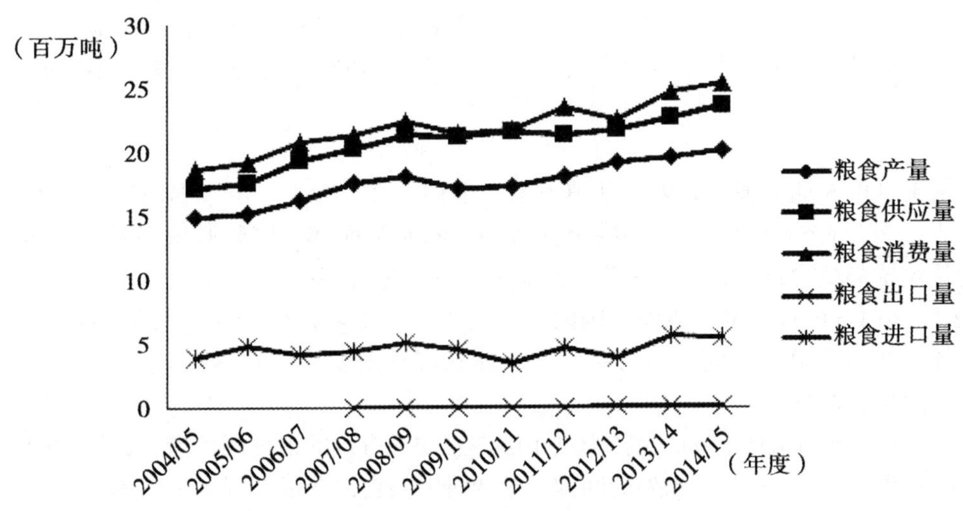

图 6－8　近 10 年来菲律宾粮食整体情况

（注：From AMIS Statistics Source，FAO-CBS）

《粮食安全政策》，该政策包括扩大粮食种植面积、增加粮食储备以及设立粮食供应保证机制。马政府投资将近 8 亿美元旨在建立一个以水稻生产为主的粮食储备库。马政府还积极与国际水稻研究所合作，引进优良的水稻品种，以期扩大水稻的种植面积（钱树静等，2013）。

泰国是主要的稻米出口国，连年的自然灾害给泰国的粮食生产和粮食出口造成了重大的打击。2012 年，泰国总理英拉批准了治水计划，该计划投入了 3 500多亿泰铢。建立起了科学的灌溉系统，至 2012 年低，泰国农业增长了 5% 之多，各类的农产品产量有了大幅度的提高（李瑾等，2007）。

越南从未放松对农业和粮食生产的重视。为了全面实现粮食安全，越南政府经过不断的努力，制定了粮食安全的战略目标：①努力维持水稻的种植面积，以开荒的方式弥补因城镇化建设占用的水稻种植区域；②调整农业结构，使农业发展多样化，发展农产品加工业，保证粮食在市场流通领域的稳定性与畅通性；③推广农业机械化，推进农业技术化。越南政府还制定了 2020—2030 年的国家粮食安全计划，首先要确保粮食安全，生产的粮食足够人民的需求，保证粮食的储备和出口（林梅，2000）。

文莱农业总产值从 20 年前 7 000万文元增至目前的 2.41 亿文元，但是，目前文莱粮食产量较低，主要依赖进口，政府制订的 2015 年实现大米 60% 自给率的计划难以实现，但文莱仍会加快步伐，解决粮食安全问题。文莱水稻种植存在三大问题。一是农业基础设施落后，多数农业用地尚待开发；二是农民缺乏技能，需设立专科学校进行人才培养；三是单产较低，需引入优良品种提高产量。文莱农业发展将着眼于提高生产效率，通过政府提供农业技术培训，投入现代化机械设备，推广良种等措施，提高农业现代化水平，实现农业长期发展目标（Lever，et al，2012）。

第八节　南美成员体粮食安全状况

南美粮食生产与消费基本情况

南美洲国家中，墨西哥、智利和秘鲁是 APEC 成员体，它们也是重要的南美洲联盟成员体。南美洲曾经是世界上著名的粮仓，至第二次世界大战为止，南美洲一直是全球重要的粮食产区和供应地。当时，欧洲每年进口粮食 2 000万 ~ 2 500万吨，而以墨西哥为主的南美洲国家平均每年可提供 900 万吨（王留栓，1986）。

从 20 世纪 60 年代以来，南美洲地区的农业发展非常缓慢，粮食产量增长不明显，而人口却与日俱增，至今该地区已经从粮食输出区变为粮食输入区。南美洲 APEC 成员体之间有着不同的粮食状况。

1. 墨西哥

墨西哥是南美洲的农业大国，该国以种植玉米、水稻、高粱为主。由于墨西哥在加入北美自由贸易区的谈判中让步过多，对外全面开放本国的粮食市场，同时又面临美国财政大量补贴低成本粮食商品，所以墨西哥的传统优势粮食作物在市场上没有任何竞争力（范立新等，2005）。

图 6 - 8 表明墨西哥粮食产量不能满足国内粮食的需求，墨西哥已经从过去的粮食出口成员体变成粮食进口成员体。2004—2014 年间，墨西哥粮食整体状况相对稳定，粮食需求量有上升的趋势，这主要是由于人口迅速增长而导致。

由于墨西哥政府对国内粮食市场的保护力度不够，且缺乏有效的粮食调控措施，导致国内粮食市场受到国际粮食市场的严重冲击，引发一系列的问题。墨西哥的粮食消费很大程度上依赖进口，国外粮食的进入，严重冲击了本国农业。墨西哥政府无力加大对国内粮食生产的投入，农业贸易的逆差不断扩大，导致墨西哥国内粮食生产进入了恶性循环的模式。据统计，墨西哥有 1.3 亿 ~ 1.7 亿公顷的土地存在不同程度的水土流失，盐碱化的土地有 47 万公顷，4 000万公顷的森林已经消失。国外粮食的冲击直接降低了墨西哥农民生产的积极性，导致农田的大量闲置，农民脱离土地，粮食相关企业大量倒闭。近 10 年来，墨西哥有 1 000万公顷土地荒废，1 500万农村人口外流；农业领域提供的就业机会减少了 10%，农民的收入也降低到城市最贫困居民收入的 30%。墨西哥粮食库存量少，仅仅能维持两个月的消费量（曹利群，2011），且全部为企业周转库存，国家没有粮食库存和储备，也没有与之相适应的仓储设施。墨西哥粮食生产面临着前所未有的危机，若处理不当，将会引发严重的社会问题（范立新等，2005）。

墨西哥政府已经意识到粮食问题的严重后果，开始逐步制定有效措施，包括：①墨西哥议会已经提交了增加粮食储备的议案，政府也相应地在粮食主产区建设国家粮库；②开始实施“防御政策”，要求政府严控农产品的进口，防止因取消关税后进口增加给农业造成巨大的冲击；③逐步开展“农业护甲计划”，主要涵盖了农业生产者的技术培训、能源费用和税收的降低及农业生产成本的降低等措施。但

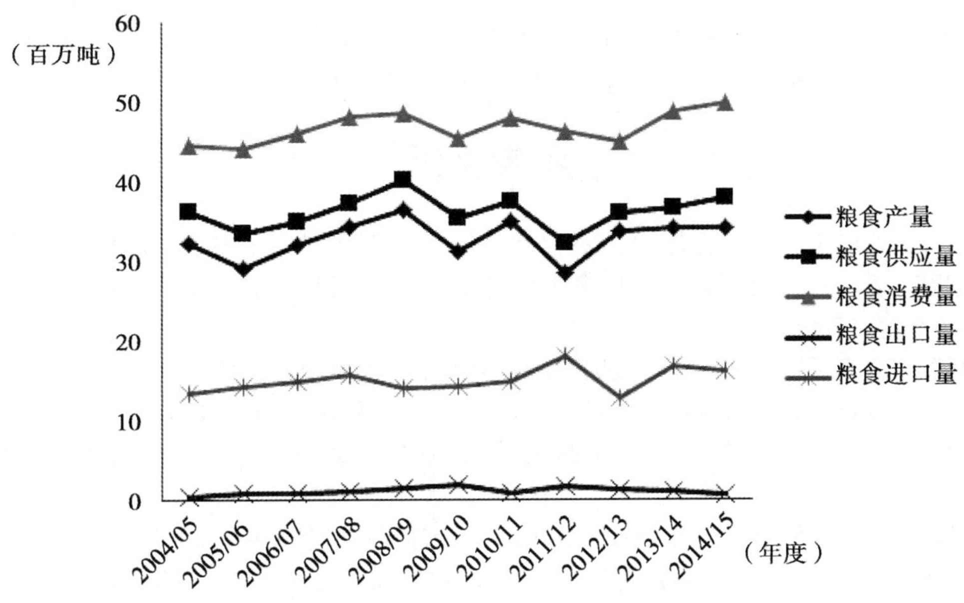

图 6－9　近 10 年来墨西哥粮食的整体情况

（注：数据来源，FAO-CBS）

是国家财力有限，实施上述措施显得举步维艰。

2. 智利

智利位于南美洲南部西海岸，主要农产品为马铃薯、玉米、稻米、麦类等。由于缺乏可灌溉的水源，有超过一半的可耕作土地闲置。虽然智利的可耕作土地的面积较少，但智利仍被称为南美洲的粮仓，农业是全国第五大经济支柱，该成员体农业生产有着明确的指导思想：通过提高本国农产品在国际上的竞争力以改善农村的贫困状况（郭天财等，2005）。智利农业的发展特点是最大限度的利用有限的耕地，种植高效益作物（万毅成等，2003）。

智利下设国家出口促进局，专门从事对外谈判会商，帮助农民拓展国际市场。生产农产品的庄园主已经不再是传统观念上的农民，而是懂技术、能经营、善管理的农业企业家，成为农业商人。更为特殊的是，智利的农民完全享有生产经营的自主权，并且同样享有对农业科技部门的选择权。

智利特有的自然条件及农业发展策略，使智利成为种子生产大国，尤其是蔬菜、玉米、花卉种子，这些种子大量出口到美国、日本、欧洲等国（万毅成等，2003）。

3. 秘鲁

秘鲁是南美洲西部的一个国家，秘鲁的农业生产状况较差，发展水平很低。西部地区是秘鲁最重要的农业区，是集约式生产方式，气候干燥，降水量不足，主要依靠安第斯山脉的河水灌溉；中部属于传统农业区，是山岳地带，粮食的产量较低；东部是林地农业区，农业的开发水平低。秘鲁的渔业比较发达，鱼罐头和鱼粉产量居世界前列。

玉米是秘鲁种植面积最大的粮食作物，其中黄玉米种植面积最大，但是产量不高，仅达到世界平均水平的 60%，不能实现自给自足。水稻是秘鲁第二大种植的粮食作物，自 20 世纪 70 年代以来，秘鲁的大米产量一直保持平稳的态势。马铃薯产量居第三位，其品种多，产量高。此外，秘鲁盛产一些热带和温带的水果，如橙子、芒果和香蕉（曲春红等，2012）。

秘鲁政府积极进行秸秆还田和免耕技术的研究和推广，并学习和改良从以色列引进的滴灌技术和设备，这大大降低了成本。同时，秘鲁农业相关部门积极培育和推广玉米、水稻、土豆和其他杂粮的新品种的种植。但是秘鲁的农业研究水平还很低，科研设备比较陈旧，方法技术落后。

参考文献

[1] 波波夫，张晓涛．俄罗斯农业的危机与出路［J］．世界农业，1998（10）：15－16.

[2] 布莱恩，麦康，奇马克，等．加拿大西部平原和中国西部实施保护性耕作制度的对比思考［J］．中国农业信息，2008（10）：4－6.

[3] 曹利群．墨西哥农业利用外资教训惨痛．中国党政干部论坛，2011，9.

[4] 陈丽霜．浅析菲律宾的粮食安全问题［J］．东南亚纵横，2013（12）：27－31.

[5] 陈明文，王林萍．美国、日本、法国农业保险比较及其借鉴［J］．中国台北农业探索，2007（1）：75－77.

[6] 丁建新．俄罗斯面临的粮食安全问题［J］．全球科技经济瞭望，2005（12）：38－39.

[7] 范立新，陈金玉．巴西、墨西哥粮食市场政策对我国的启示［J］．农村．农业．农民：（上半月），2005（5）：15－16.

[8] 顾尧臣．加拿大有关粮食生产、贸易、加工、综合利用和消费情况［J］．粮食与饲料工业，2006，12：021.

[9] 郭天财，沈天民，王西成，等．智利的小麦科研与生产［J］．麦类作物学报，2005，25（2）：132－134.

[10] 郭玮．美国、欧盟和日本农业补贴政策的调整及启示［J］．经济研究参考，2002，56.

[11] 侯立军，房芸．加拿大对粮食生产者补贴的操作办法［J］．产业经济研究：江苏财经高等专科学校学报，2002（1）：57－60.

[12] 李红，何坪华，刘华楠．美国政府食品安全信息披露机制与经验启示［J］．世界农业，2006（4）：4－7.

[13] 李瑾，秦富．泰国食物消费升级对应的粮食安全水平测度与分析［J］．中国食物与营养，2007（8）：37－40.

[14] 李宁．韩国粮食问题及对其外交政策的影响［J］．上海商学院学报，2012，12（6）：46－49.

[15] 李水山．2005 年韩国蔚镇环境亲和型农业世界博览会［J］．世界农业，2005（5）：57－57.

[16] 李晓俐．新西兰和澳大利亚农业发展的特点及做法［J］．世界农业，2012（10）：109－111.

[17] 林梅．越南的粮食生产与粮食安全［J］．世界农业，2000，9：5.

[18] 刘清娟，周慧秋．世界发达国家粮食储备经验及其启示［J］．世界农业，2011（9）：4－9.

[19] 柳一桥．荷兰、日本、澳大利亚和巴西特色农业产业化发展的战略研究［J］．世界农业，2013（3）：46－48.

[20] 龙晓柏，洪俊杰．韩国海外农业投资的动因、政策及启示［J］．国际贸易问题，2013，5：6.

[21] 简新华，张国胜．日本工业化，城市化进程中的“农地非农化”［J］．中国人口资源与环境，2006，16（6）：95－100.

[22] 孔凡真．美国确保国家粮食安全的有效机制［J］．粮食加工，2006，31（5）：8－9.

[23] 孔凡真．美国粮食安全政策对我国的启示［J］．粮食问题研究，2007（5）：14－16.

［24］马文杰，冯中朝．国外粮食直接补贴政策及启示［J］．经济纵横，2007，11：67－69.

［25］马晓春，李先德．韩国粮食补贴政策的演变及启示［J］．世界农业，2010（1）：31－34.

［26］穆中杰．澳大利亚的粮食法体系研究评述［J］．世界农业，2013（9）：67－71.

［27］穆中杰．加拿大粮食法体系及其借鉴［J］．世界农业，2013（10）：69－72.

［28］钱树静，侯敏．马来西亚粮食安全政策及其启示［J］．广西财经学院学报，2013，26（2）：90－95.

［29］曲春红，龚娅萍，母锁森．秘鲁农牧业发展概况［J］．世界农业，2012（9）：107－109.

［30］曲文俏，陈磊．日本的造村运动及其对中国新农村建设的启示［J］．世界农业，2006（7）：8－11.

［31］陶海东．俄罗斯农业的发展战略［J］．经济导刊，2010（6）：10－11.

［32］万毅成，杨镇．巴西、智利农业考察报告［J］．杂粮作物，2003，23（1）：60－62.

［33］王殿华，黄斗铉．俄罗斯粮食安全问题与中俄食品贸易［J］．俄罗斯中亚东欧市场，2010（12）：12－17.

［34］王莉蓉，李福君，谭本刚．美国粮食现代物流业现状［J］．粮油食品科技，2007，15（2）：56－58.

［35］王留栓．拉丁美洲粮食问题［J］．世界经济文汇，1986，2：8.

［36］王蓉芳．加拿大自然灾害管理机制与启示［J］．全球科技经济瞭望，2008，23（4）：11－14.

［37］魏凤．俄罗斯粮食安全现状及其政策评价［J］．农村经济，2009（8）：115－119.

［38］吴崇伯．东南亚国家的粮食安全问题及其启示［J］．东南亚纵横，2000（S1）．

［39］谢颜，李文明．澳大利亚粮食生产流通的发展趋势及启示借鉴［J］．世界农业，2010（7）：69－72.

［40］徐蕾，孟繁敏．美国粮食安全管理经验及启示［J］．黑龙江工程学院学报，2010，24（4）：71－73.

［41］颜波．澳大利亚的粮食流通体制与政府调控措施［J］．粮食科技与经济，2002，27（2）：41－42.

［42］杨邦杰，郧文聚，田玉福．加强中日韩交流 促进乡村发展［J］．中国发展，2009，8（4）：3－9.

［43］尹义坤，刘国斌．日本粮食生产补贴政策演进对我国的借鉴［J］．现代日本经济，2010（3）：58－64.

［44］张磊，严会超，章家恩，等．国外粮食安全保障机制及对中国的启示［J］．中国农学通报，2006，21（11）：417－421.

［45］张舒英．浅谈日本的农法体系及其社会经济意义［J］．日本学刊，2004（5）：63－74.

［46］赵予新，张庆．加拿大粮食物流“四散化”发展的经验及启示［J］．粮食流通技术，2013（2）：1－4.

［47］浙江省国土资源厅赴巴西、智利和秘鲁考察团．Land and resoure journal.

［48］周明建，叶文琴．发达国家确保粮食安全的对策及对我国的借鉴意义［J］．农业经济问题，2005（6）：74－78.

［49］Lever J，Miele M. The growth of halal meat markets in Europe：An exploration of the supply side theory of religion［J］. Journal of Rural Studies，2012，28（4）：528－537.

第七章　中国粮食安全战略

第一节　APEC关于粮食安全的会议

一、APEC第一届粮食安全部长级会议

亚太经济合作组织首届粮食安全部长会议于2010年10月16～17日在日本新潟大学召开，会议由日本农林水产大臣鹿野道彦担任主席。此次会议旨在促进亚太经济合作组织各成员之间在粮食及农业政策方面构筑合作关系，为世界粮食安全做出贡献。会议总结并肯定了APEC在亚太地区粮食安全方面所做的工作和取得的成果，同时也指出当前亚太地区粮食安全的严峻形势和面临的挑战，分析了影响亚太地区粮食安全的诸多因素，讨论了农业的可持续发展，以及如何使投资、贸易及市场机制更加顺畅等议题；会议提出了关于粮食安全的两大目标，并拟定了多项措施，制定了相关的行动计划。亚洲开发银行、联合国粮食和农业组织、联合国关于全球粮食危机问题的高级特遣队、国际农业发展基金、联合国贸易与发展会议、世界银行、世界粮食计划署、亚太经济合作组织工商咨询理事会等机构和组织也参加了会议。

在会议闭幕当天，与会各方共同发表了《新潟大学宣言》，宣言认为世界粮食安全保障正面临着严峻挑战，提出要在2050年前实现世界粮食增产1.7倍的目标。宣言指出，为解决由于人口增加、气候变化等带来的粮食不足问题，会议确定了农业的“可持续发展”和“加快贸易投资”两大共同目标。在农业的可持续发展方面，宣言提出了要扩大粮食供给能力、提升农业灾害应对能力、振兴农村地区、应对气候变化4个具体方向。在加快贸易投资方面，宣言提出了几项建议，包括促进农业投资、促进粮食及农产品贸易、强化农产品市场的信赖性、改善农业企业环境、完善食品安全措施等。针对在农业投资方面可能出现的利益优先等乱开发现象，宣言特别提出要进行负责任的农业投资。宣言还表示将继续为消除饥饿和贫困而努力。《新潟大学宣言》的内容将被写入定于11月开幕的亚太经济合作组织横滨峰会的文件中。

亚太经济合作组织希望这次会议能够引起各方对粮食安全的足够重视，并致力于对农业的进一步投入、农产品市场的开发及相关市场机制的完善。为确保共同目标的实施，宣言同时确定了行动计划，详细列出62点建议，并具体到每项建议的负责国家及实施时间。

二、APEC第二届粮食安全部长级会议

第二届APEC粮食安全部长会议于2012年5月31日在俄罗斯喀山圆满闭幕，会议由俄罗斯农业部长尼古拉·费德罗夫主持，与会者除APEC各会员体粮食安全部长出席外，还邀请联合国农粮组织（FAO）、世界粮食计划署（WFP）、世界银行（WB）、太平洋经济合作理事会（PECC）以及APEC企业咨询委员会（ABAC）的代表参加。

APEC的21个成员体农业、粮食相关部门和联合国粮农组织等6个国际组织的负责人出席。此次

粮食安全部长级会议围绕亚太地区粮食安全面临的挑战和确保该地区粮食安全政策措施开展了讨论，并从提高农业产量和生产力；促进贸易，开发粮食市场；提高食品安全和质量水平；为社会弱势人群提供食物；确保海洋生态系统的可持续管理，打击非法捕鱼和相关贸易等五个方面达成共识，并通过《喀山宣言》。

宣言主要针对农业生产量和生产力的提升，强调需长期进行资金和科技的投入，以妥善应对气候变化的影响、强化土地和水资源的使用效率、提升生物多样性。宣言重要提出两点加强粮食安全建设的建议：（1）建立良好投资环境，以促成公、私部门间的合作并吸收外来资金；（2）为应对水、土地及其他自然资源的短缺，各成员体应大力创新农业科技并积极发展生物技术，开发高产、抗病害且耐极端气候的新作物品种，确保农业资源能有效地被技术及设备使用。为达成上述二目标，宣言呼吁各成员体明确粮食安全战略目标，增加农业科技研究的投资，完善国家农业技术研究体系；优化国内农业投资环境，加强与 APEC 其他成员体的贸易和投资合作。

三、APEC 第三届粮食安全部长级会议

2014 年 9 月 19 日，亚太经济合作组织第三届农业与粮食部长会议在北京召开，中国国务院副总理汪洋出席开幕式并致辞。中国农业部部长韩长赋和国家粮食局局长任正晓共同主持会议，来自亚太经济合作组织 20 个经济体的农业与粮食部长和有关国际组织约 200 名代表出席了会议。

汪洋指出，粮食是人类生存之本，农业是经济发展之基。近些年，亚太农业发展取得了长足进步，但各经济体之间很不平衡，粮食安全形势依然严峻，特别是人口增长、气候变化、环境污染和自然灾害等，给农业发展带来新的挑战。APEC 各经济体应秉持互利共赢理念，加强区域农业交流与合作，推动相关合作机制稳定化和长期化，探索建立为农业企业、科研机构等服务的平台，将各项合作计划落到实处。要加强政策交流与立场协调，建立公平合理、持续稳定的农产品贸易秩序，积极推动农业投资便利化，促进农业联合开发，为区域农业发展创造良好环境。

与会代表围绕会议主题“加强区域合作 保障粮食安全”展开了发言交流，为加强本地区农业与粮食领域交流与合作献计献策，共同谋划本区域农业与粮食发展战略，勾画区域粮食安全蓝图，并以科技创新为支撑、促进农业与粮食生产，加强产后管理、减损增效，加强区域合作、提高粮食安全水平等三大议题为主干，达成了重要共识，通过了亚太经济合作组织粮食安全《北京宣言》。

宣言强调要在以下领域加强合作：一是重视科技创新，深化农业科技合作，加快农业技术成果转换、农业产业转型升级，促进农业的可持续发展；二是加强种业、跨境动植物检疫防控与粮食供应链、质量安全和产后管理等方面的交流与合作；三是加大各经济体农业文化遗产的保护力度，支持联合国粮农组织在全球重要农业文化遗产方面所作的努力；四是加强粮食供应链管理的交流与合作，提升农业生产率和食品供应效率，加强食品质量标准和法规协调，降低粮食物流成本和贸易成本减少损失。五是亚太经济合作组织经济体加强政策协调与合作，努力促进本区域的农产品贸易和农业投资自由化和便利化；六是加强亚太经济合作组织内部农业与粮食相关组织之间交流与合作，强化农业技术合作工作组、粮食安全战略伙伴关系、贸易和投资委员会、食品安全合作论坛、海洋与渔业工作组、农业生物技术高级别对话等机制之间的交流与协调。

2014 年 9 月 12 ~ 17 日，在中国北京还举行了 2014 农业与粮食领域系列会议，包括亚太经济合作组织第三次农业与粮食高官会、农业技术合作工作组、粮食安全战略伙伴关系对话、食品安全合作论坛、农业生物技术研讨会与高层论坛、强化政府与企业合作关系——减少蔬果供应链损失研讨会。会上，各经济体对加强区域粮食安全合作、减少粮食产后损失形成了广泛共识。会议期间，各成员体农业和粮食部长进行了交流和会谈，各方围绕深化交流交往、加强区域合作、推进节约减损、促进粮食流通、共同维护亚太和全球粮食安全等问题，友好而坦诚地交换了意见。

第二节　中国粮食安全战略及对策

2013 年中国粮食总产量达到60 193.5万吨，同比增长 2.1%（数据来源于国家统计局统计公告），实现粮食产量的“十连增”。但在粮食产量持续增长的表象下，中国粮食状况仍然存在产不足需的问题，且缺口日益增大。21 世纪初，中国的粮食自给率还能维持在95%的水平线上，但到2012 年底，粮食自给率已跌破90%。虽然官方一直在控制和引导粮食进口总量和进口类别，但中国三大粮食作物的净进口仍出现了常态化的趋势，这在一定程度上影响了中国粮食安全，确保谷物自给和口粮安全成为迫在眉睫的战略任务。

事实上，粮食自给率仅是衡量中国粮食安全整体水平的标准之一，广义的粮食安全的内涵应包括（总需求和总供给）总量平衡、（粮食和非粮作物）结构平衡、（粮食产区和销区）区域平衡、（产量和销量）产销平衡四个方面。然而，目前我国粮食安全则表现为脆弱平衡、强制平衡、紧张平衡的基本特征（焦健，2013）。所谓脆弱平衡，是目前我国保障粮食安全的农业资源条件贫乏；强制平衡，是在政府大力主导和调控下，并投入大量经济、社会成本的情况下实现的平衡；紧张平衡，是中国保障粮食安全的能力较为有限，控制力不足（中国粮食安全报告）。针对目前粮食安全的现状，于2013 年 12 月 10～13 日在中国北京召开的中央经济工作会议将粮食安全工作放在2014 年经济任务的首位，提出“切实保障国家粮食安全”的要求，并同时强调实施“以我为主、立足国内、确保产能、适度进口、科技支撑”的国家粮食安全战略（李涛摄，2013）。

1. 确保谷物基本自给，口粮绝对安全

随着社会经济的发展和人民生活水平的提高，中国国内粮食需求日益增加。如何利用国内有限的农业资源确保粮食的基本自给是保障中国粮食安全最基本、最重要的任务。李克强总理在2014 年中央经济工作会议上指出，提高耕地质量，增强农业综合生产能力，确保谷物基本自给、口粮绝对安全，是粮食安全工作的重中之重。在明确保障重点的基础上，结合农业生产的实际情况，以耕地保护和耕地质量提高为基础，以科技兴农为支撑，提高农业产业化水平，建立健全农业市场机制，加大种粮补贴和农业扶持力度，合理规划粮食分区，完善粮食运输和储备体系，并加强食品安全的监管力度。

（1）保障耕地。在耕地数量上，在非农需求不断增大的形势，下大力开发后备土地资源，守住 18 亿亩耕地红线；在耕地质量上，改造中低产田，加强水利基础设施建设，把中低产田建成旱涝保收、高产稳产、节水增效的高标准农田。

（2）科技进步。在加强农业基础设施建设的基础上，提高农业设施化、机械化水平；培育良种，改良种植方法，加强病虫害防治，精确测土配方，提高农业精细化水平；同时施行节水灌溉、完善防灾减灾及保护性耕作技术。

（3）农业产业化。以农业龙头企业为带动，充分链接市场与农业、生产和消费，发展新型农业经营主体，形成涵盖生产、收储、加工、食品、物流、贸易、营销和农业服务的全产业链农业体系。

（4）农业补贴和扶持。从2004 年开始，我国开始实行种粮补贴、种粮直补、农机补贴和农资综合直补；从2006 年起，我国开始全面实施对小麦、稻谷两大重要粮食品种的最低收购价补偿政策；实行对粮食主产区的利益补偿。

（5）粮食安全市场机制。着力建立和完善以市场为主导的粮食价格机制，运用价格杠杆引导和调控农业粮食产业，促使粮食资源优化配置。

（6）粮食分区规划。打破从前粮食产、销分区的概念，根据各地区农业资源情况，因地制宜，发展不同形式的粮食生产；实行传统粮食产区补偿机制，并开展传统销区的粮食生产自救。

（7）完善粮食运输与储备。建设跨省大区域之间的粮食物流通道，完善全国主要粮食物流节点，加强散粮基础设施建设，提高粮食物流的组织化程度。

（8）食品安全。加强食品安全监察力度，严格规范农产品生产、加工以及食品制造等环节的安全标准。

2. 适度、合理进口，健全粮食贸易机制

尽管我国采取了一系列促进措施来提高国内粮食产出，但现有土地产出能力毕竟有限，进一步开发利用农业资源的难度不断加大，利用国外资源缓解国内粮食供需的紧张局面成为我国粮食安全领域的新课题。改革开放以来，经过长期的经济建设，中国结束了过去依靠粮食出口换取外汇的历史，拥有充足的外汇储备，具备粮食进口的购买力。

在保证谷物和口粮安全的前提下，适当进口不会影响我国的粮食安全。2013 年农产品进口量相当于国内 7 亿多亩耕地的产出，占中国农作物播种面积的近三成（经济日报，2014），这有效地减轻了我国农业资源压力，缓解了国内粮食供需的紧张局面。在承认中国需要增加进口的大前提下，对哪些产品必须立足于国内生产、哪些产品要利用国外资源解决，需要进行抉择。在口粮必须实现国内供求总量平衡的限制下，中国开放粮食进口的优先顺序为：农产品转化品→非基本需求农产品→非口粮谷物→口粮。

在明确粮食是否需要进口和进口粮食种类的基础上，需决解决如何进口的问题。针对目前粮食进出口存在的种种弊端，我国将进一步完善粮食贸易体系，提高粮食进口的经济效益和社会效益。制定科学合理的进口储备制度，把干预国际粮食市场上升到与调控国内市场同等重要的地位来进行，主动提高粮食库存；加强国际粮食贸易话语权，在政府主导及支持下加快健全重要农产品进口企业的行业协会，整合农产品进口需求并形成合力。加快发展和完善双边和多边贸易机制，并充分解读和利用双边和多边协定，建立互利互惠、持久稳定的出口国货源基地。强化同其他农产品进口国的合作，建立联合谈判机制，切实提高谈判能力。鼓励和支持国内大型商业化经营的粮油贸易企业参股、控股国际大粮商；建立稳定的产销对应关系，在粮食产量增长较快的国家和地区，通过并购已有物流企业或兴建新的仓储和运输系统的方式，打造国际化的大型物流企业，进一步紧密与货源地的互利互惠关系；建立产业安全和风险预警与快速反应机制，降低不合理进口对国内粮食生产的影响（农业部《不同粮油种植模式研究》）。

3. 国际技术交流和海外投资战略

所谓国外农业资源，从广义上来说，不单是指进口的农产品成品，也包括国外优势农业技术和农业自然资源。充分利用国外农业资源来解决国内粮食安全问题，不应单纯依靠粮食进出口来实现，更为重要的是学习、引进国外先进的种植业技术，提高国内粮食生产能力；同时，实施农企“走出去”战略，积极拓展海外农业投资，将国外丰富的农业自然资源转变为我国的农业产出，形成对国内农业资源的有力补充（韩俊等，2012）。

在农业技术引进方面，我国从“九五”计划开始实施了“引进国际先进农业科学技术计划”（简称“948”计划），该计划由农业部、水利部、国家林业局、财政部共同组织实施。计划实施以来，先后从 40 多个国家和地区引进各类先进农业技术 1 500多项，种质资源 80 000多份，仪器设备 1 300余套（台、件）。这些成果有的引进来直接应用于农业生产，有的通过消化吸收再创新在农业生产中发挥了重要的作用（《农业部”引进国际先进农业科学技术计划”新闻发布会》，2009 年 8 月）。同时，中国还积极搭建国际科技合作交流平台，自 1991 年加入 APEC 以来，中国与亚太国家在农业领域特别是农业技术领域的交流与合作取得了一系列积极进展。目前已与泰国、越南、菲律宾、智利、秘鲁、墨西哥等亚太发展中国家签署了农牧渔业合作协议。

在海外投资方面，2006 年，中央政府开始出台支持农业走出去的政策。商务部、农业部和财政部联合下发了《关于加快实施农业“走出去”战略的若干意见》，农业部还专门制定了《农业“走出去”发展规划》。同年，商务部、农业部和财政部牵头成立了由十个部门组成的农业走出去”工作部际工作协调领导小组。中国海外农业投资从无到有、发展迅速，2004—2010 年，中国农林牧渔对外直接投资的存量从 8.34 亿美元增长到 26.12 亿美元，增长 2.1 倍，年均增长 21.0%。目前，中国正积极培育境外农业投资主体。一方面支持企业做大做强，特别要支持其健全完善全球粮油生产、购销、物流、加工全产业链；另一方面，积极组建境外农业投资行业协会和海外农业企业协会，加强行业协会在行业自律、价格协调、应对贸易纠纷等方面的作用，为企业实施境外农业投资提供坚实的保障。

第三节　APEC 与中国粮食安全战略

亚太经济合作组织（APEC）成立之初是一个一般性的地区经济论坛和磋商机构，经过十几年的发展和成长，已逐渐演变为亚太地区最高级别的政府间经济合作机制。APEC 的宗旨是维护和促进亚太地区的经济发展，增加经济往来，构建和发展开放的多变贸易体系减少成员体之间的贸易壁垒，协调成员体之间的经济利益，并开展国际技术交流（皮波勇，2007）。

对中国来说，APEC 是重要的外交平台和发展平台，加强与各成员体之间的合作交流有利于维护中国利益和提升国际地位、有利于促进贸易和投资自由化和便利化、有利于推动我国科学技术的进步。在农业方面，近年来随着 APEC 粮食安全部长会议的召开，粮食安全在 APEC 农业合作中的重要地位日益突显，已成为 APEC 较为主要的合作领域。目前，APEC 内有多个涉及粮食安全合作的委员会、工作组和论坛，包括 APEC 工商理事会（APEC Business Advisory Council，ABAC）、农业技术合作工作组（Agriculture Technical Cooperation Working Group，ATCWG）、粮食安全政策伙伴关系机制（Policy Partnership on Food Security，PPFS）、食品安全合作论坛（Food Safety Cooperation Form，FSCF）、APEC 农业生物技术高级别政策对话（High Level Policy Dialogue on Agricultural Biotechnology，HLPDAB）等组织。这些组织分别在农业政策、农业技术、农业贸易和食品安全等方面不断加强交流与合作，为中国粮食安全战略的实施提供了良好的国际环境和优越的便利条件，也为中国农业技术进步和农业产业结构调整注入了催化剂。参与 APEC 农业合作的过程，实际上也是我国粮食安全战略的具体实施过程，也是我国实现农业现代化的必经过程。

一、APEC 倡导的粮食安全战略

通过 APEC 粮食安全部长会议的议题以及 APEC 相关委员会、工作组和论坛的具体工作，APEC 施行的粮食安全战略的框架逐步清晰

1. 扩大粮食的供给能力

扩大粮食的供给能力是解决粮食安全问题的核心和关键。只有提高农业生产力、切实增加粮食产量才能从根本上缓解粮食供需矛盾，从而提高粮食安全水平。扩大粮食供给能力的议案是 2010 年在日本新潟大学召开的首届 APEC 粮食安全部长会议上提出的，在 APEC 随后的粮食安全相关会议和粮食安全合作中，这一战略始终是各成员体的行动纲领和努力目标。

在扩大粮食供给能力的大战略下，APEC 各相关组织从创新农业科技、增加农业投入、加强粮食产后管理等方面开展具体工作。

（1）农业科技。科技是第一生产力，农业科技的进步及推广应用是提高农业生产力的根本途径，也是农业可持续发展的必然要求。以农业技术合作工作组（ATCWG）为代表的 APEC 粮食安全相关组

织一直致力于农业科学技术的交流与合作，主要包括农业、生物技术、动物和生物遗传资源管理等领域的信息和经验等。

（2）农业投入。农业生产力的提升需要持续的资金和科技的投入，要解决粮食安全问题，APEC 成员体必须加强农业基础设施的建设力度、加大对农业的投资和扶持力度，稳定粮食种植面积，提高单位面积耕地的产出。

（3）产后管理。减少粮食损耗是 APEC 粮食安全工作的重点项目。在提高粮食生产效率的同时，注重提高食品供应效率及加强产后管理、减损增效降低粮食物流成本和贸易成本，从而减少粮食损失，扩大粮食供给能力。

2. 提高粮食供给稳定性

在气候变化的大背景下，极端气候和农业灾害的发生将更加频繁，如何提升粮食生产系统应对气候变化的能力、提高粮食供给的稳定性是解决粮食安全问题所必须面对的课题。近年来，APEC 一直将增强农业抗灾能力作为粮食安全工作的重点，在农业气象灾害预报、农业生物灾害防治、防灾减灾技术应用和农业抗灾设施建设等方面开展了大量的交流和培训工作。上述工作旨在增强 APEC 成员体应对农业灾害、保持粮食稳定生产的能力，保证粮食供给不受自然灾害的影响或将此影响程度降到最低，从而提高区域内粮食供给的稳定性。

3. 促进农业投资和粮食贸易

在保证粮食供给能力的基础上，APEC 倡导更加开放的市场环境来促进粮食及农业产业的发展。建立良好的农业投资环境、促成公、私部门间的合作并吸收外来资金对于农业产业化发展至关重要；开发粮食市场、促进粮食及农产品贸易有利于提高粮食产业经济效益和促进农业资源的合理配置。APEC 工商理事会（ABAC）、贸易和投资委员会（CTI）和经济委员会等组织在促进农业投资和贸易自由化、强化农产品市场的信赖性、改善农业企业环境等领域做了大量工作。

4. 强化食品安全和保障特殊群体

粮食供给能力不仅是要求粮食供给数量，而更加注重粮食质量特别是食品安全的保障。APEC 呼吁各成员体应加强食品质量标准和法规，提高农产品检测、检疫技术水平，协调提高食品安全和质量水平，完善食品安全措施。同时，加大对贫穷地区的经济扶持，振兴落后农村地区的发展，为社会弱势人群提供食物，进一步完善社会福利制度。

二、APEC 对中国粮食战略的影响

1. 农业科技进步的促进作用

1996 年成立的 APEC 农业技术合作工作组（ATCWG）一直致力于亚太地区农业技术的交流与合作，其工作重点包括：动植物基因资源保护及利用；农业生物技术的研发与推广；农产品生产、加工、销售、流通与消费；动植物检疫及病虫害防治；农业财经系统的合作发展；农业技术的转让与培训；可持续农业与相关环境问题。这些技术领域作为 APEC 的优先项目同时也是我国农业发展所需要的核心技术，APEC 农业技术交流符合我国推动农业科技进步、加强国际农业技术交流的战略决策，是提升农业科研水平的有效途径，从而为提高粮食生产能力和粮食安全战略的实施做出贡献。

2. 对国内农业投资环境和农业产业政策的影响

APEC 相关组织在促进农业投资自由化和改善投资环境方面为各成员体提供了很大的帮助与支持，

例如 APEC 经济委员会制定了《经济委员会营商便利度（EoDB）行动计划》，引导成员体积极解决影响私营部门对农业进行投资的业务条件，包括知识产权保护和获得信贷业务。为适应 APEC 的经济合作、吸引外来农业投资，我国积极调整国内投资政策，加大市场开放力度，营造良好的农业投资环境，吸收外来资金和先进技术融入国内农业产业体系，促进了农业市场竞争，有利于农业产业化水平的提高。

3. 有利于完善粮食贸易体系

亚太地区是我国开展对外经济贸易活动最重要的地区，实现 APEC 区域贸易自由化，我国将获利巨大（陆建人，2004）。APEC 工商理事会（ABAC）和 APEC 贸易和投资委员会（CTI）积极促进 APEC 成员体间消除农产品贸易的关税壁垒，为亚太地区粮食贸易共同体的形成创造了有利条件。我国要建立完善的粮食贸易体系、提高国际粮食贸易话语权，必须充分利用 APEC 区域贸易政策提供的有利条件，依托 APEC 形成参与世界粮食贸易竞争的共同体，践行我国粮食安全国际战略。

4. 为海外农业投资提供便利

APEC 一直努力促进本区域的农产品贸易和农业投资的自由化和便利化，在我国调整投资政策、积极适应外来农业投资的同时，APEC 其他成员体也会实行相应的开放市场和吸引投资的举措，这将为我国海外农业投资提供有利的发展环境。鉴于目前我国国内农业资源的短缺以及海外农业投资的种种困难，APEC 创造的良好投资环境是我国施行缓解国内农业资源压力、充分利用国外农业资源的粮食安全战略所迫切需求的。

参考文献

［1］焦建．中国粮食安全报告，《财经》杂志，2013（35）．

［2］李涛摄．2014 中央经济工作会议及专家解读［N］．新华社，2013 年 12 月 13 日．

［3］国家粮食安全需求中长期规划纲要（2008—2020 年）．

［4］着力构建保障粮食安全整体方略［N］．经济日报，2014 年 1 月．

［5］韩俊．国家发展战略研究丛书：14 亿人的粮食安全战略［M］．学习出版社、海南出版社，2012.

［6］皮波勇．当前 APEC 合作的变化与我国战略对策调整需求［M］．华中师范大学，2007.

［7］陆建人．APEC 面临的五大挑战［J］．国际经济评论，2004（9）．

附件1　第一届APEC粮食安全部长级会议《新潟大学宣言》（中英文）

1. 我们，APEC负责食品安全的部长们，于2010年10月16～17日在日本新潟大学市举行第一次会晤。这次会晤由日本农林渔业部长 Michihiko Kano 主持。

2. 我们欢迎来自亚洲开发银行（ADB），联合国粮食和农业组织（FAO），联合国处理全球粮食危机事物高级别特别行动组，国际农业发展基金（IFAD），联合国贸易与发展会议（UNCTAD），世界银行，世界粮食计划署（WFP）和亚太经济合作组织工商咨询理事会（ABAC）参加会议的代表。

3. 全球粮食安全正处在一个十字路口。2007、2008年食品价格的飙升为长期粮食安全的脆弱性敲响了警钟。2009年，人类历史上全球营养不良人口的数量首次超过10亿人，虽然有人估计在2010年这一数字会降到9.25亿人。展望未来，2050年世界人口预计将达到91亿人，而相应的粮食产量必须增加70%，才能养活如此众多的人口。另一方面，由于作物产量没有像往年一样快速的增长，农业生产正越来越受到作物单产增长放缓、远期的公共基础设施投资的减少、荒漠化、淡水短缺、耕地非农化和气候变化带来的负面影响的限制。因此，未来十年内农作物平均价格预计将保持在显著高于2007—2008峰值前10年的价格水平。这些事实在强调食品和农产品贸易的重要性。

· *粮食安全和 APEC*

4. 食品安全即是：所有的人、任何时候都能够在物质上和经济上获得足够、安全和营养的食品，以满足其积极和健康生活的膳食需要及食物喜好。这个被普遍接受的食品安全的定义包含四个要素：食品的可获取性，食品的可供给性，食品的可利用性和食品的稳定性。足够食物的供应是消费者进行食品消费的前提条件，而食品必须安全，多样，均衡，营养，一年四季都可用、可取。食品安全必须在从个人家庭、国家、区域到全球所有层面上都得以实现。提供食物的农业可以产生其他积极的外部效应，如保护耕地，涵养水资源，呈现景观和保护生物多样性。各经济体保证粮食安全的措施取决于其发展水平及在食品贸易中的地位。由于食品是人类生存的必需品，因此食品安全是所有APEC经济体共同关注的议题。

5. 作为亚太地区重要的经济合作论坛，APEC在提高区域和全球粮食安全中扮演者重要的角色。虽然APEC成员体在1990—2006年之间使营养不良人口减少24%，但世界上大约1/4营养不良的人口仍居住在这一区域，所以仍有许多工作要做。在整个食品链中，APEC经济体承担着巨大的粮食安全风险，2007—2008年食品价格飞涨期间出现的一些抗议和骚乱情况就是佐证。该地区也经常遭受如地震，海啸，台风，洪水和干旱自然灾害，使食品供应经常出现中断，破坏食品生产基地，扰乱民生，人员流离失所，减少粮食生产。然而，APEC区域粮食产量占世界总产的1/2、还包括世界主要农产品出口和进口国，因此APEC可以保障区域和全球粮食安全。贸易在粮食安全中起着关键的作用，APEC作为促进经济增长、合作、贸易和投资的论坛，可以为保障粮食安全作出重大贡献。加强APEC粮食安全将有助于实现APEC人类安全的目标，并促进《APEC领导人经济增长战略宣言》的实施。

6. 近期粮食价格暴涨的经验教训为APEC在应对粮食安全问题方面提供了有价值的指导。在过去的几十年中，国际社会的努力着重强调需求方面的措施，即通过扶贫解决粮食安全问题。相比之下，对供应方面的投资如在农业研究和发展、技术传播和基础设施方面的投资凸显匮乏。鉴于 APEC 强大的经济和技术合作，APEC 通过聚焦提高农业生产力、促进贸易和投资及不断扩大市场，可以很好地提高粮食供应量。消除贫困和保障脆弱人群、城市人口的食物供应仍然重要，这种针对性的措施将确保亚太经济合作组织是其他国际组织保证粮食安全措施的补充，而不是简单的重复。在开展这项工作的同时，APEC 也将为其他组织和非组织成员体提供积极的样板。APEC 经济体的经验和专业知识可以用来 支持《拉奎拉粮食安全倡议》（AFSI）和《全球可持续粮食安全罗马原则》。我们欣赏 APEC 经济体在保障区域和全球粮食安全所做的其他努力如《东盟与中日韩三国粮食安全和生物能源开发合作协议》和《全球农业和粮食安全计划》。

7. 为保证未来粮食安全，现在是采取具体行动的时候了。为了迎接这一挑战，我们一致认为，APEC 经济体将追求共同的目标：①农业部门的可持续发展；②促进投资，贸易和市场。我们签署了《亚太经济合作组织粮食安全行动计划》，这一行动计划确定了 APEC 经济体具体的行动内容，将加强区域粮食安全合作。我们邀请 APEC 相关分论坛与各成员体及 ABAC 一道采取相应的行动。

一、共同的目标 1：可持续发展的农业部门

8. 通过充分发挥农村社区的潜能、扩大食品供应能力，使 APEC 区域不断增加充足、安全和营养的食品，对解决未来可能由人口和收入增长导致的食品供需失衡是必要的。这些集体行动需要相互合作，去适应和减少气候变化的影响，提高农业部门的灾害应对能力，从而达到该地区粮食的稳定供应。

· 扩大粮食供给能力

9. 粮食供给能力的提高可以通过提高农业生产能力、改进收获后技术、扩大耕地面积、恢复受侵蚀的农地和草地、减少整条食品链损失和充分利用未得以充分利用的资源来实现。到 2050 年，全球作物产量 90% 的增长将以提高生产能力来实现，包括提高单产和增加种植密度。因此，为了养活不断增长的人口，必须不断提高生产能力，重点加强研究与开发、技术推广和发展基础设施建设。我们将寻求提高生产能力所需的资源，包括生物技术和其他新技术的审查，批准和使用；此外增加安全、有效和环境可持续发展的创新。

我们还一致认为，APEC 经济体应根据共同协定的条款开发和推广新技术和现有技术。在 APEC 及各成员体努力的基础上，我们一致认为有必要增加 APEC 区域的农业，以促进或加速利用所有可用的粮食资源。我们鼓励 APEC 经济体通过合作，分享最佳实践经验，以减少食品价值链从生产、加工到分配、消费各个阶段粮食的损失。我们一致认为，通过有效的海洋渔业资源管理和可持续发展的水产养殖，渔业资源将继续成为一个安全、有发展前景的食品供应途径。我们感谢秘鲁帕拉卡斯第三次 APEC 海洋部长会议（AOMM. 3）在 10 月 11 ~ 12 日举行，所取得的成果（《帕拉卡斯宣言》和《行动纲领》），认可和强调海洋资源、渔业和水产养殖产品对食品安全的重要性。

· 加强农业应灾能力

10. 世界上 70% 以上的自然灾害发生在亚太地区。此外，多数 APEC 经济体都位于环太平洋火山带上，世界上超过 75% 的火山和 90% 的地震都源于此。农业部门深受自然灾害的影响。新出现的害虫和疾病的传播也是该地区的一个严重问题。因此，提高农业部门的应急能力至关重要。我们同意携手、并和 APEC 紧急情况应对工作组密切合作，通过重点关注气候变化和气候变异的影响，加强该区域农业部门在减灾、备灾、应对灾害和灾后重建的能力。我们也同意，APEC 各经济体在跨界动物疫病和植物病虫害防控方面及鼓励发展成员之间的信息共享和能力建设以促进全面风险管理计划的发展等方面加强合

作。与此同时，我们同意如安全网络等社会保护措施和其他诸如保护最脆弱群体免受自然灾害冲击的政策的重要性。在这种情况下，我们同意检验建立合作处理粮食危机方法的可行性。我们也感谢东盟与中日韩三国建立的《东盟与中日韩大米紧急储备协议（APTERR)》的努力，这一协议有力地保障了在紧急情况下的粮食安全。

·发展农村社区

11. 农村地区为粮食安全带来了挑战和机遇。在发展中成员体，约75%的贫困人口生活在农村地区；相反地，农业部门的增长是农村居民的主要收入来源，农业部门在有效帮助最贫困人口的效率是非农业部门的两倍。在一些发达成员体中，农业在就业和收入方面作用更小且越来越轻微。收入来源的多元化（包括以市场为导向的农耕活动的扩张和非农耕收入的增加）成为提高粮食安全的重点。为了实现这些目标，我们同意分享信息和最佳实践方法，以协同农村发展和粮食安全。我们认识到鼓励食品消费的价值、包括本地生产的食品，这样有利于饮食的多元化和平衡、并减轻对某种特定主食的依赖。我们还同意进行合作，加大投资力度帮助妇女、青年和贫困农民以提高他们的能力获取必要的食物，包括食物数量、质量和多样性，使之惠及他们的家庭和后代。此外，我们也认识到社会保障措施的重要性，如校餐计划和母子营养计划，这些计划都是为脆弱群体设置的安全网络保障计划。

·气候变化和自然资源管理面临的挑战

12. 农业严重地依赖于土地和水等自然资源，并根据土地、土壤、水、景观和生物多样性等因素的情况产生正面和负面的环境影响。农业也是特别容易受气候变化影响。作为全球温室气体排放的来源，农业带来了这一挑战；同时，农业也可以通过土壤、森林碳沉淀和改进自然资源管理来解决这一难题。在这方面，我们同意遵照共同但有差别责任和能力的原则，通过新有和现有技术的开发和转让、信息交流、合作研究和能力建设，支持各成员体农业部门适应和减少气候变化的影响。

最后，我们注意到将经济体组成一个自下而上的、自愿的、以加强在农业温室气体研究方面开展国际合作、协作和投资的网络组织的重要性。表明这种合作一个积极的例子是全球研究联盟，其将经济体组织起来寻找在不增加温室气体排放的情况下提高粮食产量的方法。我们还同意解决自然资源的问题，如日益严重的水资源短缺、荒漠化扩大、耕地更多地被占用、生物多样性减少、热带雨林退化和海洋渔业资源枯竭等挑战。我们认识到生物燃料所带来的机遇，我们同意合作开发第二代生物燃料。

二、共同的目标2：投资、贸易和市场便利化

13. 没有稳定、高效、公平的全体人口粮食分配方案，食品安全不可能实现。在这方面，APEC成员体应携手合作，便利农产品贸易，维护可靠的市场，改善营商环境，以及与该地区关键利益相关者合作确保食品安全。促进责任农业投资是实现这一目标的一个不可缺少的元素。

·促进农业投资

14. 充足的农业投入是保障持久粮食安全的先决条件。但是，农业资本存量的年增长率，从1975—1990年的1.1%下降至1991—2007年的0.5%。在1980—2005期间，对农业发展的援助（ODA）下降了58%，对农业部门的官方发展援助的份额从17%减少到4%。为了满足未来全球粮食消费需求，农业领域的投资将需要有大幅增加。为了应对这个艰巨的挑战，我们将致力于促进加强政策引导，加大农业投资，开发农业资源，从而确保长期的粮食安全。我们认识到私有投资的关键作用，鼓励公私合作的伙伴关系。我们认识到外部直接投资在农业领域的重要价值，这种投资可以为成员体带来更高的农业生产能力和更多的就业机会。我们还认识到在发展中成员体商业对于土地和其他自然资源持续增长的压

力，我们支持责任农业投资，旨在创造一个成员体、当地社区和投资者的多赢局面。我们也支持有关国际组织和各利益相关群体为制定负责任的农业投资（RAI）的原则和最佳实践方法以建立相互协调的全球反应框架所做的努力。促进食品和农产品贸易。

· 促进食品和农产品贸易

15. 贸易在保障食品安全方面起到了很重要的作用。它确保了人们均衡膳食所需要的食物来源。同时，贸易也给人们创造了很多经济机会，它可以增加人们的收入和人们的食品购买力。为此，我们重申在 WTO 框架下一个开放的并且以规则为基础的多元化贸易的价值，它给农业贸易提供了可预测性和稳定性。我们一致认为有必要维护全球化和开放市场所带来的利益，突出鼓励科学的标准、反对贸易保护主义、鼓励区域市场一体化重要意义。在已经取得成就的基础上包括多哈议程模式在内，与多哈发展议程授权一致，我们重申我们对一个雄心勃勃、平衡和迅速多哈发展议程成果的承诺。我们再次重申这个在 2008 年亚太经济合作组织领导人会议首次提出、直至 2011 年贸易部长会议扩充这一承诺。WTO 不可预知的政策环境抑制了投资，并仅提供了暂时而不充分的利益，往往忽视了最低收入的消费者，其不连续的政策措施对农民的积极性产生了负面的影响。认识到所有成员体——特别是粮食净进口成员体和发展中成员体对外部冲击的脆弱性，我们注意到保持国内生产、国际贸易、粮食库存和为穷人而设置的反映发展和资源禀赋粮食安全网络的适当比例非常必要。基于亚太经济合作组织在促进自由和开放的贸易方面所做的努力，我们支持通过出台相关的措施诸如非关税措施和非关税贸易壁垒为促进食品和农产品的贸易便利化而开展合作。

· 增加农业市场的信心

16. 2007—2008 年食品价格的暴涨引发了人们对农产品市场的波动性和不确定性的担忧。虽然粮食价格在国际市场上价格波动趋势是由各种商品综合决定的，但是全球粮食商品市场有可能在可预见的未来表现出周期性的波动。我们同意共同努力，以解决大宗商品价格的波动性和不确定性，以增强农产品国际市场的信心。具体来说，我们同意联合探索减少农产品市场的不确定性的最佳方式，包括各成员体在其他区域和国际论坛所取得经验的信息共享。

· 改善农业贸易环境

17. 随着成员体经济的发展、食品供应链越来越长，农业经营部门在这方面对连接农民和消费者的农业贸易部门在食品安全领域内扮演着日益重要的角色。政府部门必须创造良好的投资环境来吸引投资，解决微型、小型、中型涉农企业的发展瓶颈问题。为了达到这样的效果，我们同意通过合作改善投资环境，例如提供公共基础设施、建立完善法律法规保障体系和确保金融服务。为此，我们希望对涉及食品与农业部门的小额贷款机制进一步创新。我们同意促进发展一条强大的食品供应链，以确保提供充足、安全和营养的食品。我们也同意提高共同的食物标准，促进科学法规的发展和应用以及建立综合平衡的知识产权的体系。

· 提高食品安全的措施

18. 加强各成员体生产、获取、流通安全食品的能力建设，完善食品安全的相关法规是食品安全战略的要素之一。鉴于不安全食品对于公共健康和经济发展的重大影响，食品领域的科学家与管理者必须更加紧密的合作，基于科学、风险评价的粮食安全体系应该被加速应用到食品监管中来。APEC 食品安全合作论坛及其合作培训机构网络可以被作为一种资源，开发、设计、检测食品安全培训模块、食品运输方法，APEC 食品安全合作论坛及其合作培训机构网络也可以作为全球粮食安全合作的典范。为此，我们同意鼓励 APEC 成员体通过 APEC 论坛在食品安全领域开展合作积极履行应尽义务，各尽其能。

· 与关键利益相关者的合作

19. 与利益相关者进行有意义的咨询与协商，对于我们朝着粮食安全目标的持续迈进非常关键。积极地参与机制有助于粮食安全承诺的兑现，也能确保最好的想法得到实施。这些利益相关者范围广泛，包括非政府组织、基金会、大学、多边机构和私营企业等。多年来，我们注意到 ABAC 的价值，包括其提出和倡导的 APEC 粮食体系概念和在 2009 年发表的《APEC 粮食安全的战略框架》。我们督促高官会以一种更加务实的方式将 ABAC 纳入到 APEC 食品安全合作中。

· 未来之路

20. 我们督促 APEC 高官对《食品安全行动计划》进行监督，并每年向 APEC 部长级会报告进展，并根据行动计划完成情况，编写一份总体执行评估报告。

2010 APEC Ministerial Meeting on Food Security Niigata Declaration-APEC Food Security Preamble

1. We, the APEC Ministers responsible for food security, met for the first time in Niigata, Japan from 16 to 17 October 2010 under the chairmanship of H. E. Michihiko Kano, Minister of Agriculture, Forestry and Fisheries, Japan.

2. We welcomed the participation in the meeting of representatives from the Asian Development Bank (ADB), the Food and Agriculture Organization (FAO) of the United Nations, the United Nations' High-Level Task Force (HLTF) on the Global Food Crisis, the International Fund for Agricultural Development (IFAD), the United Nations Conference on Trade and Development (UNCTAD), the World Bank, the World Food Programme (WFP) and the APEC Business Advisory Council (ABAC).

3. Global food security stands at a crossroads. The food price spike in 2007 and 2008 served as a wake-up call about the vulnerability of long-term food security. In 2009, for the first time in human history, the number of undernourished people in the world exceeded 1 billion, although it is estimated to have declined to 925 million in 2010. Looking to the future, the world's population is expected to reach 9. 1 billion by 2050, and food production will have to increase by 70 percent to feed them. On the other hand, agricultural production has been increasingly constrained as crop yields are not improving as fast as in previous years; public investment has diminished in the long term; and desertification, shortages of fresh water, conversion of farmland to non-food production and the adverse impacts of climate change have increased. Consequently, average crop prices over the next decade are projected to remain above the levels evident during the decade prior to the 2007—2008 peaks. These realities underscore the importance of trade in food and agricultural products.

Food Security and APEC

4. Food security exists when all people, at all times, have physical and economic access to sufficient, safe and nutritious food to meet their dietary needs and food preferences for an active and healthy life . This commonly accepted definition of food security comprises four elements: availability, accessibility, utilization and stability. The availability of sufficient food is a prerequisite for access to food conditioned by consumers' purchasing power; while food must be safe, diverse, balanced and nutritious, and available and accessible throughout the year. Food security must be realized at all levels: ranging from individuals and households, through to the domestic, regional and global levels. Agriculture, which provides food, can contribute to other positive externalities such as conserving agricultural land, fostering water resources, preserving landscape and protecting biodiversity. Approaches taken by economies on food security will vary depending on each economy's level of development and its position in food trade. Food security is, however, a common concern for all APEC economies as food is an absolute necessity for human survival.

5. As the pre-eminent forum for economic cooperation in the Asia-Pacific region, APEC has an important role to play to improve regional and global food security. While APEC's member economies have reduced the region's undernourished people by 24 percent between 1990 and 2006, more remains to be done with about one quarter of the world's undernourished people residing in the region. APEC economies are vulnerable to food security risks throughout the food chain as exemplified by a number of protests and riots that occurred during the food price spike in 2007—2008. The region is frequently exposed to natural disasters such as earthquakes, tsunamis, typhoons, floods and droughts that temporarily disrupt food supply, damage the food production base, disrupt livelihoods, displace people and reduce access to food. APEC is, however, well placed to help improve regional and global food security, with its members accounting for half of world grain production and including major exporters and importers of agricultural products. Trade plays a key role in food security, and APEC as the premier forum for facilitating economic growth, cooperation and trade and investment can make a major contribution to food security efforts. Improved food security in the region would contribute to the attainment of APEC's human security goals and assist the implementation of the APEC Leaders' Growth Strategy

6. The lessons learned from recent food price spikes provide valuable guidance on the ways in which APEC can address food security. For the past few decades, efforts by the international community have placed a strong emphasis on demand side measures as a means to improve access to food through poverty alleviation. By contrast, investment in supply side activities such as agricultural research and development, extension and infrastructure have been insufficient. In view of its strong record of economic and technical cooperation, APEC is well positioned to help expand the availability of food through a focus on raising agricultural productivity, facilitating trade and investment and expanding markets. While poverty reduction and programs to ensure access to food for vulnerable rural and urban population remain important, this targeted approach will help ensure that APEC complements, rather than duplicates, other international efforts on food security. In undertaking this work, APEC will also help to set a positive example for other organizations and for non-member economies. APEC economies' experience and expertise can be leveraged to support the L'Aquila Food Security Initiative (AFSI) and Rome Principles for Sustainable Global Food Security. We recognized similar efforts by APEC economies which contribute to regional and global food security such as the ASEAN Plus Three Cooperation on Food Security and Bio-Energy Development and the Global Agriculture and Food Security Program.

7. Now is the time to take concrete actions to feed the future. To meet this challenge, we agreed that APEC economies would collectively pursue the shared goals of (1) sustainable development of the agricultural sector, and (2) facilitation of investment, trade and markets. We also endorsed an APEC Action Plan on Food Security, which identifies specific activities to be implemented by APEC economies to strengthen regional food security. We invited relevant APEC sub-fora to help carry out these activities in cooperation with responsible economies and ABAC.

Shared Goal 1: Sustainable Development of the Agricultural Sector

8. Increasing the availability of sufficient, safe and nutritious food in the APEC region through expanded supply capacity, underpinned by viable rural communities, will be necessary to address a possible supply-demand imbalance for food that may result from future population and income growth. These collective actions need to be supplemented by cooperation to help adapt to, and mitigate, climate change and to enhance disaster preparedness in the agricultural sector to help the region achieve a stable supply of food for its people.

Expanding food supply capacity

9. The capacity to supply food can be expanded through increased agricultural productivity, improved usage of post-harvest technologies, enlargement of cultivated areas, rehabilitation of agricultural and grassland areas affected by erosion, reduction in losses throughout the food chain and the sustainable exploitation of underutilized sources. Ninety percent of the growth in global crop production by 2050 will need to come from increased productivity, including higher yields and increased cropping intensity7. Raising productivity is thus essential to feeding the world's growing population, and expanded emphasis on research and development, extension, and infrastructure development will contribute to achieve this objective. We will seek to mobilize the resources needed to increase productivity, including the review, approval and adoption of biotechnology and other new technologies and innovations that are safe, effective and environmentally sustainable. We also agreed that the APEC economies should facilitate the development and dissemination of new and existing technologies on mutually agreed terms. Building on our collective and individual efforts in these areas, we agreed on the need to increase agricultural production in the APEC region and to promote or accelerate utilization of all available food sources. We encouraged APEC economies to cooperate in reducing food losses in all stages in the value chain from production and processing to distribution and consumption by sharing best practice. We shared the view that through effective resource management of marine fisheries and sustainable development of aquaculture production, fishery resources will continue to be a secure and promising source of food supply. We acknowledged the outcomes of the Third APEC Oceans-related Ministerial Meeting (AOMM. 3) held October 11 ~ 12 in Paracas, Peru and the Paracas Declaration and its Action Agenda, recognizing and emphasizing the vital contribution of marine resources and fisheries and aquaculture products to food security.

Enhancing disaster preparedness in agriculture

10. The Asia-Pacific region experiences over 70 percent of the world's natural disasters. Moreover, most APEC economies are located in the Pacific Ring of Fire, which is home to over 75 percent of the world's volcanoes and is the source of 90 percent of the world's earthquakes8. The agricultural sector is severely affected by these natural disasters. The spread of emerging pests and diseases is also a grave concern for the region. Improving emergency preparedness in the agricultural sector should thus be accorded the highest priority. We agreed to work together, in close collaboration with APEC Emergency Preparedness Working Group, to enhance regional capacity to mitigate, prepare for, respond to and recover from disasters affecting the agricultural sector, with a focus on the impacts of climate change and climate variability. We also agreed that APEC economies would collaborate in the prevention and control of transboundary animal diseases and plant pests, and to encourage the development of comprehensive risk management plans through information sharing and capacity building among members. At the same time, we agreed on the importance of social protection measures such as safety nets and other policies that protect the most vulnerable from shocks such as natural disasters. In this context we agreed to examine the feasibility of establishing cooperative approaches to address emergency food needs. We also acknowledged ASEAN +3 efforts in establishing the ASEAN Plus Three Emergency Rice Reserve (APTERR) to expeditiously safeguard food security in emergency situation.

Developing rural communities

11. Rural areas present challenges and opportunities for food security. About 75 percent of the poor in developing economies live in rural areas. Conversely, growth in the agricultural sector, the dominant income source for rural inhabitants, is at least twice as effective in benefiting the poorest as growth from non-agricultural sectors9. In some developed economies, agriculture plays a smaller and declining role in employment and income. Diversification of income sources, including the expansion of market oriented farming activities and off-farm incomes, could thus be a focus for improving food security. To achieve these goals, we agreed to share information and best practice to bring about a synergy between rural development and food security. We recognized the value of encouraging the consumption of foods, including those available locally, that contribute to diversified and balanced diets and to lessen their dependency on a certain staple food. We also agreed on the need to integrate and invest more to help women, young and poor farmers to improve their capacity to satisfy food needs-including quantity, quality and diversity-and thereby spread the benefits across families and generations. Furthermore, we recognized the importance of social protection measures such as school feeding and mother-and-child nutrition programs, which act as safety nets for vulnerable groups.

Confronting challenges in climate change and natural resource management

12. Agriculture depends heavily on natural resources such as land and water, and generates both positive and negative environmental externalities in terms of land, soil, water, landscape and biodiversity. Agriculture is also particularly vulnerable to climate change. Agriculture, as a source of global greenhouse gas emissions10, is contributing to this challenge. At the same time, it may also contribute to a solution through carbon sequestration in soils and forests and improved natural resource management practices. In this context, we agreed to work together to assist the agricultural sector to adapt to, and mitigate, climate change through the development and transfer of new and existing technologies, exchange of information, research collaboration and capacity building, in accordance with the principle of common but differentiated responsibilities and respective capabilities.

To this end, we noted the importance of bringing economies together in a bottom-up, voluntary network to increase international cooperation, collaboration and investment in agricultural greenhouse gas research. One positive example of such collaborative work is the Global Research Alliance which brings economies together to find ways to grow more food without growing greenhouse gas emissions. We also agreed to address natural resource challenges such as growing water scarcity, expanding desertification, increasing farmland conversion, diminishing biodiversity, degraded tropical forests and depleted marine fishery resources. Recognizing the opportunities provided by biofuels, we shared the need to cooperate on developing second-generation biofuels.

Shared Goal 2: Facilitation of Investment, Trade and Markets

13. Food security cannot be achieved without stable, efficient and equitable distribution systems that can deliver food to the whole population. In this regard, APEC economies should work together to facilitate improved agricultural trade, maintain reliable markets, enhance the business environment and ensure food safety in the

region in cooperation with key stakeholders. Promoting responsible agricultural investment is an indispensable element of this goal.

Promoting investment in agriculture

14. Sufficient investment in agriculture is a prerequisite for long-lasting food security. However, the annual rate of accumulation of capital stocks in agriculture declined from 1. 1 percent in 1975—1990 to 0. 5 percent in 1991—2007. Development aid to agriculture decreased by 58 percent in real terms between 1980 and 2005, reducing the share of ODA to the agricultural sector from 17 percent to just 4 percent. To meet projected global food consumption needs in the future, there will need to be a substantial increase in investment in the agricultural sector. With this formidable challenge in mind, we committed to promote policies that enhance investment in agriculture and explore agricultural resources, so as to ensure long-term food security. We recognized the crucial role of private investment and encouraged the use of private-public partnerships. We acknowledged the value of foreign direct investment in agriculture as a means to deliver higher agricultural productivity and job creation in recipient economies. To this end, noting the growing commercial pressure on land and other natural resources across the developing world, we supported responsible agricultural investment that aims to create a ? win-win-win? situation for recipient economies, local communities and investors. We also supported the ongoing efforts by relevant international organizations, in association with various stakeholder groups, to develop principles and best practice on Responsible Agricultural Investment (RAI) to help frame a coordinated global response.

Facilitating trade in food and agricultural products

15. Trade plays a key role in achieving food security. It ensures that people have physical access to the food that they need for a balanced diet. At the same time, trade also creates economic opportunities for people, which can increase their incomes and economic access to food. To this end, we reconfirmed the value of an open and rules-based multilateral trading system under the framework of the WTO, which provides predictability and stability in agricultural trade. We agreed on the need to sustain the benefits of globalization and open markets, highlighting the crucial importance of encouraging science-based standards, rejecting protectionism and encouraging the development of regionally integrated markets. We renewed our commitment to an ambitious, balanced and prompt conclusion to the Doha Development Agenda, consistent with its mandate, built on the progress achieved, including with regard to modalities. We reconfirmed the commitment on a standstill, first made by APEC Leaders in 2008 and extended by APEC Ministers Responsible for Trade until 2011. WTO inconsistent measures create negative incentives for farmers as an unpredictable policy environment discourages investment and only provides a temporary and inefficient benefit, often neglecting those consumers with the lowest incomes. Recognizing the vulnerability of all economies, and particularly net food importing economies and developing economies, to external shocks, we noted the need to ensure an appropriate mix of domestic production, international trade, stocks and safety nets for the poor reflecting levels of development and resource endowment. Building on successful APEC efforts to promote free and open trade, we supported the cooperation in facilitating trade in food and agricultural products by addressing relevant measures including non-tariff measures and non-tariff barriers.

Strengthening confidence in agricultural markets

16. The sharp spike in food prices in 2007—2008 raised concerns about volatility and uncertainty in agricultural markets. Although the trend in price volatility in international markets is mixed depending on commodities, global food commodity markets are likely to show periodic volatility for the foreseeable future11. We agreed to work together to address volatility and uncertainty in commodity prices and to strengthen confidence in international agricultural markets. Specifically, we agreed to jointly explore the best way to reduce uncertainty in agricultural markets, including through information sharing among economies based on experiences in other regional and international fora.

Improving agribusiness environment

17. An agribusiness sector that links farmers and consumers plays an increasingly pivotal role in food security as economies develop and food is provided through longer value chains. Governments must thus act to improve the investment climate to induce the entry of investors and to address bottlenecks to the development of micro, small and medium sized agro-enterprise12. To achieve these outcomes, we agreed to cooperate to improve the investment climate by providing public goods such as infrastructure, by establishing a secure legal and regulatory framework and by ensuring access to financial services. To this end, we expressed our collective desire for further innovation in micro-finance in the food and agricultural sector. We agreed to facilitate the development of a strong food supply chain that provides sufficient, safe and nutritious food. We also agreed on the need to promote shared standards, the development and use of science-based regulations, and the establishment of comprehensive and balanced intellectual property systems.

Improving food safety practices

18. Building the capacity of economies to produce, access, and distribute safe food, as well as developing appropriate food safety regulation, is an integral element of food security. Given the significant public health and economic impacts of unsafe food, greater collaboration among food scientists and regulators, as well as the use of science and risk-based food safety systems, should be accelerated to improve regulatory outcomes. The APEC Food Safety Cooperation Forum and its Partnership Training Institute Network can be used as a resource to develop, design and test food safety training modules and methods of delivery, and serves as a model for global initiatives. In this context, we agreed to encourage APEC economies through relevant APEC sub-fora to collaborate in the area of food safety in line with their mandate and competence.

Partnering with key stakeholders

19. Meaningful consultation with relevant stakeholders is critical to making sustained progress towards our food security goals. Robust engagement helps strengthen the commitment of key players and ensures that the best ideas are utilized. Stakeholders comprise a broad range of players including non-government organizations, foundations, universities, multilateral institutions and private sector entities. We noted the value of ABAC's input o-

ver the years, including its development and advocacy of the APEC Food System concept and its publication of a Strategic Framework for Food Security in APEC in 2009, and instructed Senior Officials to integrate ABAC into APEC's food security efforts in a more substantive manner

The Way Forward

20. We instructed APEC Senior Officials to monitor the implementation of the Action Plan on Food Security, to report progress on its implementation to APEC Ministers on an annual basis, and to compile an assessment report on overall achievements following the completion of the Action Plan.

附件 2 第二届 APEC 粮食安全部长级会议《喀山宣言》(中英文)

于 2012 年 5 月 30 ~ 31 日，俄罗斯、喀山

序言

1. 我们，APEC 负责食品安全的部长们，于 2012 年 5 月 30 ~ 31 日在俄罗斯联邦喀山举行会晤。这次会晤由俄罗斯联邦农业部长尼古拉·费德罗夫（Nikolai Fedorov）先生主持。

2. 我们欢迎来自联合国粮食和农业组织（FAO），世界粮食计划署（WFP），国际农业发展基金（IFAD），联合国贸易与发展会议（UNCTAD），世界银行（WB），亚洲开发银行（ADB），东南亚国家联盟（ASEAN）和亚太经济合作组织工商咨询理事会（ABAC）参加会议的代表。

3. 自 2010 年新潟大学首届粮食安全部长级会议以来，在食品安全领域的现状一直是高度重视的问题。2011 年粮农组织食品价格指数平均值为 228 点，超过了 2007—2008 年粮食危机期间的最高值 。据经济合作与发展组织 — 粮农组织（OECD - FAO）估计，农产品价格将一直居高不下和持续波动直到 2020 年，使得加强食品安全更加困难。世界营养不良人口的数量仍然很高，与 20 世纪 90 年代中后期 7.8 亿人口相比，2010 年达到了 9.25 亿人。据联合国近期估计，全球人口到 2050 年将达到 93 亿，因此需要更多的努力以提高全球粮食生产以及增加国内和国际市场效率。在全球气候变暖和极端天气条件下，随之而来的自然灾害频率不断增加使得该地区的粮食不安全状况进一步加剧。

4. 我们欢迎 2011 年成立的食品安全战略合作伙伴（PPFS）以更实质性的方式进一步全面整合 ABAC 以及相关私营部门和公共部门的利益相关者加入到亚太经济合作组织加强食品安全的努力当中，我们支持 PPFS 制定的长期目标，实现粮食系统结构到 2020 年足以为该地区经济体提供持久的粮食安全。我们高兴地看到喀山举办了第一次粮食安全战略合作伙伴会议，并且我们希望这个新的实体将成为主要的亚太经济合作组织考虑食品安全政策的咨询论坛。

5. 我们重申，APEC 经济体将全体为食品安全《新潟大学宣言》中制定的共同目标努力：(1) 农业部门的可持续发展；(2) 促进投资、贸易和市场。我们进一步重申支持《全球可持续粮食安全罗马原则》。在《新潟大学宣言》之后，我们同意为加强现阶段食品安全，除其他事项外，有必要以以下问题为目标。

· 提高农业产量和生产力；

· 促进贸易、开发粮食市场；

· 提高食品安全和质量水平；

· 为社会弱势人群提供食物；

· 确保基于管理海洋生态系统可持续发展，打击非法、未经报告和未经管制的（IUU）捕鱼和相关贸易。

一、提高农业产量和生产力

6. 提高可持续的农业产量是 APEC 区域持久食品安全的一个基本要素。为实现农业可持续增长，我们有必要提高农业生产力并减少收获后损失，主要通过促进农业投资和积极采用创新农业技术。经济体需要对环境风险如气候变化作出适当反应，协同合作以防止影响农业产量的动植物病虫害的全球蔓延，促进对农业投入和自然资源尤其是土地、水和生物多样性的有效利用，调动农民参与包括妇女，加强自然灾害的预防和应变能力，根据世界范围内环境条件的多样性以及农业的正外部性，对特定区域以最合适的方式进行。我们感谢 APEC 成员体通过农业技术合作工作组（ATCWG）和工业科学技术工作组（ISTWG）实施《新潟大学食品安全行动计划》以提高该地区农业生产力和气候变化适应能力方面所做的努力。我们欢迎在墨西哥作为主席国的 G20 在解决农业生产力可持续增长和缩小小型农户差距方面所做的努力。

7. 食品价格高涨从长远来看有助于吸引农业投资。我们认识到创造一个有利于鼓励公私部门对农业投资的环境的必要性以及责任私人投资的关键作用，也注意到公共投资应该为农民和其他投资者创造适当条件发挥推动作用。我们还认识到在投资领域公私合作的重要性并呼吁粮食安全战略合作伙伴（PPES）密切关注这一问题。虽然在发展中经济体急需的基础设施投资来自公共预算和资源，我们同意追求公私合作更加可持续的农业基础设施投资倡议。我们认为有必要对改善 APEC 各经济体商业环境的合作框架拟订建议。

8. 注意到外国直接投资对接受国提高农业产量、生产力和创造就业机会中的积极作用，我们感谢世界银行、粮农组织、国际农业发展基金会和联合国贸发会议制定的《责任农业投资原则》（PRAI），并且我们支持对世界粮食安全委员会框架下制定的这些原则进行的广泛协商。我们欢迎世界粮食安全委员会对《土地使用权、渔业及森林责任治理自愿准则（VG）》的批准。我们也欢迎国际组织正在进行的确定责任农业投资最佳实践，尤其是试点项目的实地试验以及实施责任农业及粮食投资原则的努力。我们鼓励在考虑 VG 责任治理自愿准则和 PRAI 投资原则的情况下负责任的私人投资。

9. 由于土地、水和其他自然资源短缺，鼓励创新农业技术的安全发展和应用就显得尤其重要，包括栽培作物的高产、抗虫、抗病和气候变化的新品种，改良动物遗传特性，发展生物技术，推广服务，适应有效的病虫害管理措施以及使用节约资源的技术和设备。这需要一个对农业研究和发展长期投资的显著增长。

据国际粮食政策研究所（IFPRI）估计，对农业研发的投资到 2050 年应该提高 3 倍以上。它也需要对基因和基因组数据、学术出版物和种质资源收集的适当权限做出一个承诺。我们支持《粮食和农业植物遗传资源国际条约》（ITPGRFA）对植物遗传资源进行保护和可持续利用。我们鼓励 APEC 经济体在它们法律法规允许的范围内促进这种访问。我们欢迎 G20 和粮农组织聚焦农业研究和创新问题。我们尤其支持作为 G20 主席国的墨西哥将工作重心放在加强研发协调和合作，通过公私合作机制鼓励农业合作研究所作的努力。

10. 我们一致认为有必要通过国内和多变农业研究体系提高对农业研究和创新技术发展包括资金方面的支持力度。为强化这些系统，重要的是加强每个成员经济体的国内科研院所和创新中心，并且在发展中成员经济体中如果需要，建立新的科研院所和创新中心以加强研究者的能力建设活动。我们还一致认为有必要让所有利益相关者包括农民参与其中以完善农业科研体系。我们注意到农民以快速有效和市场驱动的方式传播和利用新技术的重要性。我们支持国内科研机构和创新中心，特别是通过国际农业研究磋商小组（CGIAR）和全球农业研究论坛（GFAR）更好地协调和互动。我们还注意到 APEC 经济体通过科研院所和创新中心的区域网络互动的重要性，使他们可能交换信息和研究成果，并在共同利益的情况下合作开发和引进创新的技术。我们支持相关 APEC 论坛讨论，旨在为农民和当地社区提供知识及与农业科技创新有关的实践研究成果的措施，这些与《檀香山宣言》的附件A是一致的。

我们也支持制定措施，利用创新技术减轻和适应气候变化对农业发展和产品质量的影响。在这方面，我们欢迎全球农业温室气体研究联盟（GRA）协同工作，并鼓励APEC经济体成员积极参与这一举措。

11. 认识到生物技术在提高农业产量和生产力的重要作用，我们同意推动发展农业生物技术以及该领域的能力建设，统一农业生物技术领域法规，对其进行科学的风险评估以及促进决策的透明度。我们重申支持《促进来自农业科技创新农产品贸易行动计划》实施的承诺，以履行2011年11月11日举行的APEC部长级会议（AMM）所做的承诺。我们倡导农业生物技术高级别政策对话（HLPDAB）直接参与这项工作包括转基因作物种植面积较少的问题。我们也支持审核农业科技创新论坛（2011年9月）建议的实施并拟定该领域进一步行动建议书。

12. 考虑到我们地区自然灾害尤其多发的事实，我们强调要加强亚太经济合作组织（APEC）防灾、恢复农业生产和食品供应链议程的重要性认识。

二、促进贸易、开发粮食市场

13. 加强食品安全的政策只有基于公平和以市场为导向的贸易才能有效。因此，我们一致认为粮食部门的主要目标之一是共同努力寻求食品市场形成和发展需要的有效途径和办法。

14. 农产品贸易在实现食品安全方面起着关键作用。为此，我们重新证实在WTO框架下一个开放的基于规则系统和为农产品贸易系统，提供可预见性和稳定性的多变贸易体系的重要性。我们一致认为需要维持全球化和开放市场的利益，突出鼓励科学标准的关键作用，反对保护主义，鼓励区域一体化市场的发展。

我们不得不确保食品流在世界市场的稳定供应，同时是长期的稳定供应以提高生产力和确保区域食品安全。认识到食品出口的禁令和其他限制可能会导致价格的波动，尤其是对大宗产品依赖进口的经济体，我们重申APEC领导人会议所作的对贸易保护主义的批评。

15. 我们注意到减轻过高的食品价格波动的影响，有助于加强全球食品安全。有效的食品市场监测和产品产量、消费、贸易，以及粮食储备信息可靠的及时交流，有助于提高市场的透明度和可预见性并减轻食品价格的波动。

我们感谢日本于2012年3月在精心筹划并建立亚太食品安全信息平台（APIP）中所做的努力。我们也欢迎2011年6月巴黎召开的G20部长级会议通过的《关于食品价格波动和农业的行动计划》，及其包括建立农业市场信息系统（AMIS）在内的措施。我们同意考虑农业市场信息系统（AMIS）和亚太食品安全信息平台（APIP）相互合作的机会，从以下方面开始：建立在两个系统之间的链接，APEC经济体这两个信息系统的参与超过G20和AMIS，以及一个具有更好的功能性、可用性及覆盖更多种农产品市场的通用信息系统的进一步发展的机会。我们高度赞赏东盟地区（ASEAN）创立一个新的试点食品论坛的新举措，例如东盟大米贸易论坛（ASEAN-RTF）。

16. 我们注意到透明度和与世贸组织相一致的市场法规，作为一个基本机制在加强农产品贸易和降低波动风险中的重要作用。我们建议APEC财政部长讨论农业金融市场的透明度和与WTO相符合的市场法规，并适当解释G20和国际证监会组织在这方面的活动。

17. 食品市场基础设施和它更好的后勤保障的发展，对市场总体发展和相互融合，是非常重要的，它有助于减少整个食品供应链的损失。我们注意到在发展食品市场基础设施和更先进的收获后管理的重要性，精心制定措施改善食品供应链运行，包括通过发展现代供应链—价值链以吸引针对性投资的重要性。我们证实APEC作为技术合作和资助的平台，在发展食品市场基础设施，减少沿整个食品供应链—从生产到消费阶段产后损失方面所起的重要作用。

三、提高食品安全和质量水平

18. 我们注意到 APEC 经济体在采用卫生和植物检疫（SPS）措施国际标准以及由食品法典委员会、世界动物卫生组织（OIE）和国际植物卫生公约（IPPC）制定的食品安全和质量技术法规中取得的显著进展。所取得的成果在加强该地区的食品供应链，并为发展安全优质食品贸易提供了新的机遇。我们强调要鼓励各经济体间就协调国内法规和国际标准的利益，进一步加深相互了解和认识的重要性。

19. 我们感谢食品安全合作论坛（FSCF）和它的合作培训机构网络（PTIN）的高效和多方面的工作。为改善国内食品安全监管系统，我们有必要更好地保持国内法规与国际标准的一致性，力争最大限度地减少食品安全事故，实施预防性控制措施并增进实验室能力。我们感谢建立 PTIN 供应链和良好生产规范培训模式，与国际食品安全当局网络（INFOSAN）更积极的互动以及就实验室能力加强对话和能力建设的举措。我们支持世界银行全球食品安全伙伴关系（GFSP）的建立，并鼓励 APEC 经济体对全球食品安全伙伴关系和它的多方捐助信托基金的支持，这一基金将放在世界银行内，并利用公共和私营部门的捐款资助 GFSP 的活动。

四、为社会弱势人群提供食物

20. 食品安全的目标不仅是为了提高人们对营养、充足食物的可获取性，而且还要使社会弱势人群从经济上和物质上有能力获取食物，包括哪些因自然灾害急需粮食的人们。我们鼓励各经济体在这一问题上加强对话和合作，加强可持续的社会保障和社会安全网络，继续寻找新的工具在国内政策的基础上促进食品安全，积极参与可能的合作研究以及粮农组织（FAO）、世界粮食计划署（WFP）和其他合适的国际和区域专业的政府及非政府组织的技术支持和帮助，来实现这一目标。

21. 在这方面，我们鼓励对弱势群体人口提高食物的最佳实践的交流，包括通过社会和学校供餐，发展当地有比较优势的农业生产和采购系统，及加工业来提供食物。我们建议这个主题应该包含在农业技术合作工作组（ATCWG）、食品安全战略合作伙伴（PPFS）以及其他相关 APEC 机构议程上。

我们同意共同努力，承担农业合作工作组（ATCWG）、应急预案工作组（EPWG）和 ISTWG 的任务，加强区域的的和缓、预防、应对能力并从灾难中恢复的能力。我们鼓励建立 APEC 食品应急反应机制（AFERM）的可行性研究，并预期探讨可行的方法，以补充现有机制的后续建议。

五、确保基于管理的海洋生态系统的可持续发展，打击非法、未经报告和未经管制的（IUU）捕鱼和相关贸易

22. 与《首尔海洋宣言》（2002 年）、《巴厘岛行动计划》（2005 年）和《帕拉卡斯宣言》（2010 年）的主要条款相随，我们注意到海洋生态系统、渔业和水产养殖业可持续管理，打击 IUU 违法捕捞和相关贸易的极其重要。许多 APEC 区域经济体渔业和水产养殖业，是社会和经济福利的重要组成部分其——对粮食安全有着显著贡献。近几十年来，全球渔业面临严重的问题——海洋环境退化、过度开发和 IUU 违法捕捞已经破坏了海洋生态系统，使渔业资源枯竭。

23. 我们认识到在双边和多边基础上，在以下方面加强合作的重要性：打击 IUU 违法捕捞、相关贸易及破坏性捕捞；改善渔业捕捞管理及可持续水产养殖实践；减少过度捕捞；提高渔业法规的透明度以及促进小规模渔业和水产养殖业对食品安全的贡献。由此而论，我们要求高官会和海洋与渔业工作组（OFWG）有关 IUU 违法捕捞、区域渔业管理组织（RFMOs）和其他相关组织在管理措施上加强合作和信息交流。

24. 我们强调促进可持续、开放和公平的渔业和水产养殖产品贸易的重要性。我们也强调必须加强合作打击 IUU 违法捕捞，有效地管理海洋渔业并可持续地发展水产养殖生产，以促进增强食品安全和

发展与国际组织、金融机构和私营部门的互动。

六、未来之路

25. 我们注意到贯彻 APEC 食品安全《新潟大学宣言》的进展，并支持对《新潟大学行动计划》的实施继续审核的重要性。我们要求 APEC 秘书处对行动计划的实施进行剖析。对结果的分析应同时包括成就和不足，并通过包括亚太食品安全信息平台（APIP）在内的方式传达给 APEC 经济体。

26. 我们欢迎第二届 APEC 粮食安全部长级会议成功举办，我们衷心感谢俄罗斯联邦和鞑靼斯坦政府热情和卓有成效地组织这次部长级会议。

参考文献

[1] FAO. Food Price Index. March 2012.
[2] OECD-FAO. OECD-FAO Agricultural Outlook 2011—2020.
[3] FAO. The State of Food Insecurity in the World. 2010.
[4] UNFPA. State of World Population. 2011.

Second APEC Ministerial Meeting on Food Security KAZAN DECLARATION ON APEC FOOD SECURITY Kazan, Russian Federation, 30 ~ 31 May 2012

Preamble

1. We, the APEC Ministers responsible for food security, met in Kazan, the Russian Federation, from 30 to 31 May 2012 under the chairmanship of Mr. Nikolai Fedorov, Minister of Agriculture of the Russian Federation.

2. We welcomed the participation in the meeting of representatives from the Food and Agriculture Organization (FAO) of the United Nations, the World Food Programme (WFP), the International Fund for Agricultural Development (IFAD), the United Nations Conference on Trade and Development (UNCTAD), the World Bank (WB), the Asian Development Bank (ADB), the Association of South-East Asian Nations (ASEAN), and the APEC Business Advisory Council (ABAC).

3. Since the First APEC Ministerial Meeting on Food Security in Niigata in 2010, the situation in the field of food security has remained an issue of high importance. In 2011 the FAO Food Price Index averaged 228 points, which exceeds its maximum value during the food crisis of 2007—2008. According to OECD - FAO estimates, agricultural commodity prices will remain high and volatile until 2020, making it even more difficult to enhance food security. The number of undernourished people in the world is still high 925 million in 2010 in comparison with 780 million in the late 1990s. According to recent UN estimates, the global population is estimated to reach 9.3 billion by 2050, requiring more efforts to raise global food production, and increase the efficiency of domestic and international markets. The situation of food insecurity in this region was further compounded by the increasing frequency of natural disasters often tied with global warming and extreme weather conditions.

4. We welcomed the Policy Partnership on Food Security (PPFS) established in 2011 to provide fuller integration of ABAC as well as relevant private sector and public sector stakeholders into APEC food security efforts in a more substantive manner; and we supported the long-term goal set by the PPFS to attain a food system structure by 2020 that would be sufficient to provide lasting food security to the economies of the region. We are pleased to note that Kazan hosted the first meeting of the Partnership and we expressed hope that this new entity will be the primary APEC consultative forum for consideration of food security policies.

5. We reaffirmed that APEC economies would collectively pursue the shared goals of (1) sustainable development of the agricultural sector, and (2) facilitation of investment, trade and markets in the Niigata Declaration on Food Security. We further reiterated our support for the Rome Principles on Sustainable Global Food Security. In the follow-up of the Niigata Declaration, we agreed that to strengthen food security at the present stage,

it is necessary, inter alia, to focus on the following issues:

· increasing agricultural production and productivity;

· facilitating trade and developing food markets;

· enhancing food safety and quality;

· improving access to food for socially vulnerable groups of population;

· ensuring sustainable ecosystems based management and combating Illegal, Unreported and Unregulated (IUU) fishing and associated trade.

Increasing agricultural production and productivity

6. Increasing agricultural production on a sustainable basis is an essential factor of lasting food security in the APEC region. To achieve sustainable agricultural growth, it is necessary to raise agricultural productivity and decrease post-harvest losses, primarily through boosting investment and actively adopting innovative technologies in agriculture. The economies need to respond appropriately to environmental risks such as climate change, to work collaboratively to prevent the global spread of animal and plant pests and diseases that impact production, to promote efficient utilization of agricultural inputs and natural resources in particular land, water and biodiversity, to engage farmers including women, and to strengthen natural disaster preparedness and resilience, in the most suitable manner to specific regions, considering the diversity of environmental conditions world-wide and positive externalities of agriculture. We appreciated the efforts made by APEC members through the work of Agricultural Technical Cooperation Working Group (ATCWG) and Industrial Science and Technology Working Group (ISTWG) in carrying out the Niigata Action Plan on Food Security to enhance agricultural productivity and resilience to climate change in the region. We welcomed the efforts of the G20 under the Mexican Presidency to tackle sustainable agricultural productivity growth and bridging the gap for smallholder farmers.

7. High food prices contribute to attracting investment in agriculture in the long run. We recognized the need to create an enabling environment to encourage increased public and private investment in agriculture, the key role of responsible private investments, taking note of the catalytic role of public investment that can create appropriate conditions for farmers and other investors. We also recognized an important role for public-private partnership in the field of investment and called on the PPFS to pay close attention to this issue. While most required infrastructure investment in developing economies derives from public budget and resources, we agreed to pursue more sustainable infrastructure investment for agriculture from public-private partnership initiatives. We believe it is necessary to elaborate recommendations in the framework of the Partnership on improving the business climate in APEC economies.

8. Taking note of the positive role of foreign direct investment on increasing agricultural production, productivity and job creation in recipient economies, we appreciated the Principles for Responsible Agricultural Investment (PRAI) elaborated by the World Bank, FAO, IFAD and UNCTAD, and we supported the ongoing extensive consultations on these principles launched within the framework of the Committee on World Food Security (CFS). We welcomed the approval of the Voluntary Guidelines for the Responsible Governance of Tenure of Land, Fisheries and Forests (VG) by the CFS. We also welcomed ongoing works of the international organizations to identify best practices of responsible agricultural investment, in particular pilot projects to field test and operationalize PRAI. We encouraged private investment be carried out in a responsible manner with VG and PRAI being taken into account.

9. Since land, water and other natural resources are limited, it is especially important to encourage the safe development and application of innovative agricultural technologies, including: new high yield varieties of cultivated plants resistant to pests, diseases and climate change; improving animal genetics; the development of biotechnologies; extension services; adaptation of effective pest and disease management measures; and use of resource saving technologies and equipment. This requires a significant increase of long-term investment into agricultural research and development.

According to estimates of the International Food Policy Research Institute (IFPRI), such investment should be increased more than threefold by 2025. It also requires a commitment to facilitate appropriate access to genetic and genomic data, scholarly publications, and germplasm collections, and to support the International Treaty on Plant Genetic Resources for Food and Agriculture (ITPGRFA) for conservation and sustainable use of plant genetic resources. We encourage APEC economies to facilitate such access to the extent allowed by their laws and regulations. We welcomed the focus of G20 and FAO on the issue of agricultural research and innovations. In particular, we supported the efforts made by the Mexican Presidency of the G20 on giving the priority to strengthening R&D coordination and cooperation, encouraging collaborative agricultural research through the mechanism of public-private partnerships.

10. We agreed that it was necessary to increase support, including funding, for agricultural research and development of innovative technologies through domestic and multilateral agricultural research systems. To strengthen these systems, it is important to strengthen domestic research institutes and innovation centers in each member economy, to establish new centers if necessary, and to enhance capacity building activities for researchers in developing member economies. We also agreed that it was necessary to improve the agricultural research system by engaging all stakeholders including farmers. We noted the importance of disseminating and utilizing innovative technologies by farmers in an efficient, effective and market driven manner. We supported better coordination and interaction among domestic research institutes and innovation centers, in particular through the Consultative Group on International Agricultural Research (CGIAR) and the Global Forum on Agricultural Research (GFAR). We also noted the importance of interaction among research institutes and innovation centers of APEC economies through a regional network of such institutes and centers so that they could exchange information and research results, and, in cases of mutual interest, collectively develop and introduce innovative technologies. We supported discussions in relevant APEC fora of the measures aimed at providing farmers and local communities with knowledge and practical research outcomes related to innovative agricultural technologies which are consistent with Annex A of the Honolulu Declaration.

We also supported elaboration of measures on using innovative technologies to mitigate and adapt to the impact of climate change on agricultural development and quality of products. In this regard, we welcomed collaborative work of the Global Research Alliance on Agricultural Greenhouse Gases (GRA), and encouraged APEC economies to enhance their engagement with this initiative.

11. Recognizing that agricultural biotechnologies are useful for increasing agricultural production and productivity, we agreed to promote more intense development and capacity building in the area of agricultural biotechnologies, harmonization of regulations in the field of biotechnologies, science based risk assessment related to agricultural biotechnology, and to improve transparency in decision-making. We reaffirmed our commitment to support implementation of the Action Plan: Facilitating Trade in Products Derived from Innovative Agricultural Technologies in order to fulfill APEC Ministers' commitment made at the APEC Ministerial Meeting (AMM) held on November 11, 2011. We instructed the High Level Policy Dialogue on Agricultural Biotechnology (HLP-

DAB) to participate directly in this work including on the low level presence of genetically modified crops. We also supported reviewing implementation of recommendations of the Innovative Agricultural Technology Forum (September 2011) and elaborating proposals for further actions in this field.

12. Taking into account the fact that our region is particularly prone to natural disasters, we underscored the importance of strengthening APEC' s agenda on disaster preparedness and for the recovery of agricultural production and the food supply chain.

Facilitating trade and developing food markets

13. A strategy of strengthening food security can only be effective if it is based on fair and market oriented trade. Therefore, we agreed that one of the key objectives in the food sector is combining efforts to search for efficient ways and tools needed for formation and development of food markets.

14. Agricultural trade plays a key role in achieving food security. To this end, we reconfirmed the value of an open and rules-based multilateral trading system under the framework of the WTO, which provides predictability and stability in agricultural trade. We agreed on the need to sustain the benefits of globalization and open markets, highlighting the crucial importance of encouraging science-based standards, rejecting protectionism and encouraging the development of regionally integrated markets.

We have to ensure the steady supply of food flow in the world market while working towards a longer term stabilization of food supply, thus enhancing productivity and ensuring regional food security. Recognizing that bans and other restrictions on the export of food may cause price volatility, especially for economies that rely on imports of staple products, we reconfirmed the commitments on protectionism made by APEC Leaders.

15. We noted that mitigating the impacts of excessive food price volatility can assist in strengthening global food security. Effective food market monitoring and the exchange of reliable and up-to-date data and information on production volumes, consumption, trade and food reserves will help enhance market transparency and predictability, and mitigate the volatility of food prices.

We appreciated the efforts of Japan on elaborating and launching the Asia-Pacific Food Security Information Platform (APIP) in March 2012. We also welcomed the Action Plan on Food Price Volatility and Agriculture adopted by the G20 Ministers of Agriculture in June 2011 in Paris and its measures, including the establishment of the Agricultural Market Information System (AMIS). We agreed to consider opportunities for cooperation between AMIS and APIP, starting with: the establishment of links between the two systems; participation of APEC economies that are beyond G20 and AMIS in the two information systems; and opportunities for further development of a common information system in terms of better functionality, availability, and coverage of more various agricultural commodities markets. We highly appreciated the new initiatives of the ASEAN region to create a new pilot forum on food such as the ASEAN Rice Trade Forum.

16. We noted the importance of transparency and WTO-consistent market regulations as an essential mechanism to enhance agricultural trade and lower volatility risk. We suggested that the APEC Finance Ministers discuss transparency and WTO-consistent market regulations of agricultural financial markets with due account for the activities of G20 and the International Organization of Securities Commissions in this area.

17. Development of food markets infrastructure and their better logistical support are important for the general development and mutual integration of markets, and help cut losses along the whole food supply chain. We noted the importance of attracting targeted investment in the development of food market infrastructure and more

advanced post-harvest management, elaborating approaches to improving the operation of food supply chains, including through the development of modern supply chains-the value chains. We confirmed the importance of APEC as a platform for technical cooperation and funding to economies in the field of food market infrastructure development, and post-harvest losses reduction along the whole food supply chain-from production to consumption.

Enhancing food safety and quality

18. We noted that APEC economies had made significant progress in adopting international standards on sanitary and phyto-sanitary (SPS) measures as well as technical regulations on food safety and quality as developed by the Codex Alimentarius Commission, the World Organization for Animal Health (OIE) and the International Plant Protection Convention (IPPC) . The achieved results strengthen food supply chains in the region and provide new opportunities for developing trade in safe and quality food. We emphasized the importance of encouraging the further development of mutual understanding and recognition among economies regarding the benefits of harmonizing domestic regulations with international standards.

19. We appreciated the effective and multi-faceted work of the Food Safety Cooperation Forum (FSCF) and its Partnership Training Institute Network (PTIN) . To improve domestic systems of food safety regulation, it is necessary to better align domestic regulations to international standards, strive to minimize food safety incidents, implement preventive control measures, and build laboratory capacity. We acknowledged the establishment of PTIN training modules on supply chain and good manufacturing practices, more active interaction within the International Food Safety Authorities Network (INFOSAN), and increased dialogue and capacity building initiatives in regard to laboratory proficiency. We supported the creation of the World Bank Global Food Safety Partnership (GFSP) and encouraged APEC economies to support the GFSP and its multi-donor trust fund, which will be housed at the World Bank and will harness contributions from both the public and private sector to fund GFSP activities.

Improving access to food for socially vulnerable groups of population

20. The objective of food security is not only to facilitate the accessibility of nutritious and sufficient food for people, but also to provide economic and physical access to food for socially vulnerable groups, including those facing emergency food needs due to natural disasters. We urged the economies to intensify dialogue and cooperation on this issue, to strengthen sustainable social protection and social safety nets, to continue searching for new sets of tools to improve them within domestic strategies, to actively engage the collaborative research potential, technical support and aid from the FAO, World Bank and World Food Programme (WFP), and other appropriate international and regional specialized governmental and non-governmental organizations to achieve this goal.

21. In this regard, we encouraged the exchange of best practices on the provision of food for vulnerable populations, including through social and school feeding, the development of local agricultural production in areas of comparative advantage, procurement systems, and the processing industry. We recommended that this topic should be included in the agenda of the ATCWG, PPFS and other relevant APEC bodies.

We agreed to work together and tasked ATCWG, Emergency Preparedness Working Group (EPWG) and

ISTWG to enhance the regional capacity to mitigate, prepare for, respond to and recover from disasters. We appreciate the feasibility study on establishing the APEC Food Emergency Response Mechanism (AFERM) and anticipate a follow-up proposal to explore feasible approaches that would complement existing mechanisms.

Ensuring sustainable ecosystems based management and combating Illegal, Unreported and Unregulated (IUU) fishing and associated trade

22. In the follow-up of the main provisions of the Seoul Oceans Declaration (2002), the Bali Plan of Action (2005) and the Paracas Declaration (2010), we noted the extreme importance of the sustainable management of marine ecosystems, fisheries and aquaculture, and combating IUU fishing and associated trade. For many economies of the APEC region, fisheries and aquaculture are significant components of social and economic well-being and contribute significantly to food security. In recent decades, global fishing has faced serious problems-degradation of the marine environment, overexploitation, and IUU fishing have damaged marine ecosystems and depleted fisheries resources.

23. We recognized the importance of strengthening partnerships on a bilateral and multilateral basis on: combating IUU fishing and associated trade as well as destructive fishing practices; improving capture fisheries management and sustainable aquaculture practices; implementing ecosystems based management approaches; reducing excess fishing capacity; enhancement of transparency in fishing regulations; and promoting contributions of small scale fisheries and aquaculture to food security. In this context, we requested Senior Officials and the Ocean and Fisheries Working Group (OFWG) to promote cooperation and exchange information concerning IUU fishing and management measures applied by the Regional Fisheries Management Organizations (RFMOs) and other relevant organizations.

24. We stressed the importance of facilitating sustainable, open and fair trade in products of fisheries and aquaculture. We also emphasized the need to enhance cooperation to combat IUU fishing, to effectively manage marine fisheries and sustainably develop aquaculture production, to promote strengthening of food security and to develop interactions with international organizations, financial institutions and private sector.

Follow-up

25. We noted the progress in carrying out the Niigata Declaration on APEC Food Security and supported the importance of continuing to conduct reviews of the implementation of the Niigata Action Plan. We requested that the APEC Secretariat take stock of the Action Plan implementation. The analysis of the results should take into account both achievements and concerns, and be transmitted to APEC economies, including through APIP.

26. We welcomed the success of the Second APEC Ministerial Meeting on Food Security and expressed our sincere gratitude to the Government of the Russian Federation and the Government of the Republic of Tatarstan for the warm welcome and excellent organization of the Ministerial Meeting.

[1] FAO. Food Price Index. March 2012.

[2] OECD-FAO. OECD-FAO Agricultural Outlook 2011—2020.

[3] FAO. The State of Food Insecurity in the World. 2010.

[4] UNFPA. State of World Population. 2011.

附件3　第三届APEC粮食安全部长级会议亚太经济合作组织粮食安全《北京宣言》（中英文）

2014年9月19日 中国·北京

序　言

1. 亚太经济合作组织（APEC）经济体农业与粮食部门负责人，应中华人民共和国农业部部长韩长赋及中华人民共和国国家粮食局局长任正晓的邀请，于2014年9月19日在中国北京召开会议。

2. 我们欢迎东盟秘书处、太平洋经济合作理事会、太平洋岛国论坛、APEC工商咨询理事会及APEC秘书处的代表与会。

3. 全世界饥饿人口中很大一部分位于亚太区域，维护该区域粮食安全对于降低全球粮食不安全状况至关重要。联合国粮农组织估计，2011—2013年间，全球共有8.42亿人口长期遭受饥饿，难以获得充足的食物，也缺乏足够的机会获得食物来维持积极而健康的生活。世界饥饿人口中的绝大部分（8.27亿人）分布在发展中国家，以南亚、东亚和撒哈拉以南非洲国家为主。亚洲区域的饥饿人口最多，共计5.52亿人，占全球65.6%①，或本区域总人口的13.5%，该地区一旦出现粮食安全问题将对全球粮食安全产生巨大影响。APEC中既有粮食对外依存度较高的经济体，也有世界主要的粮食出口经济体。因此，加强区域粮食安全合作对促进本地区和全球的粮食安全意义重大。

4. 我们认识到，联合国“2015年后发展议程”对于通过共同责任和可持续发展减缓贫困和饥饿具有重要意义。APEC区域具有通力合作、提高粮食安全水平的巨大潜力；所有行动应符合各经济体的国际承诺。我们完全支持APEC海洋部长《厦门宣言》关注海洋在粮食安全中的作用。各经济体普遍重视农业与粮食问题，为多双边机制下的农业交流与合作打下了良好基础：APEC于1996年成立了农业技术合作工作组（ATCWG），加强了经济体之间的信息与经验分享；APEC食品安全合作论坛（FSCF）成立于2007年，其伙伴培训机构网络（PTIN）成立于2008年，旨在鼓励食品安全管理合作与对话，并提供食品安全能力建设，以改进本区域食品安全状况；继决定合并海洋资源保护工作组和渔业工作组（分别于1990年和1991年开始运行）后，海洋和渔业工作组（OFWG）于2011年成立，粮食安全政策伙伴关系（PPFS）成立于2011年，旨在加强政府部门与私营部门之间的合作以实现本区域粮食安全目标；设立了农业生物技术高级别政策对话（HLPDAB），以推动生物技术合作。APEC经济体农业与粮食部长于2010年在日本新潟大学召开会议，发布了《新潟大学宣言》，两年后在俄罗斯喀山召开会议，发布了《喀山宣言》，均促进了区域粮食安全水平的提高。本区域各经济体不仅在地理气候、人口、耕地、水资源、粮食生产、种植结构和生物多样性等方面不尽相同，而且经济发展水平、农业科技水平和粮食消费习惯也存在较大差异。因此，我们应当加强合作，以便分享知识，推广最佳实践方式和生物多样性的可持续利用，求同存异，塑造开放、包容、互利、共赢的伙伴关系，以实现亚太地区持久的粮食

① 粮农组织，《2013年世界粮食不安全状况》2013

安全，为促进全球粮食安全做出贡献。

一、以科技创新和经济发展为支撑，提高农业生产率和保障食物供给

5. 包括亚太地区在内的当今世界面临日益严峻的挑战，包括金融危机、人口增长、耕地减少、资源竞争和气候变化等。进一步推动可持续的农业和粮食生产，提高本地区粮食安全水平，其基础在于农业科技进步和经济发展。我们认识到，不扭曲且稳定的农业环境和各经济体的政策环境对于提高农业生产率以及更大范围的经济发展具有重要意义。陆地和水生生态系统生物多样性对保障粮食供给至关重要。应采取适当的政策和生产技术，促进粮食产业可持续发展，鼓励多样、健康、营养的食品来源。

支持农业生产技术研发和创新

6. 鉴于亚太区域部分经济体缺乏先进农业技术，我们支持制定相关农业政策，鼓励粮食生产和研发投资；加强研究人员特别是发展中成员经济体研究人员的能力建设；支持创新，以加快粮食和畜牧生产以及水产养殖的新技术、新品种、新方法的研发速度。

提高农业应对气候变化和防灾抗灾能力

7. 气候变化带来温度升高、降雨模式变化、海平面升高、极端天气频发且模式不断变化等影响，从而威胁农业生产。这些影响在一些粮食生产地区已经显现出来。因此，我们迫切需要使农业系统适应气候变化，并帮助广大农业经营者，特别是小农户，提高应对干旱和洪涝的能力。我们认识到以下工作非常重要：加强对气候变化和自然灾害影响的评估；建立气候变化监测和早期预警系统；支持应对气候变化的科技创新计划；以及重视农业减灾工程。增强政府在政策制定、信息共享、能力建设、灾害风险管理和应急管理等方面的作用，加大政府在环保型农田水利基础设施、灾害性气候的监测和早期预警系统建设方面的投入，加快发展农业保险和风险管理工具，尤其要考虑到小规模生产者，其受风险影响最大，用于恢复的资源最少。政府应支持对气候变化及灾害适应能力更强的种子的研发工作，并应用农业创新减少气候变化的不利影响。

促进农业生物技术健康发展

8. 农业生物技术的研发和应用对于农业生产率的持续增长和保障粮食安全发挥着重要作用。我们一直认为以下工作非常重要：继续支持农业生物技术；支持制定、改进和通过相关法律法规；鼓励研究机构开展农业生物技术研发；加强对生物技术安全性和可靠性的研究；建立风险控制机制和制定相应的补救措施，以抵御人体健康、环境及其他风险。

支持农业技术的采纳、应用、推广和转移

9. 农业新技术的有效采纳、应用、推广和转让有利于提高农业生产率。我们认识到需要通过出台支持性政策措施以更好地推动农业技术的采纳、应用、推广和转让（基于双方同意）。尤其可以着力推动在科学和证据基础上依法审批农业新技术，以及开展关于农业技术风险和利益的交流。我们认识到，应更好地调动市场机制，以推动农业科技成果应用推广，使市场在辅以适当知识产权保护的技术转移中发挥重要作用。加强农村劳动力，尤其是小农户在应用新型农业技术方面的能力建设。APEC各经济体将努力加强农业技术有效采纳、应用、推广和转让（基于双方同意）的经验和公共政策的交流，使农业研究能够满足提高农业生产率和粮食供给的需要。

加快农业产业转型升级，促进农业可持续发展

10. 我们应当着力推动可持续农业集约化生产。我们认识到应积极防治土壤沙漠化，注重水土保

持、水资源分配以及土地的休养生息。我们承认有必要在综合考虑农业、气候条件以及土壤潜力的基础上，针对可持续土地利用和农业实践方式达成共识。我们还应当使国际社会注意到这样一个事实，即健康的土壤和土地的可持续利用是人类福祉和经济繁荣的前提，与可持续发展密切相关。与此同时，我们也应全力支持联合国粮农组织倡导的原则：支持小农发展农业生产，支持农村合作社带动小农生产，减少农村贫困和饥饿。此外，我们欢迎国际农业发展基金会（IFAD）支持小农发展农业生产。我们认识到，所有农民都为提高生产率以及保障世界粮食安全做出巨大贡献。与此同时，我们都认为有必要承认小农的重要作用，并促进农民合作，增强他们的话语权。

11. 基于以上原因，我们应当加强对农村劳动力，尤其是小农户的技术和技能培训，以提高农业生产率和增加农民收入。我们应当调整农业研发方式，以便在关注质量和环境的同时，增加产出和经济效益。我们将努力提升农业生产率，推动农业可持续发展，同时避免负的外部效应，并通过发展全球食品价值链增强农业整体竞争力。

二、改进产后管理[①]以减少食物损失

加强食物粮食供应链管理

12. APEC 各经济体建立健全稳定可靠的供应链体系，有利于保障消费者及时便捷得到食品，有利于促进区域贸易便利化。我们要建立并完善安全的食品供应链，加强基础设施建设，促进仓储技术、加工技术、冷链技术的研发和应用，加强食品及其产品标识管理。为了提升农业生产者、渔业社区、小企业在食品供应链中的地位和作用，我们将鼓励推进农民、渔民与企业建立食品生产与加工利益共同体，通过建立全球食品价值链，使农民和渔民成为食品贸易和加工增值的直接受益者。

加强食品安全和质量保障的管理

13. 粮食安全意味着人人都能获得充足且安全、营养的食品供应。食品安全是粮食安全的强化和补充。我们认识到有必要遵循国际通行标准，加强食品安全管理，制定和完善风险管理，建立并完善食品质量预警、追溯和召回体系。食品安全直接关系到人类的营养和健康。我们一致认为协调经济体自身标准和国际标准十分重要，诸如食品法典（Codex）、世界动物卫生组织（OIE）、国际植物卫生公约（IPPC）框架下的国际标准，以及联合国粮农组织、世界卫生组织的倡议和世界贸易组织《实施卫生与植物卫生措施协议》（SPS）等。我们欢迎粮食安全政策伙伴关系（PPFS）于 2014 年制定的《加强 APEC 食品标准和安全保证互联互通行动计划》。我们还注意到食品安全合作论坛的工作，欢迎其与相关 APEC 论坛合作，共同推进食品安全。

14. 质量是食品生产和加工的重要要求，也是粮食安全的重要内容，即对于消费者而言，食品加工方式和成分特性在有关膳食、营养或医疗要求方面的可接受性。我们支持加强私营部门的责任和能力，遵循国际通行标准——例如国际标准化组织（ISO）和世界贸易组织《技术性贸易壁垒协定》（TBT）的标准——进行食品生产、加工和分配，以保证食品质量。

减少食物产后损失和浪费

15. 联合国粮农组织报告表明，每年世界上供人类消费的食物中有 1/3 被丢弃或损失，同时被浪费的还有用于生产粮食的自然资源。如果食物浪费减少 1/4，可养活世界上 8.42 亿饥饿人口。发达经济体的食物浪费时常发生在零售和消费者一端，而发展中经济体的食物损失多发生在生产和加工环节，对

① 粮食产后环节包括粮食收购、储存、加工、运输、销售、配送和消费等环节

小农的冲击最大。我们鼓励各经济体加强整个价值链的食物管理，深化产后减损方面的合作，倡导健康饮食，通过提高消费者意识促进粮食节约，减少从田间到餐桌全过程的损失与浪费。我们欢迎粮食安全政策伙伴关系（PPFS）于2014年制定的《APEC减少食物损失及浪费行动计划》，该计划旨在促进本区域粮食安全，帮助实现2015年“千年发展目标”中有关消除贫困与饥饿目标。我们承认实施“APEC关于加强公私伙伴关系以减少价值链食物损失多年项目”的重要性，并欢迎开发数据收集方法、建立基线数据、开发工具箱及最佳实践方式以减少产后损失。各经济体均应促进减少食物损失的技术开发和交流。

三、加强区域合作，提高粮食安全水平

加强研发合作，提升农业可持续发展能力和水平

16. 面对气候变化和资源约束的压力，我们决定继续发挥APEC农业技术合作工作组（ATCWG）的牵头作用，进一步加强合作，推进新技术的研发和运用，努力提高农业生产率。为此，我们重申对加强本地研究机构和创新中心之间的协调互动的支持，特别是通过国际农业研究磋商小组（CGIAR）和全球农业研究论坛（GFAR）进行协调互动。应对气候变化，我们将加强信息共享和交流，并开展生态友好型新技术、种植模式和病虫害防控联合研究。我们赞赏全球农业温室气体研究联盟（GRA）开展的合作工作，并重申APEC经济体加强与该倡议合作的重要性。我们注意到在2014年6月19~20日于澳大利亚布里斯班召开的首席农业科学家会议上，G20和APEC代表（应G20轮值主席澳大利亚邀请与会）讨论了国际合作研究和创新以实现全球生产率的转型升级。

加强种业发展合作

17. APEC各经济体拥有丰富多样的动植物遗传资源，同时，各经济体的种业技术发展水平和新品种开发能力差异较大。因此，为保障粮食安全，在区域内加强育种合作以开发和改良动植物品种的潜力巨大。我们认为，未来各经济体需要进一步加强育种信息交流与技术合作，完善种业公益性、关键技术合作研究机制，发展“产学研”紧密合作伙伴关系，深化种业科技信息交流及人才培训合作；分享种业研究和技术创新经验。

加强跨境动植物疫病防控

18. 我们鼓励通过加强包括外来入侵物种在内的区域间动植物疫病管理合作来防止疫病冲击以提高农业生产和粮食安全水平。我们达成共识，未来加强东南亚——中国口蹄疫控制行动（SEACFMD）及其他多边、双边动植物疫病防控机制的沟通与合作。我们欢迎国际植物卫生公约（IPPC）和亚太植物卫生委员会（APPPC）在最大限度减少跨境植物病害转移方面所开展的工作，积极遵守国际植物保护公约（IPPC）和世界动物卫生组织（OIE）颁布的相关标准。此外，我们还决定，未来进一步强化跨境动植物疫情监测预警信息及人才培训的交流与合作；加强进出口食品安全信息交流与合作，提高政策协调、信息共享水平。鉴于跨境疫病对公众健康和环境的威胁，APEC倡导建立“同一个健康”跨学科动物疫病监测、跟踪和防控体系。

保护与发展重要农业文化遗产，增强现代农业与农村发展活力

19. 我们一致认为APEC应推动农村发展政策，以增强农村社区的经济、社会发展和文化福祉，支

持联合国粮农组织全球重要农业文化遗产①工作。我们认识到应该提高公众对农业文化遗产体系的理解和认识，并分享各经济体在农业文化遗产管理方面的成功经验及促进农村振兴的典型模式。我们应当推动粮农组织国际家庭农业年活动，发展“家庭农业”，提高年轻农民和妇女在农业生产中的作用，平衡农业生物多样性，促进社区经济发展和增强社会安全性。

加强食品供应链管理的交流与合作

20. 为了提升农业生产率和食品供应效率，我们应该关注：开发全球食品价值链，在食品供应链技术、管理、模式以及冷链技术等方面加强交流合作；促进食物储藏技术、加工技术、管理技术推广；推动标准和法规协调及区域衔接，降低物流成本和贸易成本，努力降低储存、运输、消费环节损失损耗，提高有效供给。我们认识到应该加强 APEC 经济体之间的协作和协调，尤其是农业或粮食安全、基础设施和物流主管部门之间的协作和协调，以便升级基础设施，例如冷链，以加强食品供应链管理。

加强粮食安全政策沟通与合作

21. 为了增强各经济体粮食安全政策协调，降低国际食品贸易成本，我们认为下列工作很重要：在亚太粮食安全信息平台（APIP）等现有框架下，加强粮食生产、流通和消费相关交流与合作；开展与食品法典委员会食品进出口检验和认证系统规定一致的食品进出口检验方法的交流。我们欢迎通过粮食安全政策伙伴关系（PPFS）制定粮食安全政策的公共部门与私营部门的合作。我们应继续交流信息，开展能力建设的合作。我们注意到公共部门和学术界通过食品安全合作论坛（FSCF）伙伴培训机构网络（PTIN）和相关 APEC 工作组在该领域开展的合作。我们还认识到妇女在促进粮食安全中发挥的重要作用。我们应加强与私营部门、非政府组织、国际组织利益相关者的合作，特别是通过发现和消除妇女在资源获取和参与经济活动过程中遇到的障碍，切实提高粮食安全水平。

农业贸易和投资自由化和便利化

22. 鉴于农民是农业领域最大的投资者（粮农组织，2012 年），APEC 经济体应制定政策和措施，支持绿色农业投资，从而提高农业可持续发展生产率和抗灾能力。我们重申促进亚太区域农业贸易和投资自由化和便利化的重要性。我们承认公共部门与私营部门的伙伴关系在投资领域的重要作用。我们注意到世界粮食安全委员会（CFS）在《负责任农业及食品系统投资原则》的磋商。我们认识到农产品贸易和投资对促进全球和地区粮食安全具有重要作用。我们呼吁公开、公正、透明，并符合世界贸易组织相关规定的农产品贸易和投资，以及基于国际公认标准的贸易便利化，以促进所有 APEC 经济体安全食品的广泛可获取性。认识到粮食出口禁令及其他限制措施可能引发粮食价格波动，对于主食依赖进口的经济体而言尤其如此，我们重申 APEC 领导人在反对贸易保护主义方面的承诺。我们支持 2013 年 12 月于印度尼西亚巴厘岛举行的世贸组织第九次部长级会议有关农业的成果。我们认为我们为解决粮食安全问题所采取的措施应不会造成扭曲贸易且不会对其他经济体的粮食安全造成负面影响。

加强 APEC 内部组织之间交流与合作

23. 我们支持《迈向 2020 年 APEC 粮食安全路线图》（2014 年版）以及《APEC 粮食安全工作计划

① 为保护和支持全球农业系统，联合国粮农组织于 2002 年倡导发起了全球重要农业文化遗产系统（GIAHS）动态保护倡议。GIAHS 的定义为“农村与其所处环境长期协同进化和动态适应下所形成的独特的土地利用系统和农业景观，这些系统与景观具有丰富的生物多样性，而且可以满足当地社会经济与文化发展的需要，有利于促进区域可持续发展。为保障这些系统为家庭农民、小农、土著居民和当地社区提供的社会、文化、经济和环境产品和服务，该倡议推动采取结合可持续农业和农村发展的综合方法

(2014—2020)》。为了加强 APEC 机制下农业和粮食相关工作组的综合作用，我们强调加强农业技术合作工作组（ATCWG）、食品安全战略伙伴（PPFS）、贸易和投资委员会、APEC 食品安全合作论坛（FSCF）及其伙伴培训机构网络（PTIN）、海洋和渔业工作组（OFWG）以及农业生物技术高级别政策对话（HLPDAB）之间的交流与协作，共同为促进粮食安全做出新的贡献。

Third APEC Ministerial Meeting on Food Security Beijing Declaration on APEC Food Security Beijing China, 19th September 2014

Preamble

1. We, the APEC Ministers responsible for Agriculture and Food, met in Beijing, China, on 19th September 2014, at the invitation of Mr. Han Changfu, Minister of Agriculture of the People's Republic of China and Mr. Ren Zhengxiao, Administrator of the State Administration of Grain of the People's Republic of China.

2. We welcome the participation in the meeting of representatives from the Secretariat of the Association of Southeast Asian Nations (ASEAN), the Pacific Economic Cooperation Council (PECC), the Pacific Islands Forum (PIF), the APEC Business Advisory Council (ABAC) and the APEC Secretariat.

3. Food security is of primary importance to the Asia-Pacific region because it is home to a large proportion of the world's hungry people. Hence, reducing food insecurity in the region can reduce global food insecurity. According to the latest estimates by the Food and Agriculture Organization (FAO), 842 million people in the world—one eighth of the world's population—suffered from chronic hunger in 2011 - 2013, not able to have enough food and sufficient access to food for an active and healthy life. The vast majority of the world's hungry people (827 million) live in developing countries, mainly countries in South Asia, East Asia and Sub Saharan Africa. Being home to 65.6%[①] of the global hungry population, Asia has the largest number of hungry people across all regions: 552 million or 13.5% of its total population; if the food security of the Asia-Pacific region is undermined, it will have a significant impact on global food security. APEC has both economies that are highly dependent on international markets for food supply and economies that are major food exporters. Therefore, it is imperative to build stronger cooperation among APEC member economies to support food security, which will play an important role in promoting regional and global food security.

4. We recognize the importance of post-2015 UN development agenda to fight against hunger and poverty with shared responsibility and sustainable development. The APEC region has great potential to improve its food security through concerted cooperation among its member economies; all actions taken should be consistent with international commitments. We fully support the *Xiamen Declaration* of the APEC Ocean-Related Ministers to focus on the role of oceans in food security. APEC economies have given high priority to the issue of agriculture and food and built a solid foundation for agricultural exchange and cooperation under various multilateral and bilateral frameworks: APEC established the Agricultural Technical Cooperation Expert Group (ATCEG) in 1996 and officially renamed it as the Agricultural Technical Cooperation Working Group (ATCWG) in 2000, which has en-

① FAO (2013): The State of Food Insecurity in the World 2013

hanced information and experience sharing among economies; APEC Food Safety Cooperation Forum (FSCF) was established in 2007 and its Partnership Training Institute Network (PTIN) was established in 2008 to encourage regulatory cooperation and dialogue on food safety and deliver food safety capacity building to improve food safety in the region; the Oceans and Fisheries Working Group (OFWG) was established in 2011 following a decision to merge the former Marine Resource Conservation and Fisheries working groups (in operation since 1990 and 1991 respectively); the Policy Partnership on Food Security (PPFS) was established in 2011 for strengthening public-private cooperation to achieve food security goals in the region; and the High Level Policy Dialogue on Agricultural Biotechnology (HLPDAB) was established to progress cooperation on biotechnology. Ministers of APEC economies responsible for agriculture and food met in Niigata, Japan, in 2010, issuing the Niigata Declaration, and two years later, in Kazan, Russia issuing the Kazan Declaration, both of which contributed to regional food security. APEC economies are not only diverse in geography, climate, population, arable land, water resources, food production, crop mix, and biodiversity but also differ in economic development, agricultural science and technology, and food consumption habits. Therefore, we should strengthen cooperation in order to share knowledge, promote best practices and sustainable use of biodiversity, and seek common ground to build an open, inclusive, mutually-beneficial and all-win partnership for the long-term food security of the Asia-Pacific region, thereby contributing to global food security.

I. Boost agricultural productivity and food production and availability based on sustainable development, innovation, science and technology and an enabling economic environment

5. Currently, the world including the Asia-Pacific region is facing ever increasing challenges, including financial crisis, population growth, decreasing availability of arable land, competing demands for resources and the impacts of climate change. The progress in agricultural science and technology and economic development is the cornerstone of our efforts to further promote sustainable agricultural and food production to improve food security in the region. We recognize the importance of non-distorting and stable agricultural and economy-wide policy settings that encourage agricultural productivity growth and economic development more broadly. Biodiversity on land and in aquatic ecosystems has an important role to play in ensuring food availability. Appropriate policies and production techniques to promote the sustainable development of the food sector and encourage a variety of healthy and nutritious food sources should be applied.

Facilitating agricultural production-oriented technical research and innovation

6. Given that some APEC economies lack advanced technology, we support development of agricultural policies that encourage investment in food production, research and development; enhance capacity building activities for researchers particularly in developing member economies; and facilitate innovation to accelerate the development of new technologies, new varieties and new methods for grain and livestock production and aquaculture.

Enabling agriculture to be more adaptive to climate change and resilient to disasters

7. Climate change threatens agricultural productivity because of the impacts of increasing temperatures, changing precipitation patterns, sea level rise, and frequency and changing patterns of extreme weather events, among other things. These impacts are already being felt in some food-producing areas. Consequently, there is an

increasingly urgent need to adapt agricultural systems to climate change and help agricultural communities become more resilient to droughts and floods, especially for smallholders. We recognize the importance of enhancing the assessment of the impacts of climate change and natural disasters; establishing monitoring and early warning systems for climate change; supporting science and technology innovation initiatives that can address climate change; and attaching importance to disaster mitigation projects in agriculture. Governments should play a bigger role in policy development, information sharing, capacity building, disaster risk management and emergency management; they should also make efforts to increase investment in environmentally sound farmland irrigation and drainage infrastructure, disastrous weather monitoring and early warning systems, and facilitate the development of agricultural insurance and risk management tools, especially for small-scale producers who are usually impacted the most and have the least resources for recovery. Governments should support research and development on seeds that are more adaptive to climate change and resilient to disasters and apply agricultural innovation to reduce the adverse effects of climate change.

Promoting sound development of agricultural biotechnology

8. Research, development and application of agricultural biotechnology has played an important role in sustainably increasing agricultural productivity and ensuring food security. We recognize the importance of continuing to support agricultural biotechnology; supporting the development, improvement and adoption of relevant laws and regulations; encouraging research institutions to carry out research and development in agricultural biotechnology; enhancing the research in safety and reliability of biotechnology; developing risk-based control mechanisms and remedial measures against human health, environmental and other risks.

Facilitating adoption, utilization, extension and transfer of agricultural technologies

9. Effective adoption, utilization, extension and transfer of new agricultural technologies contribute to improving agricultural productivity. We recognize the need to better facilitate the adoption, utilization, extension and transfer of agricultural technologies on mutually agreed terms by developing supporting policies and measures. Efforts could especially be made to promote science and law and evidence-based approval of new agricultural technologies as well as risk and benefit communication of agricultural technologies. We recognize that we should also better engage markets in the process of agricultural technology utilization and extension, and allow markets to play their important role in technology transfer with appropriate Intellectual Property Rights protection. Efforts could be made to enhance capacity building for rural labor, especially smallholders, in the application of such technologies. APEC economies will strive to promote the exchange of experiences and public policies that allow the efficient adoption, utilization, extension and transfer of agricultural technologies on mutually agreed terms, which can help to reduce the gap between agricultural research and the need of enhancing agricultural productivity and food production.

Accelerating transformation and upgrading of the agricultural industry and promoting sustainable agricultural development

10. We should focus on promoting the sustainable intensification of agricultural production. We recognize that we should actively prevent desertification and attach importance to soil and water conservation, water resources allocation, and land rehabilitation. We recognize the need to develop common understanding on sustainable land use and agricultural practices, taking into account agricultural and climate conditions and soil potential. We should focus the international community' s attention on the fact that healthy soils and sustainable land use are

prerequisites for human welfare and economic prosperity, thereby playing an integral role for sustainable development. Meanwhile, we should also fully support the principle advocated by FAO: to support smallholders in their farming activities and assist rural cooperatives in boosting smallholder production so as to reduce rural poverty and hunger. In addition, we welcome the work of the International Fund for Agricultural Development (IFAD) on supporting the development of smallholders in their farming activities. While recognizing the critical contribution of all farmers to increased productivity and global food security, we share the view that it is necessary to recognize the crucial role of smallholder farmers and the need to strengthen farmers' cooperation in order to ensure their voices are heard.

11. We therefore should strengthen the technical and skill training for rural labor, especially smallholders, to raise agricultural productivity and farmers' income; adapt agricultural research and development in a way that helps improve output and economic benefits while paying attention to quality and the environment. Avoiding negative externalities, and enhancing overall competitiveness of the agricultural industry through the global development of the food value chain, we will work to strengthen our efforts in improving agricultural productivity to promote sustainable agricultural development.

II. Improve post-harvest management① to reduce food loss

Improving management of food supply chain

12. The establishment of stable and reliable supply chains in APEC economies will contribute to giving consumers timely and convenient access to safe food and contribute to trade facilitation in the region. We recognize the need to support the establishment and improvement of safe food supply chains, strengthen infrastructure development, improve development and application of storing, processing and cold chain technologies, and enhance management of food and food product labels. To enhance the status and role of agricultural producers, fishing communities and small businesses in the food supply chain, we encourage the establishment of communities of interests on food production and processing between farmers, fisherfolk and businesses, where farmers and fisherfolk become direct beneficiaries of food trade and value-added processing through developing global food value chains.

Enhancing the management of food safety and of food quality

13. Food security is achieved when all people have a sufficient supply of safe and nutritious food. Food safety strengthens and complements food security. We recognize the need to strengthen the management of food safety through alignment with internationally accepted standards; the development and refinement of risk based requirements; and the establishment and improvement of early warning, traceability and recall systems. Food safety has a direct bearing on the nutrition and health of human beings and we share the importance of harmonization between economy' s food standards and international food standards as elaborated in the framework of the Codex Alimentarius (Codex), the World Organization for Animal Health (OIE), the International Plant Protection Convention (IPPC) and initiatives of the FAO, WHO and WTO sanitary and phyto-sanitary (SPS) Agree-

① The post-harvest stage includes food purchase, storage, processing, transportation, sales, distribution, consumption and other steps

ments. We welcome the Action Plan to Enhance Connectivity of APEC Food Standards and Safety Assurance developed by PPFS in 2014 and we also note the efforts of the APEC FSCF and welcome its work with relevant APEC fora to promote food safety.

14. Food quality is an important food production and manufacturing requirement, and can also be an important component of food security, i. e. the acceptability to consumers of the processing and ingredient characteristics of food related to dietary, nutritional or medical requirements. We support the strengthening of the private sector's responsibility and capability to assure food quality through production, manufacture and distribution consistent with accepted international standards, such as those of the International Standards Organization (ISO) and specialized WTO technical barriers to trade (TBT).

Reducing post-harvest loss and waste in food

15. According to FAO reports, one third of the food for human consumption is discarded or lost every year, which is a waste of the natural resources used for its production. If one quarter of the food lost or wasted around the world could be saved, it would be an amount sufficient to feed the 842 million undernourished people in the world. In developed economies, food waste often happens at retailing and consumption, while in developing economies it often takes place in production and processing, with the greatest impact on smallholders. We encourage all economies to enhance the management of food along the value chain; deepen cooperation in development of approaches to reduce post-harvest loss; promote food saving by raising consumers' awareness so that food loss and waste can be reduced in the whole process from farm to table. We welcome the APEC Reduce Food Loss and Waste Action Plan developed by PPFS in 2014 for improving food security in the region, which helps to meet the Millennium Development Goals 2015 of eradicating poverty and hunger. We recognize the importance of implementing the APEC Multi-Year Project on Strengthening Public-Private Partnership to Reduce Food Loss in the Supply Chain and welcome the development of a methodology for data collection, establishment of baseline data, toolkits and best practices to reduce post-harvest loss. All economies should promote the development and exchange of technologies on reducing food loss.

III. Strengthen regional cooperation to promote food security

Strengthening research and development cooperation to promote sustainable agricultural development

16. Faced with the pressure from climate change and resource constraints, we determine to continue giving the ATCWG a leading role as a coordinating group and further strengthen cooperation, press ahead with the research, development and application of new technologies to increase agricultural productivity. In this regard, we reiterate our support for enhanced coordination and interaction among local research institutes and innovation centers, in particular through the Consultative Group of International Agricultural Research (CGIAR) and the Global Forum on Agricultural Research (GFAR). In response to climate change, we will work together to strengthen information sharing and exchange, and jointly conduct research into new eco-friendly technologies, planting patterns and prevention and control of diseases and pests. We appreciate the collaborative work of the Global Research Alliance on Agricultural Greenhouse Gases (GRA) and reiterate the importance for APEC economies to enhance their engagement with the initiative. We note that the issue of internationally coordinated research and innovation to achieve a global transformative productivity lift was discussed by both G-20 and APEC representa-

tives (who attended at the invitation of the Australian G20 presidency) during the June 19 ~ 20, 2014 Meeting of Agricultural Chief Scientists, in Brisbane, Australia.

Strengthening cooperation in seed development

17. APEC economies are equipped with a great diversity of plant genetic resources for food and agriculture. At the same time, seed technology and capacity to develop new crops vary among APEC economies. Therefore, there is potential to enhance regional cooperation in plant breeding for the development of new and improved plant varieties for food security. We share a common understanding about the importance of enhancing information exchange and cooperation on plant breeding, and the need to improve cooperation on research into publicly-beneficial and key technological areas of seed development, to create close cooperation partnerships among the seed industry, universities and research institutes, to deepen scientific and information sharing with the seed industry through personnel training and improved cooperation, and to share the seed industry's experiences in research and technological innovation.

Strengthening prevention and control of trans-boundary animal and plant diseases

18. We encourage working together to enhance regional animal and plant disease management including Invasive Alien Species to prevent and/or control the impacts across economies and promote agricultural production and food security. We determine to strengthen communication and cooperation on the South East Asia and China Foot and Mouth Disease (SEACFMD) Campaign and other multilateral and bilateral prevention and control mechanisms of animal and plant diseases. We welcome the work of IPPC and the Asia Pacific Plant Protection Commission (APPPC) on minimizing trans-boundary movements of plant diseases. We promote adherence to IPPC and OIE standards. Further, we determine to enhance surveillance and early warning information exchange as well as personnel training on trans-boundary animal and plant diseases; strengthen information exchange and cooperation on food safety of imports and exports as well as improve policy coordination, information sharing and cooperation. Where trans-boundary diseases exist which also threaten public health or environmental health, APEC economies will promote multidisciplinary "one health" coordination of surveillance, preparedness, detection and control activities to combat those animal diseases.

Protecting and developing significant agricultural heritage and boosting modern agricultural and rural development

19. We agree that APEC should promote rural development policies that enhance the economic, social and cultural wellbeing of communities and support FAO's work on Globally Important Agricultural Heritage Systems[①]. We recognize that we should promote the public understanding and awareness of agricultural heritage systems and share successful stories of management on agricultural heritage and typical models of rural development. We should promote "family farming" to be in line with the FAO campaign on the International Year of Family Farm-

① In order to safeguard and support the world's agricultural system, in 2002 FAO started an initiative for the dynamic conservation of Globally Important Agricultural Heritage Systems (GIAHS). The GIAHS are defined as "Remarkable land use systems and landscapes which are rich in globally significant biological diversity evolving from the co-adaption of a community with its environment and its needs and aspiration for sustainable development. Looking to safeguard the social, cultural, economic and environmental goods and services these provide to family farmers, smallholders, indigenous peoples and local communities, the initiative fosters an integrated approach combining sustainable agricultural and rural development

ing which supports household and small-scale farming, increasing role of young farmers and women in the agricultural sector, balancing agricultural biodiversity, stimulating community economics and enhancing social safety nets.

Strengthening exchange and cooperation on management of food supply chains

20. In order to increase agricultural productivity and to improve efficiency of food supply, we should focus on developing global food value chain and strengthening exchange and cooperation on technologies, management and models of food supply chains and cold chain technologies; enhancing the dissemination of food storage, processing and management technologies; and boosting coordination of standards, regulations and regional interconnectivity to lower the costs of logistics and trade as well as loss and waste during storage, transportation and consumption to improve the effective supply of food. We recognize that we should strengthen collaboration and coordination among APEC economies, public and private sectors in charge of agriculture/food security, infrastructure and logistics for upgrading infrastructure such as cold chain to improve the management of the food supply chain.

Enhancing policy coordination and cooperation on food security

21. In order to enhance the policy coordination on food security and decrease the costs of conducting international trade of food, we recognize that we should strengthen exchange and cooperation on food production, distribution and consumption through utilizing existing structures such as the Asia-Pacific Information Platform on Food Security (APIP); and conduct exchanges on inspection methods of imports and exports of food consistent with Codex Committee on Food Import and Export Inspection and Certification Systems. We welcome the collaboration of the public and private sectors in developing food security policies through PPFS. We should continue to exchange information and work collaboratively on capacity building efforts. We note the coordinated efforts of the public and academic sectors in this area through FSCF PTIN and relevant APEC working groups. We also recognize the important role of women in promoting food security. We should strengthen our cooperative work with other stakeholders in the private sector, non-government and international organizations to achieve practical improvements for food security, especially through identification of and action to address barriers to women's access to resources and economic participation.

Liberalizing and facilitating agricultural trade and investment

22. Given that farmers are the biggest investors in the agricultural sector (FAO, 2012), APEC economies are encouraged to formulate policies and measures to support green investment in agriculture in order to improve sustainable agricultural productivity and resilience. We reaffirm the importance of liberalizing and facilitating agricultural trade and investment in the APEC region. We recognize the important role for public-private partnership in the field of investment. We take note of the ongoing consultations on the Principles for Responsible Investment in Agriculture and Food Systems at the Committee on World Food Security (CFS). We are aware of the significant role of agricultural trade and investment in promoting global and regional food security. We call for open, WTO rule-based, fair and transparent agricultural trade and investment as well as trade facilitation based on internationally accepted standards to promote widespread accessibility of safe food in APEC economies. Recognizing that bans and other restrictions on the export of food may cause price volatility, especially for economies that rely on imports of staple products, we reaffirm the commitments against protectionism made by APEC leaders. We

support the outcomes related to agriculture from the Ninth World Trade Organization Ministerial Conference, held in December, 2013 in Bali, Indonesia. We recognize that we should address food security concerns in a manner that does not distort trade or adversely affect the food security of other economies.

Strengthening internal exchange and cooperation among APEC economies

23. We support APEC Food Security Roadmap towards 2020 (version 2014) and APEC Food Security Business Plan (2014—2020). In order to enhance the integrated functions of the agriculture and food working groups under the APEC framework, we emphasize strengthening exchanges and coordination among ATCWG, PPFS, the Committee on Trade and Investment, the FSCF and its PTIN, OFWG and HLPDAB to make new contribution to food security.

Strengthening internal exchange and cooperation among APEC economies

亚太经济合作组织
APEC
Asia-Pacific
Economic Cooperation
领导人非正式会议
APEC 工商咨询理事会
部长级会议
专业部长级会议
高官会
财政高官会*
APEC秘书处
贸易和投资委员会 CTI
预算和管理委员会 BMC
经济委员会 EC
经济技术合作高官指导委员会 SCE
次级委员会和专家组
•标准一致化分委会（SCSC）
•海关程序分委会（SCCP）
•市场准入小组（MAG）
•服务业小组（GOS）
•投资专家小组（IEG）
•知识产权（IPR）
•商务人士移动小组（BMG）
•电子商务推动小组（ECSG）
产业对话
（向 CTI 汇报）
•汽车对话（AD）
•化学对话（CD）
•生命科学创新论坛（LSIF）
（向 SOM 汇报）
•农业生物技术高阶对话（HLPDAD）
专家组
•竞争政策和法律组（CPLG）
特殊任务组
•采矿业
政策伙伴关系
（向 SCE 汇报）
•妇女和经济
•科技创新
（向 SOM 汇报）
•粮食安全
工作组
•农业技术合作小组（ATCWG）
•反贪污专家特别任务小组（ACT）
•反恐任务小组（CTTF）
•紧急应变工作小组（EPWG）
•能源工作小组（EWG）
•非法采伐及交易专家组（EGILAT）
•卫生工作小组（HWG）
•人力资源发展工作小组（HRDWG）
•海洋和渔业
•中小企业（SME）
•电信业
•旅游业
•运输业
其他组：
Agricultural Biotechnology（AB）；
APEC Business Advisory Council（ABAC）；
APEC Food System（AFS）；
分部单边行动计划（IAP）
Policy Partnership on Food Security（PPFS）；
APEC Study Centers Consortium（ASCC）；
Finance Ministers' Process（FMP）；
Free Trade Agreements and Regional Trading Agreements（FTAs/RTAs）；
Sustainable Development（SD）
2013.10

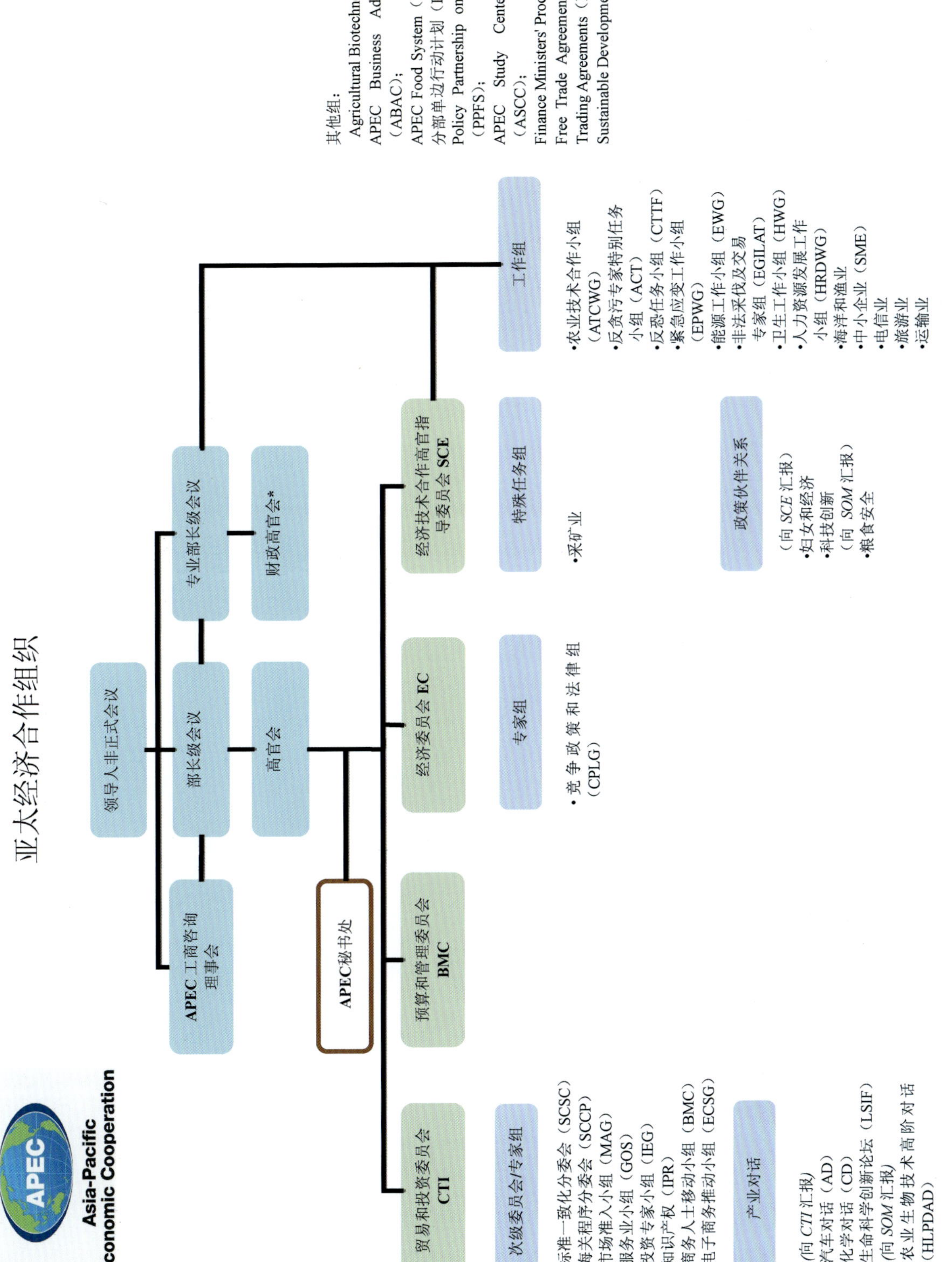

图1 APEC组织图

图 2　ATCWG 第十三次会议成员合影

图 3　中国代表团出席第十七次 ATCWG 年会照片

图4 第十八次ATCWG年会

Workshop on the Application of Remote Sensing and GIS on Crops Productivity among APEC Economies

图 5　APEC 遥感与 GIS 技术在作物生产能力中的应用研讨会

图 6　APEC 遥感与 GIS 技术在作物生产中的应用培训班